논어

논어

초판 1쇄 발행 2020년 9월 30일
초판 4쇄 발행 2024년 4월 20일

원전 | 공자
옮긴이 | 김형찬
펴낸이 | 조미현

책임편집 | 김호주
디자인 | 정은영

펴낸곳 | (주)현암사
등록 | 1951년 12월 24일 · 제10-126호
주소 | 04029 서울시 마포구 동교로12안길 35
전화 | 365-5051 · 팩스 | 313-2729
전자우편 | editor@hyeonamsa.com
홈페이지 | www.hyeonamsa.com

ISBN 978-89-323-2083-0 03150

이 도서의 국립중앙도서관 출판예정도서목록(CIP)은
서지정보유통지원시스템 홈페이지(http://seoji.nl.go.kr)와
국가자료공동목록시스템(http://www.nl.go.kr/kolisnet)에서
이용하실 수 있습니다.(CIP제어번호 CIP2020038264)

시대를 뛰어넘는 삶의 지혜

논어

공자 원전 · 김형찬 옮김

ㅎ현암사

『논어』를 펴내며

공자는 성인이라고 하기엔 너무 평범해서 오히려 범상치 않은 인물이다. 석가모니나 예수처럼 태어날 때부터 신비로 감싸버린 인물이라면 애초부터 나와는 다르려니 하고 생각하면 그만이다. 내가 못 알아들을 이야기를 해도 나와는 차원이 다른 이의 고매한 언사라고 치부하면 된다.

그러나 공자는 다르다. 태어난 환경부터 나보다 못하면 못했지 나을 게 없다. 게다가 공부나 제대로 했던가. 어려서부터 여기저기 돌아다니며 온갖 잡일을 배우다가 성인이 되었다고 한다. 말하는 것을 봐도 대단한 천재 같지는 않다. 그러나 이런 평범한 삶의 모습 때문에 일반인들에게는 오히려 더 가깝게 느껴지기도 한다. 이 점은 분명히 공자의 매력이다.

하지만 『논어』를 통해 만나는 공자에게서는 따뜻한 인간미와 함께 거부감이 느껴지기도 한다. 그것은 현실과는 동떨어진 듯한, 진리만 말하는 사람을 만났을 때의 답답함 같은 것이다. 그런 진리들은 구체성을 띠지 않기 때문에 시대와 사회의 장벽을 넘어서 오래도록 사람들의 공감을 받을 수 있지만, 한편으로는 너무 추상적이라서 세상 사람들의 마음에 가까이 와 닿기가 쉽지 않다. 이른바 경전(經典)이라는 책들이 갖는 공통점이다.

그런데 경전 중에서도 『논어』라면 나도 꽤 여러 번 읽은 책이다. 한문을 처음 배울 때 『맹자』 다음으로 『논어』를 읽었고 한때는 통째로 암송해보기도 했다. 어림잡아 따져봐도 백 번은 넘게 읽은 것 같다. 그래서 한글로 쉽게 이해할 수 있는 『논어』 번역본을 만들어보라는 한 지인의 말을 듣고는 큰 부담 없이 시도해보기로 했다. 그동안 그 정도 읽어왔으니 한 번 다시 읽으며 그동안의 생각도 정리하면서 우리말로 옮기고 주석을 조금 달면 되리라 생각했다.

그러나 아뿔싸! 번역 작업을 시작한 지 일주일쯤 지나서야 깨달았다. 다시는 번역을 하지 않겠다던 다짐. 예전에 영어 책과 중국어 책을 몇 권 번역한 적이 있었다. 그러고는 그 지난한 작업에 진저리를 치며 다시는 번역을 하지 않겠다고 다짐했다. 가끔 나를 부추기며 번역을 권하는 사람도 있었지만, 나는 내 인생을 쪼개서 바칠 만한 책을 발견한다면 죽기 전에 한 권쯤 '진짜' 번역을 하겠노라는 말로 이야기를 돌리곤 했다. 그런 사정을 아는 사람들은 더 이상 나에게 번역을 권하지 않았다. 그런데 세월이 지나면서 이런 다짐에 대해 나도 잊고 주변 사람들도 잊은 것이다.

물론 『논어』는 내 인생의 한 덩이를 쪼개 줄 만한 가치가 있는 책이다. 하지만 이미 우리말 번역본이 숱하게 나와 있는 터에, 더 나은 번역본을 낼 만한 능력도 없으면서 짧은 시간 안에 새로운 번역본을 내겠다고 달려든 것이 애초부터 무리였다. 게다가 김학주의 『논어』(서울대출판부)나 한필훈의 『사람은 무엇으로 사는가』(동녘) 같은 훌륭한 번역본이 이미 나와 있는 것을 보고는 나의 번역 작업이 무의미한 것이 아닌가 회의하기도 했다. 김학주의 『논어』는 좀 딱딱하긴 하지만 정확한 우리말 직역이 돋보이는 데다가 간결하면서도 꼼꼼한 주석과 해설을 갖추고 있다. 『사람은 무엇으로 사는가』는 지나친 의역이 눈에 걸리긴 하지만 일반인들이 보기 쉽도록 유려한 현대어로 풀어낸 수작(秀作)임이 분명하다. 이런 번역본들이 있었다는 것조차 뒤늦게 알고는, 동양철학 전공자로서 그동안 고전 국역에 너무도 무심했음을 반성하지 않을 수 없었다.

나의 『논어』 번역이 의미를 가지려면 번역의 초점을 어디에 맞추는지가 문제였다. 일단은 쉽게 읽혀야 한다는 것이 중요했다. 그렇다고 해도 무리한 의역은 피하려 했다. 본래의 뜻을 다치지 않고 의역을 해내는 것이 어렵다는 사실을 잘 알기 때문이었다. 무엇보다도 쉬운 우리말로 원전 그대로의 의미와 분위기를 전하는 것이 관건이었다. 이를 위해 기존의 우리말 번역본도 많이 참조했다.

주석이라면 오래전부터 중국이나 일본에서 나온 책들을 참고하는 것으로 충분하지만, 원문의 의미 전달은 무엇보다도 정확한 우리말 어휘 선택이 좌우한다. 이를 위해서는 위의 두 책과 같은 모범적인 번역본들이 어떤 말로 옮겼는지 살펴보았다. 그리고 중고생 이상이면 읽을 수 있게 하겠다는 취지에 따라 문헌학적인 주석은 가능한 한 피했다. 번역 대본으로는 우리 선조들이 즐겨 보아온 주자(朱子)의『논어집주(論語集注)』에 따라 편찬된 『경서(經書)』(성균관대학교 대동문화연구원, 1965)와『사서장구집주(四書章句集注』(중화서국, 1983)를 사용하고 그 편차를 따랐지만, 내용의 해석은 주자와 달리한 부분이 적지 않다.

이 분에 넘치는 시도가 얼마나 성공했는지에 대해서는 자신이 없다. 다만 끊임없이 다듬어야 할 평생의 과제를 하나 떠안은 듯하다. 처음『논어』번역본을 출간한 지 벌써 20년, 이번이 세 번째 개정판이다. 우리말 번역만으로도 이해할 수 있는『논어』를 만들어보겠다던 본래의 목표에 조금 더 다가가기 위해 적잖이 손질을 했다. 본문만으로 이해에 부족함을 느끼는 독자에게는 각주로 덧붙인 설명이 도움이 될 것이다. 그것으로도 부족해서 더 깊은 의미를 음미하고 싶다면, 책 뒤편에 실은 원문과 글자·어구 풀이가 독자를 공자에게 더 가까이 안내할 것이다.

유동환(건국대 교수), 김근호(청주교육대학 교수)와 백선해 등 후배들의 자극과 격려, 그리고 헌신적인 수고 덕택에 이 책이 세상에 나올 수 있었다. 이번에 다시 한번 손질을 하는 데는 김지은(고려대 철학과 박사과정)의 도움이 컸다. 새로운 모습으로 책이 출간될 수 있도록 힘써주신 현암사 여러분께도 감사드린다.

2020년 9월

김형찬

차례

옮긴이의 말 논어를 펴내며   5

한 인간의 체취가 꾸밈없이 묻어나는
유교 성전, 『논어』   12

제1편 학이(學而)   29

제2편 위정(爲政)   39

제3편 팔일(八佾)   51

제4편 리인(里仁)   66

제5편 공야장(公冶長)   75

제6편 옹야(雍也)   88

제7편 술이(述而)   100

제8편 태백(泰伯)   113

제9편 자한(子罕)   121

제10편 향당(鄕黨)   132

제11편 선진(先進)   141

제12편 안연(顔淵)   154

제13편 자로(子路)   166

제14편 헌문(憲問)   179

제15편 위령공(衛靈公)   199

제16편 계씨(季氏)   211

제17편 양화(陽貨)   220

제18편 미자(微子)   231

제19편 자장(子張)   238

제20편 요왈(堯曰)   248

원문   253

찾아보기   477

한 인간의 체취가 꾸밈없이 묻어나는
유교 성전, 『논어』

잘 닦인 포장도로에 익숙한 사람은 좁고 울퉁불퉁한 산길을 만났을 때 짜증을 내게 된다. 그러나 조금 그 길을 가다 보면 가늘고 굽이진 길의 오밀조밀함에 정감을 느끼고, 그다음에는 그 산길을 가고 있는 자신의 왜소함을 비로소 발견하게 된다.

『논어(論語)』는 바로 그런 산길이다. 동양의 고전 중 가장 많이 읽혀왔고, 지금 이 순간에도 많은 사람들이 읽고 있을 『논어』는 그렇게 정돈되지 않은 길이며, 또한 정감과 위압감을 동시에 주는 책이다.

『논어』를 알고 싶다면 그냥 『논어』를 읽어야 한다. 정돈되지 않은 그대로 읽어 내려가야 한다. 왜냐하면 『논어』는 바로 '인간 공자'이기 때문이다. 우아하고 정돈된 프리즘을 통해서는 '인간 공자'를 읽어낼 수 없다. 어느 책을 읽든 저자와의 대화가 아닌 것이 없겠지마는, 이렇게 한 인간의 체취가 꾸밈없이 묻어나는 책은 드물다. 공자의 제자들이 스승의 언행을 정리한 것이라고는 하지만, 공자의 말투가 그대로 살아 있는 듯한 이 책은 단번에 체계를 갖춰 만들어진 것도 아니다. 검열이 부족했는지 공자가 실수하고 농담한 것까지 실려 있다. 그러나 그러한 내용들이 바로 인간 공자의 면모를 더욱 그대로 드러내준다.

다시 한번 말하지만, 『논어』는 그냥 『논어』를 읽어야 한다. 그냥 읽으며 공자를 만나면 된다. 꼭 앞에서부터 차례로 읽을 필요도 없다. 끝까지 다 읽지 않아도 좋다. 그저 틈날 때 펼쳐보며, '성인이 한 말이란 게 이런 것이구나', '이런 인간도 성인이구나'라고 생각하며 지나치면 된다. 그러다가 순간순간 가슴에 와 닿는 구절을 만났을 때, 한 번 미소 지으면 그만이다.

하지만 『논어』를 읽어가다 보면 가끔 그 산만함을 정돈해보고 싶은 속된 욕망에 사로잡히기 마련인지라, 그때를 위해 조금 틀에 짜 맞춘 글을 짧막하게 마련해둔다. 이것으로 부족하다면, 책방과 도서관에 줄줄이 꽂혀 있는 '공자'와 『논어』 관련 해설서들을 뒤적여볼 일이다.

1. 『논어』라는 책

『논어』란 공자와 그 제자들이 세상 사는 이치나 교육, 문화, 정치 등에 관해 논의한 이야기들을 모은 책이다. 그 안에는 공자의 혼잣말을 기록해놓은 것도 있고, 제자의 물음에 공자가 대답한 것, 그리고 제자들끼리 한 이야기도 있다. 또한 제자 이외에 당대의 정치가들이나 은자(隱者)들 또는 마을 사람들과 나눈 이야기도 기록되어 있다. 그래서 책 제목이 『논어』가 되었다고 한다. 공자와 그 제자들을 중심으로 하여 '토론한 이야기'라는 의미이다. 또 한편으로는 공자에 관해 남은 기록들을 제자들이 '논의하여 정리한 이야기'라는 의미로 보기도 한다. 제목의 의미는 어찌되었건, 이 책이 현재까지 남아 있는 자료 중 공자의 삶과 사상을 이해하는 데 가장 정확하고 귀중한 자료라는 데는 이견이 없다.

이 책은 공자의 체계적인 단독 저작도 아니고, 제자들이 한 번에 정리하여 만든 것도 아니다. 『논어』라는 책 이름이 문헌에 처음 등장하는 것이 한나라 때에 완성된 『예기(禮記)』인 것을 보면, 『논어』가 적어도 그 이전에는 완성된 듯하다. 물론 그때의 『논어』가 지금 전해지는 것과 같은 모양을 갖추고 있었는지는 분명하지 않다. 하지만 완성된 형태는 아닐지라도 공자와 그의 제자들이 토론한 기록이 전해져 오며, 몇 사람의 손을 거쳐 그때쯤에는 지금의 형태와 가깝게 만들어졌을 것이다.

여러 사람들의 토론과 손길을 거쳐 만들어졌지만, 적어도 전체 스무 편 중 앞의 열 편이 먼저 만들어지고 뒤의 열 편이 나중에 덧붙여졌을 것이라는 데는 크게 이견이 없는 듯하다. 그렇다고 해서 뒤의 열 편이 완전히 새로 만들어진 것은 아니었으리라고 추측된다. 그것 역시 기존에 전해지던 자료를 정리해 만들었다는 점에서는 앞의 열 편과 다를 바가 없다. 다만 시대가 흐름에 따라 공자의 모습 그대로보다는 좀 더 미화되고 과장된 면이 있는 듯하다는 평이다.

그러고 보면, 우리가 지금 『논어』라고 알고 있는 책의 저본이 되는 것도 여러 가지가 있을 법하다. 그중에서도 가장 널리 알려진 것은 『노론(魯論)』, 『제론(齊論)』, 『고론(古論)』이라는 세 가지 판본이다. 『노론』과 『제론』은 각각 노나라와 제나라에 전해지던 것이라 하고, 『고론』은 공자의 옛집에서 발견되었다는 고문(古文)으로 된 『논어』다. 그러나 이 판본들도 온전히 전하는 것은 없고, 지금 우리가 보는 『논어』의 모습은 후한(後漢)의 정현(鄭玄, 127-200)에 의해 만들어졌다. 그는 『노론』을 바탕으로 하고, 『제론』과 『고론』은 물론 당시에 전해지던 많은 자료를 섭렵하여 지금의 『논어』를 만들어냈다.

책의 성립 과정이 이러하다 보니, 책의 구성이 산만하고 일정한 흐름도 잡히지 않는다. 그러나 처음의 편자 이래로 정현에 이르기까지, 『논어』를 편찬한 사람들의 의도는 분명히 짐작할 수 있다. 그들은 공자의 사상을 체계화하기보다는 공자의 언행을 그대로 전달하고자 했다. 공자의 경지는 섣부른 편집이나 첨삭으로 꾸며질 수 있는 것이 아니었고, 그렇다고 위인전을 통해 전달될 수 있는 것도 아니었기 때문이다. 공자가 가르친 것은 바로 인격적으로 완성된 삶의 경지였고, 그 경지는 공자의 인생을 통해서만 전달될 수 있는 것이었다. 이를 온전히 전달할 방법은 공자의 언행을 그대로 전하는 길뿐이라고 생각했을 것이다. 물론 그들이 하염없이 존경했던 스승을 조금이나마 미화하고자 했던 흔적은 지울 수 없지만, 지금도 『논어』에는 공자의 풍모와 성격이 곳곳에 배어 있을 뿐 아니라, 당시에 공자와 그의 제자들이 이야기하던 분위기와 말투까지도 그대로 살아 있다.

2.『논어』에 관한 책

지금까지『논어』와 관련된 책은 3천여 권이나 발간되었다고 한다. 그만큼 많은 사람들이 이 책에 관심을 기울여왔다는 뜻이기도 하겠지만, 이는『논어』라는 책의 특성 때문이기도 하다.『논어』는 동양 고전 중에서도 글이 매우 간략하고 함축적이며 구어체의 문투가 거의 그대로 살아 있다. 생생한 말에 풍부한 함의를 담고 있기 때문에 독자의 지적 수준에 따라 얼마든지 다른 차원의 독해가 가능하다. 하지만 그로 인해 정확한 뜻 파악이 쉽지 않은 경우가 많고, 일반인에게는 좀 더 친절한 설명이 필요하기도 하다. 이러한 설명과 내용의 정돈이 바로『논어』의 주변을 맴도는 책들이 목표한 바였다.

그 많은『논어』관련 책들 중에서, 지금까지도 참고할 만하다고 인정되는 것들을 꼽아보면 다음과 같다. 우리나라에서 가장 많이 참고가 되었던 것은 아무래도 주희(朱熹, 1130-1200)의『논어집주(論語集注)』다. 하지만 그보다 먼저 기본이 되는 것은 위(魏)나라 하안(何晏, 193?-249)의『논어집해(論語集解)』다.『논어집해』는 양(梁)나라 황간(皇侃, 488-545)의『논어의소(論語義疏)』를 통해 전해졌지만, 송(宋)나라 형병(邢昺,

932-988)이『논어집해』를 바탕으로 하여 소(疏)를 단『논어주소(論語注疏)』가『십삼경주소(十三經注疏)』에 포함됨으로써 전통적인『논어』주해서가 되었다. 이상 네 사람의 주석은 가장 널리 오래도록 통용되어온 주석이라 하겠다. 그 외에 근래의 것 중에서는 정수덕(程樹德, 1877-1944)의『논어집석(論語集釋)』을 권할 만하다. 이 책은 최근까지의 많은 자료들을 망라해놓아서 참고하기에 편리하다.

우리나라에서도『논어』는 고려시대 이래로 교육의 기본서로 사용되었고, 그에 관한 해설도 권근(權近, 1352-1409), 이황(李滉, 1501-1570), 이이(李珥, 1536-1584), 이익(李瀷, 1681-1763), 정약용(丁若鏞, 1762-1836) 등 많은 학자들을 통해 이루어졌다. 그러나 그중에서도 가장 대표적인 역작으로는 아무래도 정약용의『논어고금주(論語古今注)』를 들지 않을 수 없다.『논어고금주』에는 제목 그대로 그야말로 고금에 걸친 주석에 대한 종합 비판과 아울러, 공자 당대의 사상에 입각했다는 정약용의 독자적인 해석이 일목요연하게 정리되어 있다.

3. 공자와 춘추시대

공자는 기원전 551년에 태어나 기원전 479년에 세상을 떠났다. 그리고 그가 지었다고 하는『춘추(春秋)』는 기원전 722년부터 기원전 480년까지의 노(魯)나라 역사를 기록하고 있다. 이 때문에 이 책에 기록된 시기를 춘추시대라 부르기도 한다.

그렇지만 주나라 중심의 천하질서가 무너진 이후 제후(諸侯)들이 할거(割據)하기 시작한 시대에서부터 대부(大夫)들의 할거 시대, 즉 진(晉)나라가 한(韓)·위(魏)·조(趙)라는 대부들의 나라로 갈라지던 시기까지로 본다면, 춘추시대는 기원전 770년부터 기원전 403년까지가 된다. 그리고 전국(戰國)시대는 그다음 해인 기원전 402년부터 진(秦)나라 왕인 정(政)이 중국을 통일하고 스스로를 시황제(始皇帝)라 칭하게 되는 기원전 221년까지가 된다.

이렇게 보면 공자가 활동한 때는 주나라가 천자국으로서의 힘을 잃고 동쪽으로 쫓겨가 동주(東周)를 세운 후 이미 춘추시대의 후반에 깊숙이 들어와 있는 시기였다.

전설적인 성왕(聖王)인 황제(黃帝)와 요(堯)·순(舜)의 시대, 우(禹)임금의 하(夏)나라, 탕(湯)임금의 은(殷)나라를 거쳐 중원을 차지한 무왕(武王)의 주나라에 이르면(기원전 1100년경) 왕과의 혈연관계를 기반으로 하는 종법(宗法) 질서의 봉건체제가 자리를 잡는다. 물론 주나라가 공자의 극찬처럼 완벽한 조화와 질서의 사회는 아니었을지라도, 상대적으로 대국인 주나라를 천자국(天子國)으로 하여 각 제후국들 사이에 견제와 균형이 유지되는 시대였다.

그러나 세월이 흐를수록 혈연관계로 맺어졌던 각국 제후의 자손들은 서로 소원해져 갔고, 상호 협력보다는 전쟁을 통한 국력 확장에 골몰했다. 급기야는 천자국인 주나라마저도 공격하여 주나라는 동쪽의 낙양(洛陽)으로 수도를 옮기게 되었다. 주나라가 동쪽으로 옮길 때 일부 제후들의 도움을 받아서 간신히 나라의 명맥을 유지할 수 있었기 때문에, 주나라는 이미 천자국으로서의 권위를 잃고 말았다. 이제는 하나의 제후국이 지나치게 강대해지는 것을 서로 견제하는 상황에서 제후국들 간의 필요에 의해 주나라는 그저 천자국의 명분만을 지키도록 했다. 그러고는 가장 강한 제후가 '패자(覇者)'가 되는, 불안정한 천하의 질서가 간신히 지탱되고 있었다.

공자가 태어난 것은 이런 식의 불안한 질서가 이미 200여 년간 지속된 때였다. 초(楚), 진(秦), 제(齊), 진(晉), 오(吳), 월(越) 등의 강대한 제후국들은 패자(覇者)가 되기 위해 전쟁을 벌였고, 노(魯), 위(衛), 정(鄭), 송(宋), 조(曹), 진(陳), 채(蔡) 등 약한 제후국들은 그 틈에서 살아남기 위해 부심해야 했다. 공자가 태어난 곳은 비교적 약소국에 속했던 노나라였다. 특히 노나라는 패자가 되려는 의지가 강했던 강대국 제나라의 옆에 붙어서 수시로 존립을 위협받고 있었다. 다만, 노나라는 무왕을 도와 주나라의 천하통일과 문물제도 형성에 결정적인 역할을 한 주공(周公)이 봉해진 제후국이었기 때문에, 약소국이었음에도 다른 제후들이 함부로 합병을 시도할 수는 없었다. 노나라는 여전히 주공의 권위가 받쳐주고 있었고, 또한 주나라의 문화가 가장 잘 보존되어 있었기 때문에, 노나라를 합병한다는 것은 다른 제후국들로부터 비난과 공격을 초래할 명분을 제공할 수 있었기 때문이다.

그러나 외부의 공격이 아니더라도, 이제 나라의 상하 질서는 무너져갔고, 제후국 내에서도 권력을 잡은 대부들이 국가를 좌우하기 시작했으며, 심지어는 대부의 가신(家臣)들이 반란을 일으키기도 했다.『논어』에 수없이 등장하는 세 대부 집안, 즉 계손씨(季孫氏), 숙손씨(叔孫氏), 맹손씨(孟孫氏)가 노나라를 좌우하다가, 나중에는 계손씨의 가신인 양호(陽虎)에게 실권을 빼앗기게 된 것도 이러한 상황의 한 예일 뿐이었다. 이런 상황에서 공자는 천자국 중심의 질서를 회복하고자 했지만, 역사는 이미 대부들이 반란을 통해 국가를 형성하게 되는 전국(戰國)시대로 달려가고 있었다.

4. 공자의 삶

공자는 기원전 551년 노나라 추읍(陬邑)에서 태어났는데, 그곳은 지금의 산동성(山東省) 곡부(曲阜) 지역이다. 앞에서 언급한 대로 노나라는 주나라의 주공이 봉해진 제후국이었기 때문에 주나라의 문화가 가장 잘 보존된 곳이었고, 그러한 환경은 공자가 성장하면서 주나라 예(禮)에 관심을 가지고 공부하게 된 결정적인 원인이 되었다.

공자 자신의 집안 내력은 확실하지 않지만, 예순이 넘은 아버지 숙량흘(叔梁紇)과 젊은 어머니 안징재(顔徵在) 사이에서 야합(野合)으로 태어났다는『사기(史記)』의 기록이 어느 정도 확실하다면, 어쨌든 별달리 가문의 후광을 입을 처지가 아니었음은 분명하다. 더욱이 늙은 아버지는 일찍 세상을 떠났고 젊은 홀어머니를 모시며 가난한 살림을 꾸려가야 했기에, 공자는 제대로 된 스승 밑에서 체계적인 공부를 할 기회도 갖지 못했다. 창고지기나 가축 관리 등의 천한 일을 하면서도 예에 관심이 많았었다는 공자 자신의 기억이 몇몇 기록에 묻어서 전해질 뿐이다. 19세에 기관씨(丌官氏)의 딸과 결혼을 했다고 하지만 부인에 관해서도 믿을 만한 기록은 보이지 않고, 다만 자신보다 일찍 세상을 떠난 아들 리(鯉)와 제자 공야장(公冶長)에게 시집보낸 딸이 하나 있었다는 사실을 『논어』에서 찾아볼 수 있다.

어려운 생활 속에서도 남들에게 배우기를 즐겨했던 공자는 열다섯 살에 학문에 뜻을 두었고 서른 살에 자립했다고 한다〔十有五而志于學, 三十而立〕. 서른 살 무렵이면 이미 공자의 주위에는 많은 사람들이 모여들기 시작하는데, 그의 행적을 보면 이미 열다섯에 뜻을 둔 학문이란 것이 단순히 옛 제도와 예법을 공부하여 사람들에게 전해주는 데 그치는 것이 아니었음을 알 수 있다. 뒷날 그가 제후국들을 돌아다니며 뜻을 펼치려다가 양호나 환퇴(桓魋) 등으로 인하여 위험에 빠졌을 때, 공자는 자신이 세상에 도(道)를 전할 사명을 받은 사람이기 때문에 사람들이 자신을 함부로 해칠 수 없을 것이라고 단언한다. 그가 뜻을 둔 학문이란 주나라 문화와 제도의 회복을 통하여 천하의 안정을 되찾는 것이었으며, 그것이 바로 하늘이 자신에게 내려준 사명이라고 믿었던 것이다.

공자는 제자들을 가르치며 노나라에서 토지 문제를 관리하는 '사공(司空)', 형벌과 치안을 담당하는 '사구(司寇)' 등 적지 않은 벼슬도 하였고, 그의 제자들도 관직에 나아가 능력을 인정받았다. 그러나 세 대부의 집안이 나라의 기강을 뒤흔드는 현실 속에서 공자는 뜻을 펼칠 수가 없었고, 결국 55세에 노나라를 떠나 여러 나라를 떠돌게 된다. 그는 여러 나라의 제후들을 만나 인(仁)과 예(禮)에 입각한 자신의 사상을 현실 정치에서 실현하고자 하였다. 그러나 생사가 걸린 세력 다툼이 끊이지 않는 상황에 있는 제후들은 공자의 고상한 생각을 받아들일 수 없었다. 이렇게 자신의 이상 실현을 위해 먼 길을 돌아다니는 과정에서 공자는 현실의 벽을 절감했고 몇 차례의 죽을 고비를 넘기기도 하였다.

결국 그는 13년간의 긴 여행을 정리하고 노나라로 돌아왔다. 이제 이미 68세의 노인이 된 그가 전념한 것은 교육과 저술이었다. 공자가 처한 현실에서는 실현될 수 없을지라도, 먼 훗날 어느 때든 그의 이상이 실현되기를 기대하며 희망의 싹을 심고자 한 것이었다. 이제 공자는 실권은 없을지라도 노나라에서 명망 있는 원로로 대접받았고 그의 제자들은 미미한 자리나마 정치의 일선에 섰다. 공자는 이 시기에 제자들을 가르치며 『시(詩)』, 『서(書)』, 『역(易)』, 『예(禮)』, 『악(樂)』, 『춘추

(春秋)』등의 이른바 '육경(六經)'을 편찬하였다고 한다. 그러고는 기원전 479년 73세의 나이로 일생을 마쳤다. 그가 생전에는 원했던 만큼 세상에서 뜻을 펼치지 못했을지라도, 말년에 희망했던 대로 그의 사후에 이천 년이 넘도록 수없이 많은 사람들이 그의 가르침을 되새기며 인간다운 삶의 실현을 위해 노력해왔고, 지금도 그 노력은 계속되고 있다.

5. 공자의 사상

공자의 시대에는 예(禮)를 익히고 가르치는 지식인들이 있었다. 이들은 예에 관한 지식을 기반으로 하여 제후나 세도가들에게 교육, 문화, 정치 등에 관해 자문을 해주고 그 자녀들의 교육을 담당하기도 하며 그들로부터 경제적으로 도움을 받았다. 공자도 이런 지식인들 가운데 하나였다. 그런데 그중에서도 공자가 특별히 주목받는 이유는 예라는 번잡한 형식을 왜 따라야만 하는가에 대해 설득력 있는 철학적 의미를 찾아서 사람들에게 설명해주었다는 데 있다. 그 이전까지는 대체로 예의 형식적인 면에만 치중했을 뿐, 그 정신적 토대에 대해서는 사람들이 별달리 관심을 기울이지 않았다.

공자가 제기한 예의 정신을 단적으로 이야기한다면, 바로 '인(仁)'이라고 할 수 있다. '인'이란『논어』에서 가장 중요하게 사용되는 개념이고 공자의 사상을 이야기할 때 대표적으로 거론되는 개념이므로, 이렇게 이야기하는 것은 전혀 과장이 아니다. 그러나 '인'의 내용을 알고자 한다면 문제는 간단치 않다.

공자는 '인'에 대하여 분명한 정의를 내려주지 않았다. 하지만 그가 최고의 덕목으로 '인'을 여러 차례 언급하였기 때문에 많은 사람들이 '인'의 경지를 알고 싶어 했다. 인의 경지에 이른 사람으로 공자는 자신보다도 뛰어난 인재로 지목했던 제자 안연(顏淵)이나, 요임금, 순임금 등의 전설적인 성인을 꼽을 뿐이었다. 그 외에는 자기 자신을 포함하여 그 누구도 인의 경지에 이른 사람으로 인정하지 않았다. 안연을 인한 사람이라고 한 이유도 단지 "궁핍하게 살면서도 진리(道)를 추구하는 그 뜻을 바꾸지 않았다"는 설명에 그치고 마는데, 그런 지조와 용기라면 또 다른 제자인 자로(子路)도 뒤질 바가 아니었으니, 인의 경지가 그것만은 아닐 것이다.

공자가 분명하게 인을 정의한 것은 제자인 번지(樊遲)의 질문에 대해 "(인이란) 사람들을 사랑하는 것(愛人)"이라고 한 것이다. 그 내용을 미루어 보자면, "자기가 서고자 할 때 남을 먼저 세워주고, 자기가 뜻을 이루고자 할 때 남이 먼저 이루도록 한다(己欲立而立人, 己欲達而達人)"는 것이다. 이러한 인의 덕은 항상 겸손하게 말을 조심하며(語訥), 이기적인 욕구를 극복하고 예로 돌아가야 한다(克己復禮)는 예의 형식으로 실현된다.

'인'이란 글자 그대로 '두 사람(二人)', 즉 사람과 사람 사이의 관계를 뜻한다. 공자는 서로가 서로를 배려하는 사람들 사이의 가장 이상적인 관계를 통하여 사회의 안정을 추구했고,

이를 상징하는 개념으로 인을 사용한 것이다. 그리고 예를 통해 인을 실현하되, 그러한 인의 사회를 이룰 수 있는 근거를 효(孝)라는 자연적 본성에서 찾았다. 공자는 누구나 자신의 부모를 잘 모시고 싶어 하는 성품을 가지고 있다는 데 착안하여, 자식과 부모의 관계를 인간관계의 가장 바람직한 모델로 상정했다. 이러한 효도의 마음을 형제와 마을 사람들, 그리고 나라와 천하에까지 확충하여 나가는 것이 바로 인이라는 인간관계의 실현이다. 그리고 그것은 물론 예라는 형식을 통하여 이루어진다.

그 실현을 위한 구체적인 자세를 알고자 한다면 공자의 수제자 중 한 사람인 증자(曾子)가 공자 사상의 핵심으로 지목한 충서(忠恕)로 설명할 수 있다. 주희의 풀이에 따르면 충(忠)이란 진심을 다하는 성실한 마음〔盡己之謂忠〕이고, 서(恕)란 자신의 마음을 미루어서 타인이 바라는 바를 먼저 해주는 적극적인 태도〔推己之謂恕〕다.

공자는 이러한 자세로 타인과의 관계 속에서 자신의 역할에 충실할 것을 주장한다. 그것이 바로 공자의 정명론(正名論)이다. "임금은 임금답게, 신하는 신하답게, 아버지는 아버지답게, 자식은 자식답게〔君君, 臣臣, 父父, 子子〕" 살아가라는 것이다. 각자가 자신의 역할에 충실하며 살아갈 때, 마치 온갖 악기들이 어우러져 하나의 멋진 교향악을 만들어내듯 조화로운 사회가 이루어진다는 것이다.

공자는 삶의 최고의 경지를 음악에 비유하곤 했다.

"시에서 감흥을 일으키고, 예를 통해 바로 서고, 음악에서 완성을 이룬다.〔興於詩, 立於禮, 成於樂〕"

그리고 자신이 살아온 인생의 길을 이렇게 묘사했다.

"도에 뜻을 두고, 덕을 바탕으로 하여, 인에 의지하고, 예술의 세계에서 노닐었다.〔志於道, 據於德, 依於仁, 游於藝〕"

공자에게 예에 따라 산다는 것은 경직된 규범에 자신을 옭아매는 것이 아니라, 인간의 내면에서 울려 나오는 도덕적 욕구를 충실히 따르는 것이다. 다만, 이기적이고 동물적인 욕구와 유혹에 빠져드는 것을 막기 위해, 내면적인 공부와 병행하여 생활 속에서 예라는 형식의 반복 수행을 통한 훈련을 해야 한다. 이러한 공부와 반복 수행으로 도달하는 것이 바로 음악과 같은 예술의 경지이고, 그것이 공자가 꿈꾸었던 이상적 삶과 사회의 모습이다.

논어

제1편

학이(學而)

1

공자[1]께서 말씀하셨다. "배우고 때때로[2] 그것을 익히면 또한 기쁘지 않은가? 벗이 먼 곳에서 찾아오면 또한 즐겁지 않은가? 남이 알아주지 않아도 성내지 않는다면 또한 군자답지[3]

---

1. 원문은 '자(子)'이다. '자'는 성 아래 붙여 남자에 대한 존칭으로 사용한다. 『논어』는 공자의 제자들이 공자의 말씀을 기록한 책이라서, 굳이 '공선생님〔孔子〕'이라는 표현 대신에 '선생님〔子〕'이라고 썼다. 그러므로 『논어』에서 보이는 '자왈(子曰)'이란 표현은 모두 '공자(공선생님)께서 말씀하시기를'이라는 뜻이다.
2. 원문은 '시(時)'이다. '때때로'라고 옮겼지만 '가끔'이나 '시간 날 때'의 의미로 오해해선 곤란하다. '반복 학습하여 익힌다'는 뜻의 '습(習)'이라는 단어와 결합되어 있는 이 문맥에서는 '배운 것을 적용할 기회가 있을 때마다 수시로 반복하여 익힌다'로 이해해야 한다.
3. 군자(君子)는 유학에서 학문과 수양을 통해 일정한 인격적 완성도에 이른 사람을 말하는 가장 일반적인 명칭이다. 굳이 단계 구분을 해본다면 최고의 단계가 성인(聖人), 그다음이 현인(賢人), 그다음이 군자이지만 이들을 통틀어 군자라고도 한다. 그리고 상대적으로 이보다 못한 사람이 바로 소인(小人)이다.

않은가?"

2

유자[4]가 말했다. "그 사람됨이 부모에게 효도하고 어른에게 공경스러우면서[5] 윗사람 해치기를 좋아하는 사람은 드물다. 윗사람 해치기를 좋아하지 않으면서 질서를 어지럽히기를 좋아하는 사람은 없다. 군자는 근본에 힘쓰는 것이니, 근본이 확립되면 따라야 할 올바른 도리[6]가 생겨난다. 효도와 공경이라는 것은 바로 인[7]을 실천하는 근본이니라!"

---

4. 유자(有子)는 공자의 제자인 유약(有若)을 말한다. 공자보다 43세 연하로, 모습이 공자와 닮았다고 전해진다. 유약에 대해서도 '자(子)'를 붙여 '유자(有子)'라고 칭한 것을 보면, 이 문장은 유약의 아랫사람이 기록한 듯하다.

5. '부모에게 효도하고'에 해당하는 원문이 '효(孝)'이고, '어른에게 공경스러우면서'에 해당하는 원문이 '제(弟)'이다. '효'는 자식이 부모님께 정성을 다하는 마음이고, '제'는 본래 동생이 형에게 정성을 다하는 마음이다. 이 '제'는 그 의미가 확장되어 일반적으로 손아랫사람이 손윗사람을 공경하는 마음을 뜻하게 되었다. 후세에는 이런 의미로 쓰일 때 '제(悌)'로 표기하여, '동생'을 의미하기도 하는 '제(弟)'와 구별하였다.

6. 원문은 '도(道)'이다. 본래는 '길·도로'라는 의미이다. 올바른 길로 가면 흔들림이나 막힘이 없이 갈 수 있지만 길이 아닌 곳으로 가면 어려움에 빠지기 마련이다. 여기에서 '당연히 가야 할 바른 길'이란 의미의 '방법·도리'란 의미가 생겨났다.

7. 공자 사상의 핵심을 한 글자로 표현할 때 '인(仁)'이라고 할 수 있

3

공자께서 말씀하셨다. "말을 교묘하게 하고 얼굴빛을 곱게 꾸미는[8] 사람들 중에는 인(仁)한 이가 드물다."

4

증자[9]는 말했다. "나는 날마다 다음 세 가지 점에 대해 나 자신을 반성한다. 남을 위하여 일을 꾀하면서 진심[10]을 다하지 못한 점은 없는가? 벗과 사귀면서 신의[11]를 지키지 못한 일은

다. '인'은 '人+二'로서 두 사람의 관계를 의미한다. 이것은 '인간들 사이의 가장 조화롭고 안정된 관계'를 포괄적으로 함축한 개념이다. 본문에서 효도와 공경이 인을 실천하는 근본이라고 하였는데, 부모님께 효도하고 손윗사람에게 공경스럽게 대하는 자세가 모든 인간관계의 근본임을 가르쳐주는 것이다.

8. 원문은 '교언영색(巧言令色)'이다. '교(巧)'는 '교묘하다', '영(令)'은 '아름답다'는 뜻으로 모두 외면적인 꾸밈을 말한다. 따라서 교언영색이란 듣기 좋도록 교묘하게 말을 꾸미고 보기 좋도록 얼굴색을 꾸미는 것을 말한다.

9. 증자(曾子)는 공자보다 46세 연하인 제자로, 증은 성이고, 자는 존칭이며, 이름은 삼(參), 자(字)는 자여(子輿)이다. 『대학(大學)』을 저술했다고 전해진다. 철학적인 면에서 공자의 중요한 계승자라고 할 수 있다.

10. 원문은 '충(忠)'이다. '가운데 중(中)'과 '마음 심(心)'이 합쳐진 모양 그대로 '마음의 한 가운데', 즉 '진실된 마음'을 의미한다. 여기서는 남의 일이라고 해서 소홀히 하지는 않았는가 반성한다는 뜻이다.

11. 원문은 '신(信)'으로, '믿다', '신뢰하다'는 뜻이다. 벗과 신의로 맺어질 때는 목숨도 함께할 수 있지만 신의가 무너지면 남일 뿐이기

없는가? 배운 것을 제대로 익히지 못한 것은 없는가?"[12]

5

공자께서 말씀하셨다. "나라를 다스릴 때는 일을 신중하게 처리하고 백성들의 신뢰를 얻어야 하며, 씀씀이를 절약하고 사람들을 사랑해야 하며, 백성들을 동원할 경우에는 때를 가려서 해야 한다."[13]

6

공자께서 말씀하셨다. "젊은이들은 집에 들어가서는 부모님께 효도하고 나가서는 어른들을 공경하며, 말과 행동을 삼가고 신의를 지키며, 널리 사람들을 사랑하되 어진 사람과 가까이 지내야 한다. 이렇게 행하고서 남은 힘이 있으면 그 힘으로

때문에, 벗과의 관계에서 중요한 덕목으로 신의를 든 것이다.

12. 원문은 '전불습호(傳不習乎)'이다. '전(傳)'을 목적어로 보고 '전수받은 것을 익히지 않은 것은 없는가'의 뜻으로 번역하였다. 그런데 '전'을 서술어로 본다면 '익히지 않은 것을 전했는가', 또는 '(남에게) 전하기만 하고 (스스로는) 익히지 못한 것이 아닌가' 등으로 해석할 수도 있다.

13. 원문은 '사민이시(使民以時)'로 '때를 가려서 백성들을 부린다'는 뜻이다. 전쟁이나 축성과 같은 국가적 사업을 위해 백성들을 동원할 때는 농한기와 같이 백성들의 생업을 해치지 않는 때를 가려서 해야 한다는 것이다.

글을 배우는 것이다."

7

자하[14]가 말하였다. "어진 이를 어진 이로 대하기를 마치 남자가 여자를 좋아하듯이 하고,[15] 부모를 섬길 때는 자신의 힘을 다할 수 있으며, 임금을 섬길 때는 자신의 몸을 다 바칠 수 있고, 벗과 사귈 때는 언행에 믿음이 있다면, 비록 배운 게 없다고 하더라도 나는 반드시 그를 배운 사람이라고 할 것이다."

8

공자께서 말씀하셨다. "군자가 신중하지 않으면 위엄이 없

---

14. 자하(子夏)는 공자보다 44세 연하의 제자로 성은 복(卜), 이름은 상(商)이며, 자하는 그의 자(字)이다. 문학에 뛰어났다고 한다.
15. 원문은 '현현역색(賢賢易色)'이다. '현현(賢賢)'은 어진 이를 어진 이로서 대우하다는 뜻이고 '역색(易色)'은 세 가지 뜻으로 풀 수 있다. 첫째, 역색(易色)의 역(易)은 '바꾸다'는 뜻으로 풀어서 '여자를 좋아하는 마음과 바꾸다'로 해석할 수 있다. 둘째, 색(色)을 안색(顏色)으로 보고 '안색을 바꾸다'로 해석할 수 있다. 셋째, '易'이 '바꿀 역' 외에도 '가벼이 여길 이(易)'로도 쓰이므로 색(色)을 여색으로 보면 '여자를 경시하다'로 해석할 수 있다. 그런데 뒤에 이어지는 구절과 이어서 본다면, 이 어구는 부모, 임금, 벗을 대할 경우와 함께 어진 이를 대할 때 어떤 자세로 할 것인가를 말하는 것이다. 그러므로 옮긴이는 첫 번째의 해석을 취하여 '어진 이를 대할 때는 어진 이로서 대접하되 마치 남자가 여자를 좋아하듯이 아주 기쁘고 반가운 마음으로 대하라'라는 의미로 본다.

으며, 배워도 견고하지 않게 된다. 충실과 신의를 중시하고, 자기보다 못한 자를 벗으로 사귀지 말며,[16] 잘못이 있으면 고치기를 꺼리지 말아야 한다."

9

증자가 말하였다. "장례를 신중하게 치르고 먼 조상의 제사에도 정성을 다하면,[17] 백성들의 인정이 돈독해질 것이다."

10

자금[18]이 자공[19]에게 물었다. "선생님(공자)께서는 어떤 나라

---

16. 원문은 '무우불여기자(無友不如己者)'이다. 「술이(述而)」21장에서 "세 사람이 길을 가면 그중에는 반드시 스승으로 삼을 만한 사람이 있다(三人行 必有我師焉)"고 한 것을 보면, 배타적인 인간관계를 주장하는 것은 아닌 듯하다.

17. 원문은 '신종추원(愼終追遠)'이다. 종(終)은 죽음을 뜻하고 원(遠)은 먼 선조를 의미한다. 어떤 절대적인 신을 인정하지 않는 유교에서는 현재 자신이 지닌 모든 것은 부모를 비롯한 조상의 덕분이라고 생각한다. 장례를 신중히 치르고 먼 조상의 제사에까지 정성을 다한다는 것은 그 고마움을 잊지 않는 인간의 기본자세이다.

18. 자금(子禽)은 공자의 제자라고도 하고 자공의 제자라고도 한다. 성은 진(陳), 이름은 강(또는 항;亢)이고, 자금은 그의 자이다.

19. 자공(子貢)은 공자의 제자로 공자보다 31세 연하이며, 성은 단목(端木), 이름은 사(賜), 자공은 그의 자이다. 공자의 대표적인 제자 중 한 사람으로 언변에 뛰어났던 것으로 전해진다.

든지 그 나라에 가시면 반드시 그 나라의 정치에 대해 듣게 되시는데, 이는 선생님께서 요청하신 것입니까? 그렇지 않으면 그 나라에서 자발적으로 자문을 구하는 것입니까?"

자공이 말하였다. "선생님께서는 온화·선량·공손·검소·겸양[20]의 인품으로 인하여 자연히 듣게 되시는 것입니다. 선생님께서 정치에 관심을 가지시는 것은, 다른 사람들이 정치권력에 가까이하고자 하는 것과는 다릅니다."

11

공자께서 말씀하셨다. "아버지께서 살아 계실 경우에는 자식의 속마음을 살펴보고,[21] 아버지께서 돌아가신 후에는 자식

---

20. 원문은 차례대로 온(溫)·량(良)·공(恭)·검(儉)·양(讓)이다. '온'은 온화함, '량'은 착하고 선량함, '공'은 공손하고 예의 바름, '검'은 검소하고 절제함, '양'은 겸손함을 의미한다. 이 다섯 가지 덕목은 공자의 인품을 나타내는 것일 뿐 아니라 바로 공자 문하에서 지향했던 이상적 인간상을 알려준다.

21. 원문은 '관기지(觀其志)'이다. '그것 기(其)'가 가리키는 대상이 무엇인지에 따라 두 가지로 해석이 가능하다. 첫째는 본문처럼 대상을 자식으로 보는 경우이다. 아버지께서 살아 계실 때는 자식이 마음대로 행동할 수 없으므로, 그 자식이 진정 효자인지 아닌지를 알려면 그 자식이 아버지의 말씀을 따르면서 마음속으로 무슨 생각을 하는지를 살펴보아야 한다는 것이다.〔주희(朱熹)〕 둘째는 대상을 아버지로 보고 '아버지의 뜻을 살핀다'는 의미로 풀이하기도 한다.〔범조우(范祖禹)〕

의 행동을 살펴보아야 한다.[22] 그리고 3년 동안 아버지께서 하시던 방법을 고치지 않아야 효도한다고 말할 수 있다."

12

유자가 말하였다. "예(禮)의 기능 중에는 화합[23]이 중요하다. 옛 왕들의 도는 이것을 아름답다고 여겨서, 작고 큰 일들에서 모두 이러한 이치를 따랐다. 그렇게 해도 세상에서 통하지 못하는 경우가 있는데, 화합을 이루는 것이 좋은 줄 알고 화합을 이루되 예로써 절제하지[24] 않는다면 또한 세상에서 통하지 못하는 것이다."

13

유자가 말하였다. "약속한 것이 도의에 가깝다면[25] 그 말을

22. 원문은 '관기행(觀其行)'이다. 앞 구절과 같이 두 가지로 풀이가 가능하다. '자식의 행동을 살펴보다'(주희)로 해석하기도 하고 '아버지의 행적을 살피다'(범조우)라고 해석하기도 한다.

23. 원문은 '화(和)'로서 화합, 조화 등을 의미한다. 이는 각박하지 않고 원만한 인간관계를 뜻하지만, 마지막 구절에서 알 수 있듯이 '좋은 게 좋은 거야'라는 식의 무원칙한 화합을 말하는 것은 아니다.

24. 원문은 '이례절지(以禮節之)'이다. 진정한 화합을 이루기 위해서는 분명한 원칙이 있어야 하며, 여기서는 예에 의한 절제를 그 방법으로 제시한 것이다. 예는 자연의 이치를 인간 사회에 적용한 것이기 때문이다.

25. 원문은 '신근어의(信近於義)'이다. 인간관계에서 신의를 지키는 것

실천할 수 있고, 공손함이 예에 가깝다면[26] 치욕을 멀리할 수 있다. 의지하여도 그 친한 관계를 잃지 않을 수 있다면 또한 지도자가 될 수 있다."

14

공자께서 말씀하셨다. "군자는 먹는 것에 대해 배부름을 추구하지 않고, 거처하는 데 편안함을 추구하지 않는다. 또한 일하는 데 민첩하고 말하는 데는 신중하며, 도의를 아는 사람에게 나아가 자신의 잘못을 바로잡는다. 이런 사람이라면 배우기를 좋아한다고 할 만하다."

15

자공이 말하였다. "가난하면서도 남에게 아첨하지 않고 부유하면서도 다른 사람에게 교만하지 않다면 어떻겠습니까?"

공자께서 말씀하셨다. "그 정도면 괜찮은 사람이지. 그러나 가난하면서도 즐겁게 살고 부유하면서도 예(禮)를 좋아하는 것만은 못하다."

은 매우 중요한 일이지만, 그보다 더 중요한 것은 그것이 도의에 맞는가 하는 점이다. 도의에 어긋난다면 어쩔 수 없이 신의를 포기할 수도 있다는 말이다.

26. 원문은 '공근어례(恭近於禮)'이다. 공손함은 예의의 기본이지만 그것도 지나치면 비굴함이 되고 만다.

자공이 말하였다. "『시경』에서 말하기를 '칼로 자르는 듯, 줄로 가는 듯, 정으로 쪼는 듯, 숫돌로 광을 내는 듯 하도다'[27]라고 하였는데 이를 말씀하시는 것입니까?"

공자께서 말씀하셨다. "사[28]야, 비로소 더불어 시를 이야기할 만하구나! 지나간 일을 말해주니 알려주지 않은 것까지 아는구나."[29]

16

공자께서 말씀하셨다. "남이 자신을 알아주지 못할까 걱정하지 말고 내가 남을 제대로 알지 못함을 걱정해야 한다."[30]

---

27. 원문은 '여절여차, 여탁여마(如切如磋, 如琢如磨)'이다. 『시경(詩經)』「위풍·기욱(衛風·淇奧)」에 나오는 구절로 본래는 옥이나 돌을 다듬는 섬세한 과정을 비유하여 인품과 외모가 뛰어난 남자를 묘사하는 내용이다. 여기서는 옥이나 돌을 다듬듯이 수양을 해나가는 모습을 이야기하는 것이다.
28. 사(賜)는 자공의 이름이다. 공자는 제자들을 부를 때 직접 이름을 불러서 친근함을 표현하였다.
29. 원문은 '고저왕이지래자(告諸往而知來者)'이다. 공자는 도의·예의와 하나가 되어 자연스럽게 즐기면서 사는 단계[貧而樂, 富而好禮]를 알려주었는데 자공은 이 말을 듣고 수양과 공부에는 끊임없는 노력이 있어야 한다는 점까지 깨달았다는 것이다.
30. 문제의 원인을 밖에서 찾지 말고 자신에 대한 반성에서 찾으라는 말이다.

제2편

위정(爲政)

1

공자께서 말씀하셨다. "덕으로 정치를 하는 것[1]은, 비유하자면 북극성은 제자리에 있고 모든 별들이 그것을 받들며 따르는 것과 같다."

2

공자께서 말씀하셨다. "『시경』에 있는 삼백 편의 시[2]를 한마디로 이야기하자면 '생각에 거짓됨이 없다'[3]는 것이다."

---

1. 원문은 '위정이덕(爲政以德)'이다. 법률이나 형벌로 백성들을 위협하는 것이 아니라 덕으로 감화시키는 방법으로 정치를 한다는 것이다.
2. 『시경』에는 311편의 시가 있고 그중 6편은 제목만 남아 있다. 여기서 300편이라고 한 것은 어림수로 말한 것이다.
3. 원문은 '사무사(思無邪)'이다. 『시경』「노송·경(魯頌·駉)」마지막에 나오는 구절이다. 사(邪)는 간사하다, 어긋나다, 악하다 등의 뜻인데 결국 마음의 순수함으로부터 나오지 않는 거짓된 생각을 말한다. 그러므로 '생각에 거짓됨이 없다'는 것은 '생각에 진심으로부

3

공자께서 말씀하셨다. "백성들을 정치로 인도하고 형벌로 다스리면, 백성들은 형벌을 면하고도 부끄러워함이 없다.[4] 그러나 덕으로 인도하고 예로써 다스리면, 백성들은 부끄러워하고 또한 잘못을 바로잡게 된다."[5]

4

공자께서 말씀하셨다. "나는 열다섯 살에 학문에 뜻을 두었고 서른 살에 가치관을 확립하였으며,[6] 마흔 살에는 미혹됨이 없게 되었고[7] 쉰 살에는 하늘의 뜻을 알게 되었으며, 예순 살에는 무슨 일이든 듣는 대로 순조롭게 이해했고, 일흔 살에는

터 우러나오지 않는 거짓됨이 없다'는 말이다.

4. 원문은 '민면이무치(民免而無恥)'이다. 백성들이 형벌만 교묘하게 피해나가려 하고 자기 행위에 대해 반성할 줄 모르게 된다는 뜻이다. 바로 법치주의의 한계를 지적한 것이다.

5. 원문은 '유치차격(有恥且格)'이다. 덕과 예로 다스리면 사람들은 잘못된 언행에 대해 형벌을 받지 않는다고 해도 스스로 부끄러움을 느끼고 자발적으로 자신의 잘못을 바로잡는다는 뜻이다.

6. 원문은 '삼십이립(三十而立)'이다. '립(立)'을 '자립한다'로 풀이하기도 하지만, 이때에도 물질적인 자립보다는 정신적인 자립을 의미하므로 '가치관을 확립한다'로 이해할 수 있다.

7. '미혹됨이 없게 되었고'에 해당하는 원문은 '불혹(不惑)'이다. 다른 사람들의 말이나 주변 상황에 따라서 마음이 흔들리거나 의심을 품게 되지 않았다는 뜻이다.

마음 가는 대로 따라 해도 법도에 어긋나지 않았다."

5

맹의자⁸가 효에 대해 묻자 공자께서 말씀하셨다. "어긋남이
없는 것입니다."⁹

번지¹⁰가 수레를 몰고 있을 때 공자께서 그에게 그 일을 말
씀하셨다. "맹손씨가 나에게 효에 대해 묻기에 '어긋남이 없는
것이다'라고 대답하였다."

번지가 여쭈었다. "무슨 뜻으로 말씀하신 것입니까?"

공자께서 말씀하셨다. "살아 계실 때는 예(禮)를 갖추어 섬
기고, 돌아가신 후에는 예법에 따라 장례를 치르고 제사를 지
내라는 것이다."

---

8. 맹의자(孟懿子)는 노나라의 대부(大夫)이며 성은 중손(仲孫), 이름
   은 하기(何忌)이다.
9. 원문은 '무위(無違)'이다. 살아 계실 때부터 돌아가신 후까지 예에
   어긋나지 않도록 모시는 것이 바로 효라는 것이다. 유가에서 예는
   단순히 인간들 사이의 약속이 아니라 자연의 이치를 인간 사회에
   적용한 것이므로, 예에 어긋나지 않는다는 것은 바로 자연의 이치
   대로 부모를 모시는 것이 된다.
10. 번지(樊遲)는 공자보다 36세 연하인 제자로 성은 번, 이름은 수
    (須), 자는 자지(子遲)이다.

6

맹무백[11]이 효에 대해 묻자 공자께서 말씀하셨다. "부모는 오직 그 자식이 병날까 그것만 근심하십니다."[12]

7

자유[13]가 효에 대해 여쭙자 공자께서 말씀하셨다. "요즘의 효라는 것은 부모를 물질적으로 봉양할 수 있는 것을 말한다. 그러나 개나 말조차도 모두 먹여 살리기는 하는 것이니, 공경하지 않는다면 짐승을 먹이는 것과 무엇으로 구별하겠는가?"

---

11. 맹무백(孟武伯)은 맹의자의 아들로 이름은 체(彘)이다. 시호가 무(武)이며 백(伯)은 그가 맏아들이기 때문에 붙여진 것이다. 노나라의 대부였다.
12. 원문은 '유기질지우(唯其疾之憂)'이다. 부모에게는 자식이 건강하게 사는 것이 가장 큰 효도라는 것이다. 여기서 지(之)는 '유우기질(唯憂其疾)'에서 도치됐음을 나타내는 것이다. 이 구절은 대단히 함축적이라서 다양한 해석이 가능하다. '그것 기(其)'가 가리키는 대상을 '자식'으로 보면 '부모가 자식에 대해 다른 걱정은 안 하고 건강만 염려하도록 하는 것이 효'라는 해석도 가능하고, 대상을 '부모'로 보면 '부모님이 병에 걸리실까 걱정하는 것이 효'라는 풀이도 된다.
13. 자유(子游)는 공자보다 45세 연하인 제자로 성은 언(言), 이름은 언(偃)이며 자유는 그의 자이다. 문학에 재능을 보였다고 한다.

8

자하가 효에 대해 여쭙자 공자께서 말씀하셨다. "항상 밝은 얼굴로 부모를 대하는 일이 어렵다.[14] 일이 있을 때는 아랫사람이 그 수고로움을 대신하고, 술이나 음식이 있을 때는 윗사람이 먼저 드시게 하는 것을 가지고 효도라고 할 수 있겠느냐?"

9

공자께서 말씀하셨다. "내가 안회[15]와 함께 하루 종일 이야기를 해도 그는 어리석은 사람처럼 아무런 문제 제기도 하지 않는다.[16] 그런데 뒤에 그가 생활하는 것을 보면 그 내용을 충

---

14. 원문은 '색난(色難)'이다. 곧 좋은 안색을 지니기가 어렵다는 뜻이다. '부모의 안색을 잘 살펴서 모시는 것이 어렵다'라고 풀이하기도 한다. 그러나 부모를 모시는 입장에서 진정으로 마음에서 우러나오는 효를 이야기했다고 보는 것이 나을 듯하다.

15. 안회(顔回)는 공자보다 30세 연하의 제자로, 성은 안, 이름은 회, 자는 자연(子淵)이다. 공자의 제자들 중 가장 우수한 제자로서 큰 기대를 받았을 뿐 아니라 특히 덕행(德行)으로 존경을 받았다. 그러나 단명하여 41세의 젊은 나이에 죽었고, 이로 인해 공자가 크게 상심하였다고 한다.

16. 원문은 '불위여우(不違如愚)'이다. 어리석은 사람처럼(如愚) 다른 길로 가지 않는다(不違)는 뜻이다. 곧 공자와 하루 종일 이야기하면서도 이견이나 문제 제기가 없어서 바보처럼 보인다는 뜻이다. 공자가 말하는 도리를 공자 자신의 수준에서 거의 완벽하게 이해하였다는 의미이다.

분히 실천한다. 안회는 어리석은 것이 아니다."

10

공자께서 말씀하셨다. "그 사람이 하는 것을 보고,[17] 그 동기를 살펴보고,[18] 그가 편안하게 여기는 것을 잘 관찰해보아라.[19] 사람이 어떻게 자신을 숨기겠는가?[20] 사람이 어떻게 자신을 숨기겠는가?"

---

17. 원문은 '시기소이(視其所以)'이다. '시(視)'는 눈에 보이는 그대로를 본다는 뜻이다. 소이(所以)는 소위(所爲)와 같은 뜻으로 '지금 하고 있는 것'을 의미한다.

18. 원문은 '관기소유(觀其所由)'이다. '관(觀)'은 시(視)보다 한 단계 더 나아간 표현으로 좀 더 자세히 살펴본다는 뜻이다. '소유(所由)'는 말미암는 바라는 뜻으로 어떤 동기나 의도로 그런 일을 하는지를 살펴본다는 것이다.

19. 원문은 '찰기소안(察其所安)'이다. '찰(察)'은 '관(觀)'보다 또 한 단계 더 나아간 표현으로 더욱더 깊이 헤아리며 살펴보는 것이다. '소안(所安)'은 '편안하게 여기는 것'이라는 뜻이다. 겉으로만이라도 선한 행동을 하려고 노력하는 것이 나쁜 것은 아니다. 그렇지만 진정으로 그 사람이 편안하고 즐거워하면서 하는 일이 무엇인가를 잘 살펴볼 때 그의 진정한 사람됨을 알 수 있다는 것이다.

20. 원문은 '인언수재(人焉廋哉)'이다. 사람이 어떻게 자신의 사람됨을 숨기겠는가라는 뜻으로 곧 '사람이 자신의 사람됨을 숨기는 것은 불가능하다'는 것이다. 강조하기 위해 같은 말을 두 번 반복하고 있다. 언(焉)은 '어찌, 어디에' 등을 의미하는 의문사이고, 재(哉)는 의문이나 감탄을 나타내는 어조사이다.

11

공자께서 말씀하셨다. "옛것을 익혀 새로운 것을 알게 된다면[21] 스승이 될 만하다."

12

공자께서 말씀하셨다. "군자는 그릇처럼 한 가지 기능에만 한정된 사람이 아니다."[22]

13

자공이 군자에 대해서 여쭙자 공자께서 말씀하셨다. "군자란 말보다 앞서 행동을 하고, 그다음에 그에 따라 말을 한다."

14

공자께서 말씀하셨다. "군자는 여러 사람들과 조화를 이루면서도 당파를 이루지는 않고, 소인은 당파를 형성하여 여러

---

21. 원문은 '온고이지신(溫故而知新)'이다. 옛것을 잘 익히고 이를 미루어 새로운 것을 안다는 뜻이다. 온(溫)은 '잘 배워서 익숙하게 만들다', 고(故)는 '옛것, 오래된 것'을 의미한다.

22. 원문은 '군자불기(君子不器)'이다. 곧 '군자는 그릇이 아니다'는 뜻이다. 그릇은 그 모양과 크기에 따라 쓰임새가 정해져 있지만, 군자는 그렇게 한두 가지 기술에만 능숙한 기능인이 아니라 세상의 이치와 도리를 두루 알고 지혜롭게 살아가는 사람이라는 것이다.

사람들과 조화를 이루지 못한다."[23]

15

공자께서 말씀하셨다. "배우기만 하고 생각하지 않으면 막연하여 얻는 것이 없고,[24] 생각만 하고 배우지 않으면 위태롭다."[25]

16

공자께서 말씀하셨다. "이단[26]을 공부하는 것은 해로울 뿐이다."

---

23. 군자와 소인은 여러 가지 면에서 대비되지만, 가장 기본적인 기준은 공(公)과 사(私)이다. 국가나 사회 또는 천하의 이익과 정의를 우선시하는가 아니면 개인이나 소속 집단의 이해관계를 우선시하는가에 따라 각각 군자와 소인으로 나뉜다.
24. 배운 것의 의미를 깊이 생각하지 않기 때문에 마음에 깊이 남는 것이 없다는 말이다.
25. 선인들의 지혜와 경험을 교훈으로 삼지 않기 때문에 혼자의 생각만 믿고 온갖 시행착오를 겪게 된다는 말이다.
26. 이단(異端)은 그릇된 학문·사상을 말한다. 여기서는 인(仁)의 정신에 기반한 예(禮)·악(樂)의 실천을 통하여 사회질서의 회복을 추구하는 공자의 사상과 배치되는 다른 사상들을 가리킨다.

17

공자께서 말씀하셨다. "유[27]야! 너에게 안다는 것에 대해 가르쳐주랴? 아는 것을 안다고 하고 모르는 것을 모른다고 하는 것, 이것이 아는 것이다."

18

자장[28]이 출세하는 방법을 배우려고 하자[29] 공자께서 말씀하셨다. "많은 것을 듣되 의심스러운 부분은 빼놓고 그 나머지를 조심스럽게 말하면 허물이 적다. 또한 많은 것을 보되 위태로운 것을 빼놓고 그 나머지를 조심스럽게 행하면 후회가 적다. 말에 허물이 적고 행동에 후회가 적으면 출세는 자연히 이루어진다."

---

27. 유(由)는 공자보다 9세 연하의 제자로, 성은 중(仲), 이름은 유(由), 자는 자로(子路), 계로(季路)이다. 공자의 제자 중 정치에 재능이 있었으며, 직선적이고 용맹한 성격을 가진 인물로 전해진다.

28. 자장(子張)은 공자보다 48세 연하의 제자로, 성은 전손(顓孫), 이름은 사(師)이며, 자장은 그의 자이다.

29. 원문은 '학간록(學干祿)'으로, '녹봉(祿俸)을 구하는 것을 배운다'는 뜻이다. 간(干)은 '구한다'는 뜻이고 녹(祿)은 관직에 취직되어 받는 봉급을 말한다. 그러므로 좋은 관직에 나아가 출세하는 방법을 배운다는 뜻이다.

19

애공[30]이 물었다. "어떻게 하면 백성들이 따릅니까?"

공자께서 대답하셨다. "정직한 사람을 등용하여 그릇된 사람의 위에 놓으면[31] 백성들이 따르고, 그릇된 사람을 등용하여 정직한 사람의 위에 놓으면 백성들은 따르지 않습니다."

20

계강자[32]가 물었다. "백성들이 윗사람을 공경하고 진심으로 따르며 열심히 일하도록 하려면 어떻게 해야 합니까?"

공자께서 말씀하셨다. "위엄 있는 태도로 대하면 백성들이 공경하게 되고, 부모님께 효도하고 아랫사람을 사랑하면 진심으로 따르게 되며,[33] 능력 있는 사람을 등용하여 부족한 사람

---

30. 애공(哀公)은 노나라 임금으로 성은 희(姬), 이름은 장(蔣)이며, 애공은 그의 시호(諡號)이다.

31. 원문은 '거직조저왕(擧直錯諸枉)'이다. 여기서 직(直)은 '곧은 사람, 정직한 사람', 조(錯)는 '놓아두다', 저(諸)는 '之+於'로 '그것을 … 에', 왕(枉)은 '굽은 사람, 그릇된 사람'을 뜻한다. 직역하면 '곧은 사람을 들어서 그를 굽은 사람 위에 놓다'가 된다. 뒤에 이어지는 구절과 함께 의역하면, '바르고 정직한 사람을 등용하여 그릇된 사람을 바로잡게 하면 사람들이 따르게 된다'는 뜻이다.

32. 계강자(季康子)는 노나라의 대부인 계손씨(季孫氏)로 당시 노나라의 실권을 쥔 삼대 가문 중 하나의 인물이다. 이름은 비(肥)이고, 강(康)은 그의 시호이다.

33. 윗사람이 먼저 부모에 대해서나 아랫사람에 대해서 진심으로 사랑

을 가르치도록 하면 백성들은 열심히 일하게 됩니다."[34]

21

어떤 사람이 공자에게 말했다. "선생께서는 왜 정치를 하지 않으십니까?"

공자께서 말씀하셨다. "『서경』에 이르기를 '효로다! 오직 효도하고 형제간에 우애하며 이를 정사(政事)에 반영시켜라'[35]라고 하였다. 이 또한 정치를 하는 것인데 어찌 관직에 나가야만 정치를 한다고 하겠는가?"

22

공자께서 말씀하셨다. "사람에게 신의가 없으면 그 쓸모를 알 수가 없다. 만일 큰 수레에 소의 멍에를 맬 데가 없고 작은 수레에 말의 멍에를 걸 데가 없으면 어떻게 그것을 끌고 갈 수 있겠느냐?"

하는 모습을 보이면 아랫사람들도 이를 본받아 진심으로 따르게 된다는 말이다.

34. 이 구절은 '(백성들에게 무조건 열심히 일할 것을 강요할 것이 아니라) 능력 있는 사람을 등용하여 능력이 부족한 사람들을 가르치도록 하면 백성들이 노력을 하게 된다'는 말이다.

35. 『서경(書經)』「주서·군진(周書·君陳)」에 '오직 효도하고 형제간에 우애하며 이것으로 정사를 베풀 수 있다〔惟孝, 友于兄弟, 克施有政〕' 라는 유사한 구절이 있다.

23

자장이 여쭈었다. "열 왕조 뒤의 변화를 알 수 있습니까?"

공자께서 말씀하셨다. "은나라는 하나라의 예절과 법도를 따랐으니 거기에서 보태거나 뺀 것을 알 수 있고, 주나라는 은나라의 예절과 법도를 따랐으니 거기에서 보태거나 뺀 것을 알 수 있다. 그 누군가 주나라를 계승하는 자가 있다면 백 왕조 뒤의 일이라 할지라도 알 수 있을 것이다."

24

공자께서 말씀하셨다. "자기가 모셔야 할 귀신[36]이 아닌데도 그를 제사 지내는 것은 아첨이다. 마땅히 해야 할 일을 보고도 하지 않는 것은 용기가 없는 것이다."

---

36. 제사를 지내는 대상인 자기 조상의 영혼을 말한다.

제3편

팔일(八佾)

1

공자께서 계씨[1]에 대하여 말씀하셨다. "뜰에서 천자인 양 여덟 줄[2]로 춤추게 하다니, 이것을 참고 봐줄 수 있다면 그 무엇인들 참고 봐주지 못하겠는가?"

2

노나라의 세도가인 세 대부 집안[3]에서 제사를 지낸 후에 『시경』의 「옹」[4]을 노래하면서 제기를 거두자, 공자께서 말씀하

---

1. '계씨(季氏)'는 노나라의 세도가인 대부 계손씨를 말한다.
2. 원문은 '팔일(八佾)'이다. 가로와 세로에 각각 여덟 줄로 서서 64명이 추는 춤이며, 천자가 사용하는 의식이다. 제후는 육일(六佾)로 36명, 대부는 사일(四佾)로 16명, 사(士)는 이일(二佾)로 4명이 하게 되어 있다. 공자는 대부 집안인 계손씨의 집에서 천자의 예법을 사용한 것을 지적한 것이다.
3. 노나라 세도가였던 대부 맹손씨(孟孫氏), 숙손씨(叔孫氏), 계손씨(季孫氏)의 집안을 말한다.
4. 「옹(雍)」은 『시경』「주송(周頌)」의 편명이다. 천자가 종묘에서 제사

셨다. "'(제사를) 돕는 것은 제후들이요, 천자께서는 장엄하시도다'라는 가사의 노래를 어찌 세 대부들 집안의 사당에서 쓰는가?"

3

공자께서 말씀하셨다. "사람이 되어서 인하지 못한다면 예(禮)를 지킨들 무엇하겠는가? 사람이 되어서 인하지 못한다면 음악을 한들 무엇하겠는가?"[5]

4

임방[6]이 예의 근본을 여쭙자 공자께서 말씀하셨다. "대단한 질문이로다! 예는 사치스럽기보다는 차라리 검소한 것이 낫고, 상례는 형식을 잘 갖추기보다는 오히려 슬퍼하는 것이 낫다."

를 지낸 후 제기를 거둘 때 부르던 노래이다.

5. 인(仁)은 사람들 간의 바람직한 인간관계와 그러한 관계를 이루어 내는 마음가짐을 의미하는 매우 포괄적인 개념이다. 예(禮)나 음악(樂)이 이러한 인을 드러내는 형식이라면, 인이란 이런 형식 이면의 원동력이 되는 마음가짐이다. 따라서 진정한 마음가짐이 없다면 예나 음악 같은 형식은 소용이 없다는 것이다. 공자에 따르면 이 인은 바로 인간이 인간일 수 있는 가장 중요한 덕목이다.

6. 임방(林放)에 대해서는 노나라 사람이라는 것 외에는 정확히 알 수 없다.

5

공자께서 말씀하셨다. "오랑캐들[7]에게도 임금은 있으니, 중원의 여러 나라에서 임금이 있는지 없는지 모를 정도로 법도가 무너진 것과는 다르다."[8]

6

계손씨가 태산[9]에 제사[10]를 지내려 하자, 공자께서 염유[11]에

---

7. 원문은 '이적(夷狄)'이다. 중국을 기준으로 하여 이(夷)는 동쪽 오랑캐, 적(狄)은 북쪽 오랑캐를 말한다. 그리고 서쪽 오랑캐는 융(戎), 남쪽 오랑캐는 만(蠻)이라고 한다. 여기에서 '이적'은 야만인들을 전체적으로 가리키는 말이다.

8. 원문은 '불여제하지무야(不如諸夏之亡也)'이다. 불여(不如)는 '…만 못하다.' '…이 낫다'라는 의미로 많이 쓰인다. 제(諸)는 '여럿'을 뜻하고 하(夏)는 '중원'을 뜻하므로, 제하는 중원의 여러 나라를 의미한다. 이러한 의미로 이해하여 이 장의 내용을 '오랑캐들에게 임금이 있다고 해도 중원의 여러 나라에 임금이 없는 것만도 못하다'라고 풀이하기도 한다. 그러나 당시의 혼란한 상황을 개탄했던 공자의 입장을 생각한다면, '불여…'를 글자 그대로 '…와 같지 않다'로 해석하여, '오랑캐들에게도 임금이 있으니 지금 중원의 여러 나라에 임금이 있으나마나 한 것보다는 낫다'로 이해하는 것이 적절할 것이다. 여기서 망(亡)자는 무(無)자와 통용되어, '무'라고 읽는다.

9. 태산(泰山)은 노나라에 있는 높은 산이다. 예법에 따르면 나라 안에 있는 명산대천(名山大川)에 대한 제사는 그 나라의 임금이 지내게 되어 있다.

10. 려(旅) 제사로 제후가 영내의 산천에 지내는 제사다. 그런데 대부인 계손씨가 세도가임을 믿고 제후의 예법을 침해하려 한 것이다.

게 말씀하셨다. "자네가 막을 수 없겠는가?"

염유가 대답하였다. "제 힘으로는 불가능합니다."

공자께서 말씀하셨다. "아아, 어찌 태산이 임방만도 못하다고 생각하는가!"[12]

7

공자께서 말씀하셨다. "군자는 다투는 일이 없으나, 꼭 하나 있다면 그것은 활쏘기로다! 그러나 절하고 사양하며 활 쏘는 자리에 오르고, 내려와서는 벌주를 마시니 그 다투는 모습도 군자답다."[13]

---

11. 염유(冉有)는 공자의 문인(門人)으로 성은 염(冉), 이름은 구(求), 자는 자유(子有)이다. 공자보다 29세 연하로 정사(政事)에 재능이 있었다고 전해진다. 당시 그는 계씨의 아래서 직책을 맡고 있었기 때문에 공자가 계씨의 잘못을 막아보라고 한 것이다.

12. 이 구절은 앞의 4장에서 예의 근본을 물은 임방을 빗대서, 태산의 산신도 예에 어긋나는 제사는 달갑게 받지 않으리라는 점을 지적한 것이다.

13. 멸사봉공(滅私奉公)을 신조로 하는 군자는 소인들처럼 사리사욕 때문에 싸울 일이 없다. 다만 활쏘기와 같은 시합에서 어쩔 수 없이 경쟁을 하더라도 예를 따라 하므로 사욕을 위한 세간의 다툼과는 다르다는 것이다.

8

자하가 여쭈었다. "'고운 웃음에 보조개가 아름답고,[14] 아름다운 눈에 눈동자가 또렷하니, 흰 바탕에 무늬를 더하였네'[15]라는 것은 무엇을 말하는 것입니까?"

공자께서 말씀하셨다. "그림 그리는 일은 흰 바탕이 있은 다음이라는 것이다."

자하가 말하였다. "예는 나중 일이라는 말씀이십니까?"[16]

공자께서 말씀하셨다. "나를 일으켜[17]주는 자는 상[18]이로구나! 비로소 자네와 함께 시를 말할 수 있게 되었구나."

---

14. 원문은 '교소천혜(巧笑倩兮)'이다. 이 시의 앞 두 구절은 『시경』「위풍·석인(衛風·碩人)」에 있지만 세 번째 구절은 『시경』에 전하지 않는다. 교(巧)는 여기서 '교묘하다'는 뜻보다 '아름답다', '곱다'가 어울린다. 천(倩)은 보조개가 생기면서 입 모양이 예쁜 것을 가리킨다. 혜(兮)는 시에서 쓰이는 어조사이다. 직역하면 "고운 웃음, 어여쁜 보조개여"가 된다.

15. 원문은 '소이위현혜(素以爲絢兮)'이다. 소(素)는 '희다' '소박하다'의 뜻이고, 현(絢)은 '무늬, 문채'를 뜻한다. 주희에 의하면 자하는 '무늬를 그린 후에 흰색으로 마무리한다'라는 뜻으로 이해하고 질문하였으나 공자가 잘못을 깨우쳐준 것이라고 한다.(주희)

16. 바탕이 준비된 다음에 무늬를 넣듯이, 마음의 형식적 표현인 예도 먼저 바탕이 이루어진 다음에 해야 할 일이냐고 여쭌 것이다.

17. 나를 자극하여 분발하고 능력을 발휘하도록 한다는 의미이다.

18. 상(商)은 자하의 이름이다.

9

공자께서 말씀하셨다 "하나라[19]의 예[20]에 대해서 내가 이야기할 수는 있지만 그 뒤를 잇는 기나라[21]로는 확증하기에 부족하고, 은나라[22]의 예에 대해서도 내가 말할 수는 있지만 그 뒤를 잇는 송나라[23]로는 확증하기에 부족하다. 이는 자료와 현명한 사람들[24]이 부족하기 때문이니, 이것만 충분하다면 내가 증명할 수 있을 것이다."

10

공자께서 말씀하셨다. "체 제사[25]를 지낼 때, 술을 땅에 부으

---

19. 하(夏)나라는 순(舜)임금으로부터 왕위를 물려받은 우(禹)임금이 세운 나라이다.

20. 여기서 말하는 예는 예의범절뿐 아니라 사회·정치적인 제도와 문물을 포함하는 포괄적인 문화를 가리킨다.

21. 기(杞)나라는 하나라가 망하고 은나라가 세워지면서 하왕조의 자손이 봉해진 나라이다. 지금의 하남성 기현(杞縣)에 있었다.

22. 은(殷)나라는 하나라의 걸(桀)왕을 몰아내고 탕(湯)임금이 세운 나라이다.

23. 송(宋)나라는 은나라가 망하고 주나라가 세워지면서 은왕조의 자손이 봉해진 나라이다.

24. 원문은 '문헌(文獻)'이다. '문(文)'은 문서를 말하고, '헌(獻)'은 '현(賢)'과 통용되어 '지혜로운 사람'을 뜻한다. 문헌은 옛 문물을 증명해줄 문서 자료와 옛 문물을 잘 아는 현명한 사람을 말한다.

25. 체(禘) 제사는 왕이 시조의 묘에서 그 시조의 조상께 지내는 나라의 큰 제사이다.

며 신의 강림을 청하는 절차[26] 이후는, 나는 보고 싶지 않다."

11

어떤 사람이 체 제사의 이론에 관해서 질문하자, 공자께서 말씀하셨다. "모르겠소. 그 뜻을 아는 사람이라면 천하를 다스리는 일은 이것을 보는 것과 같을 것이오!"라고 하면서 자신의 손바닥을 가리키셨다.[27]

12

공자께서는 조상께 제사를 지내실 때에는 조상께서 살아 계신 듯이 하셨고, 다른 신께 제사 지낼 때는 그 신이 와 계신 듯이 하셨다.

공자께서 말씀하셨다. "나 자신이 제사에 참여하지 않는다면, 그것은 제사를 지내지 않는 것과 같다."[28]

---

26. '관(灌)'이라고 부르는 예식이다. 당시의 예가 문란해서 나라의 큰 제사에서까지도 신의 강림을 청하는 예식만 끝나면 사람들이 성의가 없으므로, 공자는 이를 보고 싶지 않다고 한 것이다.

27. 체 제사와 같이 큰 제사의 의미와 형식을 잘 안다면 천하를 다스리는 일조차도 손바닥을 들여다보는 것만큼 쉽다는 것이다. 이는 공자가 제사의 예를 통해 인격을 닦고 인간관계의 질서와 절차에 대해 수양하는 것을 얼마나 중시했는지 보여준다.

28. 제사를 지낸다는 것은 제사의 대상이 되는 조상이나 신의 은혜에 감사하고 그들의 뜻을 기리며 본받는 시간을 가지는 것이므로, 직

13

왕손가[29]가 물었다. "안방[30]에다가 잘 보이기보다는 차라리 부엌[31]에게 잘 보인다고 하는 것은 무슨 뜻입니까?"

공자께서 말씀하셨다. "그렇지 않소. 하늘에 죄를 지으면 빌 곳이 없는 것이오."[32]

14

공자에서 말씀하셨다. "주나라[33]는 하·은 두 나라를 본받아 문화가 찬란하도다! 나는 주나라를 따르리라."

접 참여하여 그들이 살아 계실 때의 뜻을 되새기지 않는다면 아무런 의미가 없다는 것이다.

29. 왕손가(王孫賈)는 위(衛)나라의 대부로 왕손이 성이고 가가 이름이다.

30. 원문은 '오(奧)'이다. '집의 서남쪽 모통이'로서 집에서 가장 윗사람이 자리하는, 집의 가장 깊숙한 곳이다.

31. 원문은 '조(竈)'이다. 부엌을 관장하는 신을 제사 지내는 곳이다.

32. 위나라의 대부로서 당시 실력자였던 왕손가가, 군왕을 가까이하기보다는 자신과 같은 실권자를 가까이하는 것이 더 유리할 것이라고 비유적으로 충고한 데 대해, 공자는 하늘을 내세워 상하 질서의 문란을 경고한 것이다.

33. 주나라는 무왕(武王)이 은나라를 멸망시키고 세운 나라이다.

15

공자께서는 태묘[34]에 들어가 매사를 물으셨다. 어떤 사람이 말하였다. "누가 추 땅 사람의 아들[35]이 예를 안다고 하였는가? 태묘에 들어가 매사를 묻더라."

공자께서 이 말을 들으시고 말씀하셨다. "그것이 바로 예이다."

16

공자께서 말씀하셨다. "활쏘기를 할 때 과녁의 가죽을 꿰뚫는 데 주력하지 않는 것은 힘씀이 다 다르기 때문이니, 이것이 옛날의 도리이다."[36]

17

자공이 매월 초하루에 지내는 곡삭제[37]에서 희생으로 양을

---

34. 태묘(太廟)는 천자나 제후가 조상을 모시는 곳으로, 여기서는 주공(周公)을 모신 노나라의 사당을 가리킨다.

35. 추(鄹) 땅 사람의 아들은 바로 공자를 말한다. 추는 노나라의 읍이다. 공자의 아버지 숙량흘이 이곳의 대부였기 때문에 공자를 이렇게 부른 것이다. 공자를 폄하하는 의미가 담겨 있다.

36. 활쏘기에서 중요한 것은 힘자랑이 아니라 집중과 절차를 통한 수양이라는 것이다.

37. 원문은 '곡삭(告朔)'이다. '告'는 '알리다'라는 뜻일 때는 '고'로 읽고, '청하다'는 뜻일 때는 '곡'으로 읽는다. '삭(朔)'은 '초하루'를 말

바치는 것을 없애려 하자, 공자께서 말씀하셨다. "사야, 너는 그 양을 아끼지만 나는 그 예를 아낀다."[38]

18

공자께서 말씀하셨다. "임금을 섬김에 예를 다했더니, 사람들은 아첨한다고 여긴다."

19

정공[39]이 물었다. "임금이 신하를 부리고 신하가 임금을 섬기는 일은 어떻게 해야 합니까?"

공자께서 대답하셨다. "임금은 예로써 신하를 부리고, 신하

한다. 따라서 곡삭이란 매월 초하루에 사당에 제사를 지내며 그달의 할 일이 담긴 달력을 청하는 의식이다. 본래 연말에 천자가 제후에게 달력을 주면, 제후는 이것을 자신의 사당에 간직해두고 매월 초하루에 곡삭제를 지내고 달력에 따라 일을 행했다고 한다. 당시에 달력이란 단순히 날짜를 알려주는 수단이 아니라 자연의 질서에 따라 인간의 삶을 조정해나가도록 하는 기준이었으므로, 달력의 제정과 반포는 현실 사회에 대한 절대적인 지배력을 의미했다.

38. 당시 노나라에서는 곡삭제가 행해지지 않는데도 관리들이 희생양을 바치는 풍습은 계속되었기 때문에 자공은 이를 없애자고 한 것이었지만, 공자는 오히려 곡삭제를 지내는 예가 다시 살아나야 함을 암암리에 역설한 것이다.

39. 정공(定公)은 노나라의 임금으로, 이름은 송(宋)이다.

는 충[40]으로써 임금을 섬겨야 합니다."

20

공자께서 말씀하셨다. "『시경』의 「관저」[41]는 즐거우면서도 지나치지 않고 슬프면서도 마음을 상하게 하지는 않는다."[42]

21

애공이 재아[43]에게 사[44]에 대해 물었다. 재아가 대답하였다. "하나라 왕조[45]는 소나무를 심었고, 은나라 사람들은 측백나무

---

40. 여기서 충(忠)이란 임금에 대한 복종을 말하는 것이 아니라 글자 그대로 '中+心(한가운데의 마음)', 즉 성심성의를 다하는 진실된 마음을 의미한다.

41. 「관저(關雎)」는 『시경』 「주남(周南)」의 제일 첫 번째 나오는 시이다. 자신의 짝이 될 여인을 생각하는 청년의 마음을 그린 시이다.

42. 이는 '낙이불음(樂而不淫)'과 함께, 즐거움이든 슬픔이든 감정의 적절한 발현에 대해 공자가 긍정하였음을 드러내는 것이다. 공자는 시와 같이 인간의 감정을 움직이는 예술이 그런 중요한 역할을 한다는 사실을 강조했다.

43. 재아(宰我)는 공자의 제자로 언변에 능했다고 한다. 노나라 사람으로 성은 재(宰), 이름은 여(予), 자는 자아(子我)이다.

44. 사(社)는 토지를 관장하는 신을 제사 지내는 곳이다. 제단 주위에 그 땅을 상징하는 나무를 심었다.

45. 원문은 하후씨(夏后氏)로 하나라의 왕조를 가리킨다. 은나라와 주나라에 대해서 '은나라 사람들〔殷人〕', '주나라 사람들〔周人〕'이라고 한 것과 달리 하후씨라고 한 것은, 하나라에서는 왕위를 세습하

를 심었습니다. 주나라 사람들은 밤나무(栗)를 심었는데, 백성들이 전율(戰栗)케 하려는 것이었다고 합니다."

공자께서 이를 들으시고 말씀하셨다. "이루어진 일은 논란하지 말고, 끝난 일은 따지지 말며, 이미 지나간 일은 허물하지 않는 것이다."

22

공자께서 말씀하셨다. "관중[46]은 그릇이 작았도다!"

어떤 사람이 여쭈었다. "관중은 검소했습니까?"[47]

공자께서 말씀하셨다. "관중은 집이 셋[48]이나 있었고 가신들의 일을 겸직시키지 않았으니[49] 어찌 검소하다고 할 수 있겠

지 않고 선양했다든가 시대가 가장 앞선다는 점 등에 근거하여 하나라를 특별히 높인 것이다.

46. 관중(管仲)은 관이 성이고, 중이 자이며, 이름은 이오(夷吾)이다. 제나라 환공(桓公)의 재상으로 환공을 도와 천하의 패권을 잡게 만든 장본인이다.

47. 명재상으로 알려져 있던 관중에 대해 공자가 그 그릇이 작다고 하자, 그러면 그가 너무 검소했다는 뜻인가 하고 반문한 것이다.

48. 원문은 '삼귀(三歸)'이다. 성(姓)이 다른 세 여자를 부인으로 두었다고 풀이하기도 한다. 어쨌든 돌아가 쉴 곳이 세 군데나 있을 만큼 사치스러웠다는 의미로 이해하면 된다.

49. 원문은 '관사불섭(官事不攝)'이다. 관사(官事)는 '맡은 일'을 뜻하는데 여기서는 관중 집안의 가신(家臣)이 맡은 일을 말하고, 불섭(不攝)은 '겸하지 않는다'는 뜻이다. 따라서 집안의 일이라면 한 사람

느냐?"

"그러면 관중은 예를 알았습니까?"

"나라의 임금이라야 병풍으로 문을 가리는 법인데, 관중도 병풍으로 문을 가렸고, 나라의 임금이이라야 두 임금이 함께 연회를 할 때 술잔 놓는 자리를 둘 수 있는 법인데 관중도 또한 술잔을 놓는 자리를 만들었다. 그런데도 관중이 예를 안다면, 누가 예를 모른다고 하겠느냐?"[50]

23

공자께서 노나라의 태사[51]에게 음악에 대하여 말씀하셨다. "음악은 배워둘 만한 것이다.[52] 처음 시작할 때에는 여러 소리

이 몇 가지 일을 겸하게 해도 될 텐데 관중은 지나치게 많은 가신을 두었다는 말이다.

50. 이처럼 사치스럽고 분수를 모르는 관중이 예를 안다고 하면, 도대체 그 누가 예를 모른다고 하겠는가라는 의미다. 공자도 관중의 정치적인 능력과 그 공적을 인정하기는 하지만(「헌문(憲問)」16·17장), 여기서는 자신의 분수를 넘어선 그의 잘못을 지적한 것이다. 각자가 자신의 지위에 맞는 예법을 따르면 세상의 질서가 바로잡힌다는 것이 공자의 지론이었다.(「안연(顔淵)」11장 참조)

51. 태사(大師)는 음악을 관장하는 벼슬 이름이다.

52. 공자는 인격 완성의 경지를 음악에 비유한다.(「태백(泰伯)」8장 참조) 그것은 여러 소리가 모여 하나의 아름다운 음악이 완성되듯이, 여러 가지 감정이 각각의 특성을 가지면서도 조화를 이루는 하나의 인격체, 또는 다양한 사람들이 각자의 특성과 역할을 드러내면

가 합하여지고, 이어서 소리가 풀려나오면서 조화를 이루며 음이 분명해지면서 끊임이 없이 이어져 한 곡이 완성되는 것이다."

24

의 땅[53]의 한 관리가 뵙기를 청하며 말했다. "이곳에 군자가 오시면 내가 만나뵙지 못한 적이 없었습니다."

공자를 모시던 제자들이 뵙도록 안내해주었더니, 뵙고 나와서 말하였다. "그대들은 어째서 공자께서 벼슬이 없으심을 걱정하십니까? 천하에 도가 없어진 지 오래되었습니다. 하늘이 앞으로 선생님을 세상의 목탁으로 삼으실 것입니다."[54]

25

공자께서 소[55]에 대해서는 "소리의 아름다움이 지극할 뿐 아니라 그 내용의 선함도 지극하다"고 하셨고, 무[56]에 대해서는

서 조화를 이루는 인간 사회를 말한다.

53. 의(儀)는 위나라의 고을 이름이다.

54. 목탁(木鐸)이란 옛날 관청에서 공고나 교시를 발표할 때 사람들의 주의를 끌기 위해 쓰인 것이다. 따라서 이 말은 세상에 도리가 무너진 지 오래되었으므로, 하늘은 공자 같은 인물에게 천하의 도리를 다시 세우는 역할을 맡길 것이라는 뜻이다.

55. 소(韶)는 순임금의 음악이다.

56. 무(武)는 주나라 무왕의 음악이다.

"소리의 아름다움은 지극하지만 그 내용의 선함은 지극하지 못하다"고 하셨다.[57]

26

공자께서 말씀하셨다. "윗자리에 있으면서 너그럽지 않고, 예를 실천하는 데 공경스럽지 않으며, 상을 당하여 슬퍼하지 않는다면, 내가 무엇으로 그 사람을 인정해주겠는가?"

---

57. 순임금은 요임금으로부터 양위를 받아서 태평성대를 이루었으므로 그의 음악은 소리의 아름다움뿐만 아니라 그 내용에도 그의 성덕(聖德)이 담겨 있지만, 무왕은 무력으로 천하를 얻었으므로 그의 음악은 형식의 아름다움은 갖추었을지라도 그 안에 선한 덕이 담기지는 못했다는 것이다.

제4편

리인(里仁)

1

공자께서 말씀하셨다. "마을의 풍속이 인하다[1]는 것은 아름다운 것이다. 인한 마을을 잘 골라서 거처하지 않는다면 어찌 지혜롭다 하겠는가?"

2

공자께서 말씀하셨다. "인하지 못한 사람은 오랜 동안 곤궁하게 지내지도 못하고 오래도록 안락하게 지내지도 못한다. 인한 사람은 인을 편안히 여기고,[2] 지혜로운 사람은 인을 이롭게 여긴다."[3]

---

1. 여기에서 말하는 인(仁)은 사람들이 서로 배려하며 질서를 지키면서 화목하게 사는 것을 말한다.
2. 원문은 '인자안인(仁者安仁)'이다. 인한 사람은 그저 인한 생각과 행동을 편안하게 느끼기 때문에, 곤궁이나 안락함에 연연하지 않고 자연스럽게 인하게 산다는 말이다.
3. 원문은 '지자리인(知者利仁)'이다. 지혜로운 사람은 곤궁함을 싫어하고 안락함을 즐기고자 하는 욕구를 지니지만, 인하게 사는 것이

3

공자께서 말씀하셨다. "오직 인한 사람만이 남을 좋아할 수도 있고, 남을 미워할 수도 있다."[4]

4

공자께서 말씀하셨다. "진실로 인에 뜻을 두면 악한 일은 하지 않을 것이다."[5]

5

공자께서 말씀하셨다. "부유함과 귀함은 사람들이 바라는 것이지만, 정당한 방법으로 얻은 것이 아니라면 그것을 누려서는 안 된다.[6] 가난함과 천함은 사람들이 싫어하는 것이지만 부당하게 그렇게 되었다 하더라도 억지로 벗어나려 해서는 안 된다.[7] 군자가 인을 버리고 어찌 군자로서의 명성을 이루겠는

자신과 사람들에게 유익하다고 판단하여 인하게 산다는 말이다.

4. 오직 인한 사람만이 사적인 이해관계나 감정에 얽매이지 않고 공평무사하게 진정으로 남을 좋아할 수도 있고 미워할 수도 있다는 말이다.

5. 진정으로 인하게 살고자 한다면, 적어도 나쁜 짓을 하거나 나쁜 일에 말려들지는 않는다는 말이다.

6. 정당한 방법으로 얻어진 것이 아니라면 아무리 대단한 부귀영화라도 누리지 않는다는 말이다.

7. 인에 뜻을 두고 산다면 비록 부당한 일을 당하여 가난하거나 천한

가? 군자는 밥 먹는 순간에도 인을 어기지 말아야 하고, 아무리 급한 때라도 반드시 인에 근거해야 하고, 위태로운 순간일지라도 반드시 인에 근거해야 한다."

6

공자께서 말씀하셨다. "나는 아직 인함을 좋아하는 사람과 인하지 않음을 미워하는 사람을 보지 못했다.[8] 인함을 좋아하는 사람은 더할 나위가 없겠지만, 인하지 않음을 미워하는 사람은 자신이 인을 실천함에 있어서 인하지 않은 사람이 그 자신에게 영향을 미치게 하지 않는다. 하루라도 인을 위해 자신의 힘을 쓸 수 있는 사람이 있을까? 역량이 부족해서 그렇게 하지 못하는 사람을 나는 아직 보지 못했다. 아마도 있긴 하겠지만, 나는 아직 보지 못하였다."

7

공자께서 말씀하셨다. "사람의 허물은 각기 그가 어울리는

_____

처지에 있게 되더라도 억지로 벗어나려 하지 않는다는 말이다. 진정으로 인한 사람이라면 가난에 연연치 않고 도를 즐기며 살기〔安貧樂道〕 때문이다.

8. '아직 …하지 않았다(못했다)'라는 뜻으로 쓰이는 '미(未)'는 앞으로의 가능성을 완전히 배제할 순 없지만 '적어도 내가 알기로는 …하다'라는 완곡한 표현이다. 섣부른 단정을 하지 않으려 했던 공자의 성품이 드러나는 말투다.

무리를 따른다.⁹ (그러므로) 그 허물을 보면 곧 그가 어느 정도 인한지를 알게 된다."

8

공자께서 말씀하셨다. "아침에 도(道)를 들어 알게 된다면 저녁에 죽어도 좋다."

9

공자께서 말씀하셨다. "선비로서 도에 뜻을 두고도 나쁜 옷과 나쁜 음식을 부끄러워한다면 더불어 논의할 상대가 못 된다."¹⁰

---

9. 그가 속한 집단(黨)에 달려 있다는 말이다. 사람의 품성은 평소에는 뚜렷하게 드러나기 어렵지만, 사람이 잘못을 범했을 때 그 잘못을 왜 범했는가를 보면 인품을 잘 알 수 있다. 때로는 무엇인가를 시도하다가 잘못인 줄 알면서도 범하는 수가 있는데, 그런 행위는 바로 어울리는 무리가 어떤 부류인가에 따라 달라지기 마련이다.

10. 아무리 큰 뜻을 가지더라도 재물이나 재화에 대한 집착을 버리지 못한다면, 그런 사람은 바로 그 재화에 대한 집착 또는 미련 때문에 본래의 큰 뜻을 저버릴 가능성을 항상 안고 있다. 따라서 진정으로 진리(道)를 추구한다면 무엇보다도 외형적인 재화에 대한 미련을 버려야 한다는 말이다.

10

공자께서 말씀하셨다. "군자는 천하에서, 반드시 그래야만 한다는 것도 없고, 절대로 안 된다는 것도 없으며, 오직 의로움만을 따를 뿐이다."[11]

11

공자께서 말씀하셨다. "군자는 덕을 생각하지만 소인은 편히 머물 곳을 생각하고, 군자는 법과 제도를 생각하지만 소인은 혜택받기를 생각한다."

12

공자께서 말씀하셨다. "이익에 따라서 행동하면 원한을 사는 일이 많아진다."

13

공자께서 말씀하셨다. "예(禮)와 겸양으로 일을 대한다면 나라를 다스리는 데 무슨 문제가 있겠는가? 예(禮)와 겸양으로 나라를 다스릴 수 없다면 예는 있어 무엇하겠는가?

---

11. 군자는 미리 어떤 판단을 결정하고 그것만을 고수할 것이 아니라, 오직 의로움(義·正義·道義)이라는 기준에 비추어 그 상황에 따라야 한다는 말이다.

14

공자께서 말씀하셨다. "지위가 없음을 걱정하지 말고 그 자리에 설 수 있는 능력을 갖추기를 걱정해야 하며, 자기를 알아주지 않는 것을 걱정하지 말고 남이 알아줄 만하게 되도록 노력해야 한다."

15

공자께서 말씀하셨다. "삼아! 나의 도는 하나로 관통된다."[12]

증자는 "예" 하고 주저 없이 대답하였다. 공자께서 나가시자 문인들이 물었다. "무슨 말씀이십니까?"

증자가 말하였다. "선생님의 도는 충(忠)과 서(恕)일 뿐입니다."[13]

16

공자께서 말씀하셨다. "군자는 의리에 밝고 소인은 이익에 밝다."

---

12. 하나로 관통된다는 말에 해당하는 원문은 '일이관지(一以貫之)'이며 하나의 이치로 통한다는 의미이다.

13. 충(忠)은 진실된 마음을 말하고, 서(恕)는 입장을 바꾸어 생각하여 남의 처지를 이해하며 대하는 것이다. 주희는 "진심으로 자기의 최선을 다하는 것이 충(盡己之謂忠)"이고, "자기의 마음을 미루어서 남이 바라는 바를 이해하는 것이 서(推己之謂恕)"라고 하였다.

17

공자께서 말씀하셨다. "어진 이를 보면 그와 같아질 것을 생각하고, 어질지 못한 이를 보면 자신 또한 그렇지 않은지를 반성한다."

18

공자께서 말씀하셨다. "부모를 섬길 때는 잘못하시는 점이 있더라도 조심스럽게 말씀드려야 하고, 자신이 간하는 말을 따르지 않을 뜻을 보이더라도, 더욱 공경하여 도리에 어긋나지 않도록 해야 하며,[14] 아무리 힘들더라도 부모를 원망해서는 안 된다."[15]

19

공자께서 말씀하셨다. "부모가 생존해 계실 때는 먼 곳으로 가서는 안 되며, 떠나갈 때는 반드시 갈 곳을 정해두어야 한다."[16]

---

14. 부모가 잘못을 고치려 하지 않더라도 더욱 공경하며 부모님을 모시는 도리에 어긋나지 않도록 하며 간한다는 말이다.
15. 부모가 잘못은 고치려 하지 않고 도리어 자신을 힘들게 하더라도 원망하지 않는다는 말이다.
16. 원문은 '유필유방(遊必有方)'이다. 집을 떠날 때는 반드시 갈 곳을 정해두고 가야 한다는 말이다. 부모님의 걱정도 덜고, 부모님에게 혹시라도 무슨 일이 생기면 곧 연락을 받고 돌아오기 위해서다.

20

공자께서 말씀하셨다. "아버지께서 돌아가신 후에도 3년 동안 아버지께서 하시던 방법을 고치지 않아야 효도한다고 말할 수 있다."[17]

21

공자께서 말씀하셨다. "부모님의 연세는 모를 수가 없다. 한편으로는 장수하시므로 기쁘고, 한편으로는 노쇠하심으로 인해 두렵기 때문이다."

22

공자께서 말씀하셨다. "옛 사람들은 말을 함부로 하지 않았는데, 이는 행동이 따르지 못할 것을 부끄러워했기 때문이다."

23

공자께서 말씀하셨다. "절제 있는 생활을 하면서 잘못되는 경우는 드물다."

24

공자께서 말씀하셨다. "군자는 말에 대해서는 모자라는 듯

---

17. 「학이(學而)」 11장에 나온 구절이다.

이 하려 하고, 행동에 대해서는 민첩하려고 한다."

25

공자께서 말씀하셨다. "덕(德)이 있는 사람은 외롭지 않다. 반드시 이웃이 있다."

26

자유가 말하였다. "임금을 섬김에 번거롭게 자주 간언을 하면 곧 모욕을 당하게 되고, 친구에게 번거롭게 자주 충고를 하면 곧 소원해지게 된다."

제5편

공야장(公冶長)

1

공자께서 공야장[1]에 대하여 말씀하시기를, "사위 삼을 만하다. 비록 감옥에 갇힌 적은 있었으나 그의 죄는 아니었다"고 하시고 딸을 그에게 시집 보내셨다.

공자께서 남용[2]에 대하여 말씀하시기를, "나라에 도(道)가 행해지고 있을 때에는 버림받지 않을 것이고, 나라에 도가 행해지지 않을 때에도 형벌은 면할 것이다"라 하시고 형의 딸을 그에게 시집 보내셨다.

2

공자께서 자천[3]에 대해 말씀하셨다. "군자로다, 이런 사람

---

1. 공야장(公冶長)은 공자의 제자로 성이 공야, 이름이 장이며 자는 자장(子長)이다.
2. 남용(南容)은 공자의 제자로 성은 남궁(南宮), 이름은 괄(适), 또는 도(縚)이며, 자는 자용(子容)이다.
3. 자천(子賤)은 공자의 제자로 성은 복(宓), 이름은 부제(不齊)이며,

은! 노나라에 군자가 없다면 이 사람이 어디에서 이런 덕(德)을 가지게 되었겠는가?"

3

자공이 여쭈었다. "저는 어떻습니까?"
공자께서 말씀하셨다. "너는 그릇이다."
"무슨 그릇입니까?"
"제사에서 곡식을 담는 옥그릇[4]이다."

4

어떤 사람이 염옹[5]에 대하여 말하였다. "그는 인하기는 하지만 말재주가 없습니다."

공자께서 말씀하셨다. "말재주를 어디에 쓰겠는가? 말재주를 가지고 사람들을 대하면 사람들에게 점점 더 미움을 받게 된다. 그가 인한지는 모르겠지만, 말재주를 어디에 쓰겠는가?"

자천은 그의 자이다.

4. 원문은 '호련(瑚璉)'이며 제사에 올릴 때 기장을 담아서 쓰는 옥그릇이다. 여기서는 매우 중요하게 쓰일 인물임을 비유한 것이다.

5. 염옹(冉雍)은 공자의 제자로 성이 염, 이름이 옹이며, 자는 중궁(仲弓)이다. 공자의 제자 중 덕행(德行)으로 칭송된다.

5

공자께서 칠조개[6]에게 벼슬살이를 시키려 하시자, 그가 말하였다. "저는 아직 그 일에 자신이 없습니다." 이에 공자께서 기뻐하셨다.

6

공자께서 말씀하셨다. "도(道)가 행해지지 않아 뗏목을 타고 바다로 떠나가면, 나를 따라올 사람은 바로 자로일 것이다."

자로가 이 말을 듣고 기뻐하자 공자께서 말씀하셨다. "자로는 용맹을 좋아하는 것은 나보다 더하지만, 사리를 신중하게 헤아려 판단하지는 못한다.[7]"

7

맹무백이 물었다. "자로는 인(仁)합니까?" 공자께서 "모르겠습니다"라고 대답하셨다. 다시 묻자, 공자께서는 이렇게 대답하셨다. "유는 제후국에서 그 군대의 운영을 담당하게 할 만은

---

6. 칠조개(漆雕開)는 공자의 제자로 성은 칠조(漆雕) 또는 칠조(漆彫), 이름은 개(開) 또는 계(啓)이다, 자는 자개(子開) 또는 자약(子若) 으로 전해진다.

7. 원문은 '무소취재(無所取材)'이다. 주희는 재(材)를 '재량하다'로 이해하여, "사리를 잘 헤아려서 의리에 맞도록 하는 바가 없다"는 의미로 풀이하였다.

하지만, 그가 인한지는 모르겠습니다."

"구[8]는 어떻습니까?"라고 묻자 공자께서는 이렇게 대답하셨다. "구는 천 호 정도 되는 큰 고을이나 경대부가 관할하는 지역에서 총괄하는 직책을 맡길 만은 하지만, 그가 인한지는 모르겠습니다."

"적[9]은 어떻습니까?"라고 묻자 공자께서는 이렇게 대답하셨다. "적은 의관을 갖추고 조정에 서서 손님들을 접대할 만은 하지만, 그가 인한지는 모르겠습니다."

8

공자께서 자공에게 말씀하셨다. "너와 회[10] 중에 누가 더 나으냐?"

자공이 대답하였다. "제가 어찌 감히 회와 견주기를 바라겠습니까? 회는 하나를 들으면 열을 알지만, 저는 하나를 들으면 둘을 알 뿐입니다."

공자께서 말씀하셨다. "견줄 수 없으리로다. 나와 네[11]가 모

---

8. 구(求)는 공자의 제자인 염구(冉求)를 말한다.
9. 적(赤)은 공자보다 42세 연하인 제자로 성이 공서(公西), 이름이 적이며, 자는 자화(子華)이다.
10. 회(回)는 '안회(顏回)'를 가리킨다.
11. 원문은 '오여녀(吾與女)'이다. 옮긴이는 여(與)를 접속사로 보고 '나와 너'로 번역했다. 그런데 주희는 허(許)로 해석하여 '나는 너의 생각을 인정하다'로 풀이했다.

두 그와 견줄 수 없으리로다."

9

재여가 낮잠을 자고 있자, 공자께서 말씀하셨다. "썩은 나무에는 조각을 할 수 없고 더러운 흙으로 쌓은 담장에는 흙손질을 할 수가 없다. 재여에 대해 무엇을 꾸짖겠는가?"

공자께서 말씀하셨다. "처음에 나는 사람에 대하여 그의 말을 듣고는 그의 행실을 믿었는데, 이제는 사람에 대하여 그의 말을 듣고도 그의 행실을 살펴보게 되었다. 재여로 인해서 이를 바꾼 것이다."

10

공자께서 말씀하셨다. "나는 아직 강직한 사람을 보지 못했다." 어떤 사람이 대답하였다. "신정[12]이 있습니다." 공자께서 말씀하셨다. "정은 욕심이 많은 것이지 어찌 강직하다고 할 수 있겠느냐?"

11

자공이 말하였다. "저는 남이 저에게 하기를 바라지 않는 일

---

12. 신정(申棖)은 공자의 제자로 노나라 사람이다. 자는 주(周)이다. 『사기』에는 신당(申黨)이라고 기록되어 있고 『공자가어(孔子家語)』에는 신속(申續)이라고 되어 있다.

을, 저 또한 남에게 하지 않으려고 합니다." 공자께서 말씀하셨다. "사야, 그것은 네가 해낼 수 있는 일이 아니다."[13]

12

자공이 말하였다. "선생님의 여러 가르침[14]을 얻어 들을 수는 있었지만, 선생님께서 성과 천도[15]에 대해 말씀하시는 것은 들을 수 없었다."

13

자로는 들은 것이 있는데[16] 아직 그것을 실행하지 못했을 때

---

13. '자신이 바라지 않는 일을 남에게 행하지 않는다'는 것은 '서(恕)'이다. 그런데 서란 공자의 수제자라 할 수 있는 증자가 공자 사상의 핵심으로 지목한 것(「리인(里仁)」 15장)인 만큼, 쉽사리 행할 수 있는 것이 아니다. 입장을 바꿔 생각하며 행동한다는 것이 말처럼 쉬운 일이 아니기 때문이다.

14. 원문은 '문장(文章)'이다. 여러 가지로 해석이 분분하지만, 여기서는 말이나 글 또는 행동으로 드러나는 가르침을 가리킨다. 특히 뒤의 '성과 천도'와 대비되어, 예(禮)나 삶의 자세 등 생활에 관한 실질적인 가르침을 의미한다.

15. 성(性)은 타고난 본성·성품을 말하고 천도(天道)는 자연의 이치를 가리킨다. 이런 것은 현실 속에서 쉽게 검증될 수 없고 추상적인 논의에 빠지기 쉬운 것이므로, 공자는 섣불리 제자들에게 이러한 이야기를 하지 않았다는 말이다.

16. 들은 것이 있다는 말은 어떤 가르침이나 좋은 이야기를 들었다는 말이다.

는, 다른 가르침을 듣기를 두려워하였다.

14

자공이 여쭈었다. "공문자[17]는 무엇 때문에 '문(文)'이라는 시호를 받게 되었습니까?" 공자께서 말씀하셨다. "영민하면서도 배우기를 좋아하고, 아랫사람에게 묻는 것을 부끄러워하지 않았으므로,[18] 문이라고 한 것이다."

15

공자께서 자산[19]에 대하여 말씀하셨다. "그는 군자의 도(道) 네 가지를 갖추고 있었다. 처신에는 공손하고, 윗사람을 섬김에는 공경스러우며, 백성을 먹여 살림에는 은혜롭고, 백성을 부릴 때는 의리에 맞게 하였다."

16

공자께서 말씀하셨다. "안평중[20]은 사람들과의 교제를 잘하

---

17. 공문자(孔文子)는 위나라의 대부로서 성이 공, 이름이 어(圉)이며, 문은 그의 시호이다.
18. 배울 점이 있다면 아랫사람에게라도 물으며 평생 배워가는 것은 공자가 언제나 강조한 삶의 자세였다.
19. 자산(子産)은 정(鄭)나라 공손교(公孫僑)의 자이다. 당시 정나라를 부강하게 만든 뛰어난 정치가였다.
20. 안평중(晏平仲)은 제(齊)나라의 명재상이었다. 안은 성, 평은 시호,

였으니, 사귄 지 오래되어도 변함없이 상대를 공경하였다."²¹

17

공자께서 말씀하셨다. "장문중²²은 집에 큰 거북²³을 모셔두고, 기둥머리 나무에는 산 무늬를 조각하고, 동자기둥에는 수초(水草)를 그렸으니, 어찌 그를 지혜롭다 하겠는가?"

18

자장이 여쭈었다. "영윤²⁴인 자문²⁵은 세 번이나 벼슬에 나아가 영윤이 되었으나 기뻐하는 기색이 없었고, 세 번이나 벼슬을 그만두게 되어서도 성내는 기색이 없이 전에 영윤이 하던 일을 반드시 새로운 영윤에게 알려주었습니다. 그는 어떻습니까?"

중은 자이며, 이름은 영(嬰)이다.

21. 원문은 '구이경지(久而敬之)'이다. 주희는 '오래되어도 변함없이 상대를 공경하다'로 풀었으며 황간(黃侃)은 인(人)자를 넣어서(久而人敬之) '오래될수록 사람들이 그를 더욱 공경하다'로 풀이하였다.

22. 장문중(臧文仲)은 노나라의 대부로 성은 장손(臧孫), 이름은 신(辰)이며, 문은 시호, 중은 자이다.

23. 채(蔡) 땅에서 많이 나와 그 이름을 따서 채라고 불렀다. 종묘에 모셔두고 점을 치는 것이었으므로, 대부의 집안에 둘 것이 아니었다.

24. 영윤(令尹)은 초(楚)나라의 관직 이름으로, 재상에 해당한다.

25. 자문(子文)은 초나라의 대부로, 성은 투(鬪), 이름은 누오도(穀於菟)이고, 자문은 자이다.

공자께서 말씀하셨다. "충성스럽구나."

"인합니까?"

"모르긴 해도 어찌 인하다 하겠느냐?"

"최자[26]가 제나라 임금[27]을 시해하자, 말 사십 필을 소유하고 있던 진문자[28]는 이것을 버리고 그곳을 떠났습니다. 그는 다른 나라에 이르러, '이 사람도 우리나라 대부 최자와 같다'고 하고는 그곳을 떠났습니다. 다른 나라에 가서 또 말하기를 '이 사람도 우리나라 대부 최자와 같다'고 하며 떠나갔습니다. 그는 어떻습니까?"

공자께서 말씀하셨다. "청렴하구나."

"인합니까?"

"모르긴 해도 어찌 인하다 하겠느냐?"

19

계문자[29]는 세 번 생각한 뒤에야 행동을 하였다. 공자께서 이 말을 들으시고 말씀하셨다. "두 번이면 된다."

---

26. 최자(崔子)는 제나라의 대부로 성은 최(崔), 이름은 저(杼)이다.
27. 제나라 임금은 장공(莊公)으로 최자에게 죽임을 당했다.
28. 진문자(陳文子)는 제나라의 대부로 진은 성, 문은 시호이며, 이름은 수무(須無)이다.
29. 계문자(季文子)는 노나라의 대부로 성은 계손(季孫), 이름은 행보(行父)이며, 문은 시호이다.

20

공자께서 말씀하셨다. "영무자[30]는 나라에 도(道)가 행해질
때는 지혜롭게 행동했고, 나라에 도가 행해지지 않을 때는 어
리석은 듯이 행동했다. 그 지혜는 누구나 따를 수 있으나 그
어리석음은 아무나 따를 수가 없다."[31]

21

공자께서 진나라에 계실 때 말씀하셨다. "돌아가리라, 돌아
가리라! 내 고향의 젊은이들은 뜻은 크지만 일에는 미숙하고,[32]
훌륭하게 기본은 갖추었지만[33] 일을 차근차근 따져보고 계획
하는 방법을 알지 못한다."

───────────

30. 영무자(甯武子)는 위나라의 대부로 영은 성, 무는 시호이며, 이름
    은 유(兪)이다.
31. 나라에 도가 행해지지 않는 시대를 만났을 때, 어리석은 듯이 처신
    하며 자신을 보존하고 훗날을 기약하는 것은 정말 어려운 일이라
    는 뜻이다.
32. 원문은 '광간(狂簡)'이다. '광'은 뜻이 큰 것을 가리키고, '간'은 일
    에 거칠고 미숙한 것을 가리킨다. 즉, 뜻은 크지만 실제로 일을 처
    리하는 데는 아직 부족함이 많다는 말이다. 그러나 쉽사리 현실에
    타협하지 않고 이상을 포기하지 않는 젊은이들이기에, 공자는 다
    시 이들에게로 돌아가겠다고 말하고 있다.
33. 실천에 옮길 수 있는 기본적인 학문과 성품을 갖추었다는 말이다.

22

공자께서 말씀하셨다. "백이와 숙제[34]는 남의 옛 잘못을 염두에 두지 않았고, 이 때문에 이들을 원망하는 사람도 드물었다."

23

공자께서 말씀하셨다. "누가 미생고[35]를 정직하다 했는가? 어떤 사람이 그에게 식초를 얻으러 가자, 그는 이웃집에서 얻어다가 주었다고 한다."

24

공자께서 말씀하셨다. "듣기 좋게 말을 꾸며대고 보기 좋게 얼굴빛을 꾸미며 지나치게 공손한 것을 좌구명[36]이 부끄럽게 여겼다고 하는데, 나도 또한 이를 부끄럽게 여긴다. 원한을 감추고 그 사람과 벗하는 것을 좌구명이 부끄럽게 여겼다고 하는데, 나 또한 이를 부끄럽게 여긴다."

---

34. 백이(伯夷)와 숙제(叔齊)는 은나라 말엽 고죽국(孤竹國)의 두 왕자였다. 아버지가 죽자 서로 왕위를 양보하며 나라를 떠났고, 무왕이 무력으로 혁명을 일으키자 두 임금을 섬길 수 없다 하여, 수양산으로 들어가 고사리를 먹고 살다가 굶어 죽었다.
35. 미생고(微生高)는 노나라 사람으로 미생이 성, 고가 이름이다.
36. 좌구명(左丘明)은 노나라의 태사(大史)로 『춘추좌씨전(春秋左氏傳)』의 저자라고 알려져 있으나 확실치 않다. 좌구는 성이고 명은 이름이다.

25

안연과 계로[37]가 공자를 모시고 있었는데, 공자께서 말씀하셨다. "각자 자신의 뜻을 말해보지 않겠느냐?"

자로가 말하였다. "수레와 말과 좋은 털가죽옷[38]을 벗들과 함께 나눠 쓰다가 그것들이 못 쓰게 되더라도 유감스럽게 생각하는 일이 없도록 하고자 합니다."

안연이 말하였다. "잘하는 것을 자랑하지 않고 공로를 과시함이 없도록 하고자 합니다."

자로가 여쭈었다. "선생님의 뜻을 듣고 싶습니다."

공자께서 말씀하셨다. "노인들은 편안하게 해주고, 벗들은 신의를 갖도록 해주고, 젊은이들은 감싸 보살펴주고자 한다."

26

공자께서 말씀하셨다. "다 글렀구나![39] 나는 아직 자기의 허

---

37. 계로(季路)는 자로(子路)를 가리킨다.
38. 원문은 '거마의경구(車馬衣輕裘)'이다. 모두 명사로 처리하여 '수레와 말과 옷과 가벼운 갖옷'으로 풀이하기도 하고, 앞에 승(乘, 타다)이라는 동사가 생략된 것으로 보아 '수레와 말을 타고 가벼운 갖옷을 입는 것'으로 풀이하기도 한다. 그러나 어떤 식으로 해석하든, 벗들에게 선심을 쓰면서 물질적인 것에 집착하지 않고 싶다는 자로의 뜻을 드러내는 데는 차이가 없다.
39. 원문은 '이의호(已矣乎)'이다. 그만두자꾸나, 다 끝났구나 등의 뜻으로 크게 실망을 표현하는 말이다.

물을 보고서 마음속으로 반성하는 사람을 보지 못했다."

27

공자께서 말씀하셨다. "열 집쯤 되는 조그만 마을에도 반드시 진실됨과 미더움이 나만한 사람은 있겠지만, 나처럼 배우기를 좋아하지는 못할 것이다."

제6편

옹야(雍也)

1

공자께서 말씀하셨다. "옹[1]은 임금 노릇을 맡길 만하다."

중궁이 자상백자[2]에 대하여 여쭙자, 공자께서 말씀하셨다. "괜찮지, 소탈한 사람이니까." 중궁이 말하였다. "항상 경건하면서도 행동할 때는 소탈한 자세로 백성들을 대한다면 또한 괜찮지 않습니까? 항상 소탈하면서 행동에 옮길 때도 소탈하다면 지나치게 소탈한 것이 아닙니까?" 공자께서 말씀하셨다. "네 말이 옳구나."

2

애공이 물었다. "제자 중에 누가 배우기를 좋아합니까?"

공자께서 대답하셨다. "안회라는 사람이 배우기를 좋아해

---

1. 옹(雍)은 염옹(冉雍)으로 중궁(仲弓)이 자이다.
2. 주희에 따르면 자상백자(子桑佰子)는 노나라 사람이라 하고, 『장자(莊子)』에 나오는 자상호(子桑戶)라고도 하나, 확실치 않다.

서, 노여움을 남에게 옮기지 않고[3] 같은 잘못을 두 번 저지르지 않았는데, 불행히도 단명하여 죽었습니다. 이제는 그런 사람이 없으니, 그 후로는 아직 배우기를 좋아한다는 사람에 대해 들어보지 못했습니다."

3

자화[4]가 제나라에 심부름 가게 되자, 염자[5]가 자화의 어머니를 위하여 곡식을 보내주기를 청하였다. 공자께서 말씀하셨다. "여섯 말 넉 되를 주어라." 더 줄 것을 요청하자, "열여섯 말을 주어라"라고 하셨다.

염자가 곡식 여든 섬을 주자, 공자께서 말씀하셨다. "적이 제나라에 갈 때에 살찐 말을 타고 가벼운 털가죽옷을 입었다. 내가 듣기로는 '군자는 절박한 것은 도와주지만 부유한 자가 더 부자가 되게 하지는 않는다'고 하였다."

---

3. 노여움을 남에게 옮기지 않는다는 말은 자신의 감정으로 인해 다른 사람에게 화풀이를 한다거나 다른 사람과의 관계에 악영향을 주지 않는다는 말이다.
4. 자화(子華)는 공자의 제자로 성은 공서(公西), 이름은 적(赤)이며, 자화는 그의 자이다.
5. 염자(冉子)는 공자의 제자로 성은 염(冉), 이름은 구(求), 자는 자유(子有)이다.

원사[6]가 공자의 가재[7]가 되자 그에게 곡식 구백 말을 주었더니 그는 이를 사양하였다. 공자께서 말씀하셨다. "그러지 말거라. 그것으로 너의 이웃이나 마을 사람들에게 나누어 주기라도 하거라!"

4

공자께서 중궁에 대하여 말씀하셨다. "얼룩소 새끼라도 털이 붉고 뿔이 번듯하다면, 비록 제물로 쓰지 않으려 한들 산천의 신이 그것을 내버려 두겠는가?"[8]

5

공자께서 말씀하셨다. "안회는 그 마음이 석 달에 이르도록 인(仁)에 어긋나지 않으나, 그 나머지 사람들은 하루나 한 달에 한 번 인에 이를 뿐이다."

---

6. 원사(原思)는 공자의 제자로 성은 원(原), 이름은 헌(憲)이며, 자는 자사(子思)이다. 공자가 노나라에서 사구(司寇) 벼슬을 할 때 가읍(家邑)의 가재(家宰)를 맡았다.
7. 가재(家宰)는 공자의 집안의 일을 총괄하는 직책을 말한다.
8. 중궁의 아버지는 행실이 안 좋았지만 중궁 자신은 훌륭했기 때문에, 공자가 위와 같은 비유를 들어 이야기한 것이다.

6

계강자가 물었다. "중유[9]는 정치를 시킬 만합니까?"

공자께서 말씀하셨다. "유는 과단성이 있으니 정치를 하는 데 무슨 어려움이 있겠습니까?"

"사(자공)는 정치를 시킬 만합니까?"

"사는 세상사에 밝으니 정치를 하는 데 무슨 어려움이 있겠습니까?"

"구는 정치를 시킬 만합니까?"

"구는 재주가 있으니 정치를 하는 데 무슨 어려움이 있겠습니까?"

7

계손씨가 민자건[10]을 비[11]의 읍장으로 삼으려 하자, 민자건이 말하였다. "저를 위해서 잘 좀 사양해주십시오. 만약 다시 저를 찾는 일이 있다면 저는 분명히 문수[12] 가에 가 있을 겁니다."

---

9. 중유(仲由)는 공자의 제자인 자로(子路)의 이름이다.
10. 민자건(閔子騫)은 성이 민이고 이름은 손(損)이며 자건은 그의 자이다. 공자보다 15세 연하인 제자이며, 덕행(德行)으로 알려져 있다.
11. 비(費)는 계씨(季氏) 관할의 읍(邑)이다.
12. 문수(汶水)는 제나라의 남쪽과 노나라의 북쪽 국경 지방을 흐르는 강 이름이다.

8

백우[13]가 병을 앓자 공자께서 문병을 가시어, 창문 너머로[14] 그의 손을 잡고 말씀하셨다. "이럴 리가 없는데,[15] 운명이란 말인가! 이런 사람에게 이런 병이 들다니! 이런 사람에게 이런 병이 들다니!"

9

공자께서 말씀하셨다. "어질도다, 회여! 한 그릇의 밥과 한 표주박의 물을 가지고 누추한 거리에 살고 있으니, 보통 사람들이라면 그런 근심[16]을 견뎌내지 못하겠지만, 회는 그 즐거움이 변치 않는구나.[17] 어질도다, 회여!"

---

13. 백우(伯牛)는 아들인 염옹(冉雍)과 함께 공자의 제자였으며, 성은 염(冉), 이름은 경(耕)이며, 백우는 그의 자이다.
14. 아마도 전염병이나 나쁜 병이라 방에 들어가지 못한 듯하다.
15. 원문은 '무지(亡之)'이다. '亡'을 '없을 무(無)'자와 통용되는 것으로 풀이하면, '이런 일이 있을 수 없다'라는 뜻이다. 또는 '亡'을 '잃다(喪)'는 의미로 풀이하면, '그를 잃게 되었으니'라는 뜻이 된다. 앞의 경우는 '무'로 읽고 뒤의 경우는 '망'으로 읽는다.
16. 즉, 물질적·육체적 궁핍함으로 인한 고통과 근심을 말한다.
17. 물질적·육체적으로는 불편할지라도, 그러한 궁핍함을 벗어나기 위하여 진리를 추구하는 즐거움을 포기하고 세상에 영합하지 않는다는 말이다.

10

염구가 말하였다. "선생님의 도(道)를 좋아하지 않는 것은 아니지만, 제 능력이 부족합니다."

공자께서 말씀하셨다. "능력이 부족한 자는 도중에 가서 그만두게 되는 것인데, 지금 너는 미리 선을 긋고 물러나 있구나."

11

공자께서 자하에게 말씀하셨다. "너는 군자다운 선비[18]가 되어야지, 소인 같은 선비가 되어서는 안 된다."

12

자유가 무성의 읍재가 되자, 공자께서 말씀하셨다. "너는 인재를 얻었느냐?"

"담대멸명[19]이라는 자가 있는데, 그는 길을 갈 때 지름길로 가지 않고, 공적인 일이 아니고는 저의 집에 찾아온 적이 없습니다."

---

18. 「리인」 16장에서 "군자는 도의에 밝고 소인은 이익에 밝다〔君子喩於義, 小人喩於利〕"라고 하였다. 즉, 군자란 개인의 이익보다 국가나 천하 등의 공적인 도의를 우선시하는 사람이다.
19. 담대멸명(澹臺滅明)은 공자보다 39세 연하인 제자로 담대가 성, 멸명은 이름이며, 자는 자우(子羽)이다.

13

공자께서 말씀하셨다. "맹지반[20]은 자랑하지 않는 사람이다. 전투에 패하여 달아날 때는 군대의 후미에서 적을 막았고, 성문에 들어올 즈음에는 그의 말에 채찍질하면서 말하기를, '감히 뒤에 처지려 한 것이 아니라, 말이 나아가지를 않았소'라고 하였다."

14

공자께서 말씀하셨다. "축타[21] 같은 말재주 없이 송조[22] 같은 미모만 가지고 있다면, 요즘 세상에서 화를 면하기 어려울 것이다."[23]

---

20. 맹지반(孟之反)은 노나라의 대부로 맹은 성, 지반은 자이며, 이름은 측(側)이다.
21. 축타(祝鮀)는 위나라 대부이며, 자는 자어(子魚)이다.
22. 송조(宋朝)는 송나라의 공자(公子)인 조(朝)이다. 미남으로 유명했다고 한다.
23. 이 장은 '축타 같은 말재주와 송조 같은 미모가 없다면, 요즘 세상에서 화를 면하기 어려울 것이다'로 해석하기도 하지만, 여기서는 '不有…而有…'라는 문맥의 흐름을 살려서 위와 같이 해석했다. 어떻든 그 내용은, 진정한 도의를 실천하기보다는 교묘한 재주를 가져야 살아갈 수 있었던 당시의 세태를 비판한 것이다.

15

공자께서 말씀하셨다. "누구인들 문을 통하지 않고 나갈 수 있겠는가? 어찌 이 도[24]를 따르지 않는가?"

16

공자께서 말씀하셨다. "바탕이 겉모습을 넘어서면 촌스럽고, 겉모습이 바탕을 넘어서면 형식적이게 된다. 겉모습과 바탕이 잘 어울린 후에야 군자다운 것이다."

17

공자께서 말씀하셨다. "사람의 삶은 정직해야 한다. 정직하지 않은 삶은 요행히 화나 면하는 것이다."

18

공자께서 말씀하셨다. "무언가를 안다는 것은 그것[25]을 좋아하는 것만 못하고, 좋아하는 것은 즐기는 것만 못하다."

---

24. 이 도(道)는 바로 공자가 추구하는 도리를 말한다.
25. 여기서 앎이나 좋아함, 즐김의 대상이 되는 '그것'은 진리나 도리 등을 의미한다고도 할 수 있겠지만, 더 넓은 의미에서는 일상생활에서 부딪히는 모든 일이 이에 해당한다고 볼 수 있다.

19

공자께서 말씀하셨다. "중간[26] 이상의 사람들에게는 높은 수준의 것을 말할 수 있으나, 중간 이하의 사람들에게는 높은 수준의 것을 이야기할 수 없다."

20

번지가 지혜에 대해 여쭙자, 공자께서 말씀하셨다. "사람이 지켜야 할 도의에 힘쓰고, 귀신은 공경하되 멀리하면[27] 지혜롭다 할 수 있다."

인(仁)에 대해서 여쭙자, 공자께서 말씀하셨다. "인한 사람은 어려운 일에는 먼저 나서서 하고 이익을 챙기는 데는 남보다 뒤지는데, 이렇게 한다면 인하다고 할 수 있다."

21

공자께서 말씀하셨다. "지혜로운 사람은 물을 좋아하고 인(仁)한 사람은 산을 좋아하며, 지혜로운 사람은 동적이고 인한 사람은 정적이며, 지혜로운 사람은 즐겁게 살고 인한 사람은 장수한다."

---

26. 지혜나 능력이 중간 정도인 것을 말한다.
27. 귀신을 공경하면서도 생활 속에서 지나치게 의존해서는 안 된다는 말이다. 조상과 자연의 덕에 감사하되, 인간의 힘에 의한 문화 건설을 주장하는 공자의 입장이 드러나 있다.

22

공자께서 말씀하셨다. "제나라[28]가 한번 변하면 노나라[29]에 이를 것이고, 노나라가 한번 변하면 도(道)에 이를 것이다."

23

공자께서 말씀하셨다. "모난 술잔이 모나지 않다면, 그것이 모난 술잔이겠는가! 모난 술잔이겠는가!"[30]

24

재아가 여쭈었다. "인한 사람은 어떤 사람이 그에게 '우물 속에 인한 사람이 있다'고 하면, 그 우물로 따라 들어갑니까?"

공자께서 말씀하셨다. "어찌 그렇게 하겠느냐? 군자는 가보게 할 수는 있어도 우물에 빠지게 할 수는 없으며, 속일 수는 있어도 사리 판단조차 못 하게 할 수는 없다."

---

28. 제나라는 공자 당대에 실용적인 정책으로 강대국을 추구했던 나라이다.
29. 노나라는 공자의 고향으로 주나라의 예(禮)와 문화가 가장 원형대로 보존되어 있던 나라이다.
30. 멋을 낸다고 하여 제사 지낼 때의 옛 법도를 어기고 모난 술잔을 둥글게 만든다면 어찌 그것을 제사에 쓰는 '모난 술잔'이라고 하겠냐는 말이다. 이 말은 당시에 예가 무너져 가는 것을 빗대어, 자신의 본분을 잃고 살아가는 사람들을 비판한 것이다.

25

공자께서 말씀하셨다. "군자가 글[31]을 널리 배우고 예(禮)로써 단속한다면,[32] 또한 도리에 어긋나지 않을 것이로다!"

26

공자께서 남자[33]를 만나시자, 자로가 좋아하지 않았다. 이에 선생님께서 맹세하셨다. "내게 잘못된 것이 있다면 하늘이 나를 버리실 것이로다! 하늘이 나를 버리실 것이로다!"

27

공자께서 말씀하셨다. "중용[34]의 덕은 지극하도다! 백성 중에 이를 지닌 사람이 드물게 된 지 오래되었다."

28

자공이 여쭈었다. "만약 백성들에게 널리 은혜를 베풀고 많

---

31. 글을 포함하여 넓은 의미의 학문을 말한다.
32. 공부는 편협되지 않게 하되, 방만하지 않도록 예로써 조절을 한다는 말이다.
33. 남자(南子)는 위나라 영공(靈公)의 부인으로, 음란했던 것으로 알려져 있다. 자로는 공자가 이런 사람을 통해서라도 영공과 가까이 하려 한다고 생각한 듯하다.
34. 원문은 중용(中庸)으로, 중(中)은 지나치거나 모자람이 없는 것이고, 용(庸)은 변함없이 일정한 것을 뜻한다.

은 사람들을 구제할 수 있는 사람이 있다면 어떻겠습니까? 인
(仁)하다고 할 수 있겠습니까?"

공자께서 말씀하셨다. "어찌 인에만 해당된 일이겠느냐? 반
드시 성인일 것이다. 요임금과 순임금[35]조차도 그렇게 하지 못
하는 것을 근심으로 여기셨다. 인이란 것은 자신이 서고자 할
때 남부터 서게 하고, 자신이 뜻을 이루고 싶을 때 남부터 뜻
을 이루게 해주는 것이다. 가까이 있는 자신의 마음을 미루어
서 남을 이해할 수 있다면 그것이 바로 인의 실천 방법[36]이다."

---

35. 요임금과 순임금은 중국의 전설적인 성군으로서, '내성외왕(內聖
外王)'을 실천한 유가(儒家)의 이상적인 인간상이다.
36. 여기서 말하는 인의 실천 방법, 즉 "자신이 서고자 할 때 남부터 서
게 하고, 자신이 뜻을 이루고 싶을 때 남부터 뜻을 이루게 해주는
것", "자신이 원하는 것을 미루어서 남이 원하는 것을 이해하는 것"
이 바로 '恕(서)'이다.(「리인」15장 참조)

제7편

술이(述而)

1

공자께서 말씀하셨다. "옛것을 익혀서 전해주기는 하되 창작은 하지 않으며 옛것을 믿고 좋아하니, 은근히 우리 노팽[1]에게 견주어본다."

2

공자께서 말씀하셨다. "묵묵히 마음속에 새겨두고, 배움에 싫증내지 않으며, 남을 가르치기를 게을리하지 않는 것, 이 셋 중 어느 하나인들 내가 제대로 하는 것이 있겠는가?"[2]

---

1. 노팽(老彭)은 은나라의 현명한 대부라고도 하고, 팽조(彭祖)라고도 하며, 노자(老子)와 팽조(彭祖)라고도 한다.
2. 원문은 '하유어아재(何有於我哉)'이다. 이 구절에 대해서는 세 가지 해석이 가능하다. 첫째, 세 가지 중 어느 것이 내게 있을 수 있겠는가. 둘째, 위의 세 가지밖에 어느 것이 내게 있겠는가. 셋째, 세 가지 일에 대해서라면 내게 무슨 문제가 있겠는가. 그런데 공자가 앞 구절에서 말한 세 가지 일은 성현이 아니고는 쉽사리 할 수 있는 일이 아니므로, 첫째 해석처럼 겸손한 뜻으로 해석하는 것이 무난

3

공자께서 말씀하셨다. "인격을 수양하지 못하는 것, 배운 것을 익히지 못하는 것, 옳은 일을 듣고 실천하지 못하는 것, 잘못을 고치지 못하는 것, 이것이 나의 걱정거리이다."

4

공자께서 한가로이 계실 때는 온화하시며 편안한 모습이셨다.

5

공자께서 말씀하셨다. "심하구나, 나의 노쇠함이여! 오래도록 나는 주공³을 꿈에서 다시 뵙지 못하였다."

6

공자께서 말씀하셨다. "도(道)에 뜻을 두고,⁴ 덕(德)에 근거

할 듯하다. 그러나 "배움에 싫증내지 않으며, 남을 가르치기를 게
을리하지 않는 것"은 공자가 평소에도 자부하던 것이었으므로, 둘
째나 셋째처럼 해석하는 것도 가능하다.

3. 주공(周公)은 주나라 문왕(文王)의 아들이자 무왕의 동생으로, 성
은 희(姬),이름은 단(旦)이다. 무왕을 도와 주나라를 건설하고, 무
왕이 죽자 어린 성왕(成王)을 도와 나라를 다스리며 주나라의 문물
제도를 확립했다.

4. 진리(道)를 추구하고 실현하는 데 뜻을 둔다는 말이다.

하며,⁵ 인(仁)에 의지하고,⁶ 예(藝)에서 노닌다."⁷

7

공자께서 말씀하셨다. "육포 한 묶음⁸ 이상의 예물을 갖춘 사람이라면, 나는 가르치지 않은 적이 없다."

8

공자께서 말씀하셨다. "배우려는 열의가 없으면 이끌어주지 않고, 표현하려 애쓰지 않으면 일깨워 주지 않으며, 한 모퉁이를 들어 보였을 때⁹ 나머지 세 모퉁이를 미루어 알지 못하면,¹⁰ 반복해서 가르쳐주지 않는다."

9

공자께서는 상을 당한 사람 곁에서 식사를 하실 때에는 배

---

5. 인간의 타고난 본성(德)을 믿고 이를 근본으로 삼는다는 말이다.
6. 진심으로 남을 배려하는 마음(仁)에 의지한다는 말이다.
7. 다양한 요소들이 조화를 이루어 아름다움을 이루어내는 예술(藝)의 경지에서 노닌다는 말이다.
8. 당시에 사람을 처음 찾아갈 때 갖추는 최소한의 예물이다.
9. 원문은 '거일우(擧一隅)'이다. 네 모퉁이 중 한 모퉁이를 들어 보여 준다는 뜻으로 한 부분을 가르쳐준다는 말이다.
10. 원문은 '이삼우반(以三隅反)'이다. 세 모퉁이로 반응한다는 뜻으로 가르쳐주지 않은 나머지 부분을 미루어 안다는 말이다.

부르게 드신 적이 없으셨다. 공자께서는 곡을 하신 날에는 노래를 부르지 않으셨다.

10

공자께서 안연에게 말씀하셨다. "나라에서 써주면 일을 하고 관직에서 쫓겨나면 숨어 지내는 것은, 오직 나와 너만이 이러한 뜻을 가지고 있을 것이다."

자로가 여쭈었다. "선생님께서 삼군[11]을 통솔하신다면 누구와 함께하시겠습니까?"

공자께서 말씀하셨다. "맨손으로 범을 잡고 맨몸으로 황하를 건너려다 죽어도 후회가 없는 사람과는, 나는 함께하지 않겠다. 반드시 일을 대함에 신중하게 하고, 계획을 잘 세워 일을 이루는 사람과 함께하겠다."

11

공자께서 말씀하셨다. "부(富)가 만약 추구해서 얻을 수 있는 것이라면, 비록 채찍을 드는 천한 일[12]이라도 나는 하겠다. 그러나 추구해서 얻을 수 없는 것이라면 내가 좋아하는 일을 하겠다."

---

11. 삼군(三軍)은 큰 나라의 군대를 가리킨다.
12. 높은 지위의 사람이 길을 갈 때 수레 앞에서 채찍을 들고 길을 터놓는 천한 직책을 가리킨다.

12

공자께서 신중히 하신 일은 재계[13]와 전쟁과 질병이다.

13

공자께서 제나라에서 순임금의 음악인 소[14]를 들으신 후, 석 달 동안 고기 맛을 잊으시고는 다음과 같이 말씀하셨다. "음악을 하는 것이 이런 경지에 이를 줄은 생각하지 못했다."

14

염유가 말하였다. "선생님께서 위나라 임금을 위해 일하실까요?" 자공이 말하였다. "좋아요, 제가 여쭈어보지요."

안으로 들어가 말하였다. "백이와 숙제[15]는 어떤 사람입니까?"

"옛날의 현인이지."

"세상을 원망했을까요?"

---

13. 재계(齊戒=齋戒)는 제사 지내기 전에 몸과 마음을 깨끗하고 가지런하게 하는 일을 가리킨다.

14. 「팔일」 25장에서 공자는 순임금의 음악인 소(韶)에 대해서 "소리의 아름다움이 지극할 뿐 아니라 그 내용의 선함도 지극하다"고 찬탄하여 무왕의 음악인 무(武)와 비교하였다.

15. 백이와 숙제는 도의에 따라 지조를 지키며 살다가 굶어 죽은 두 형제로, 공자는 이들에 대해 여러 차례 경의를 표하였다.(「공야장」 22장 참조)

"인(仁)을 추구하여 인을 얻었으니 달리 무엇을 원망했겠느냐?"

자공이 밖으로 나와서 말하였다. "선생님께서는 위나라 임금을 위해 일하지 않으실 겁니다."

15

공자께서 말씀하셨다. "거친 밥을 먹고 맹물을 마시며 팔베개를 베고 누워도 즐거움은 또한 그 가운데 있다. 의롭지 않으면서 부귀를 누리는 것은 나에게는 뜬구름과 같은 것이다."

16

공자께서 말씀하셨다. "나에게 몇 년의 시간이 더 주어져서 쉰 살까지 역(易)을 공부한다면, 큰 허물이 없을 것이다."

17

공자께서 평소에 늘 말씀하시는 것은 『시경』, 『서경』과 예(禮)를 실천하는 것이었으며, 모두 늘 말씀하셨다.

18

섭공[16]이 자로에게 공자에 대하여 물었는데 자로는 대답하

---

16. 섭공(葉公)은 초나라의 대부로서 당시에 섭이 그가 관할하던 고을

지 않았다. (이 말을 듣고) 공자께서 말씀하셨다. "너는 어째서 '그의 사람됨은 무언가에 의욕이 생기면 먹는 것도 잊고, 도를 즐기느라 근심을 잊어, 늙음이 곧 다가오는 것도 알지 못한다' 고 말하지 않았느냐?"

19

공자께서 말씀하셨다. "나는 태어나면서부터 (세상의 도리를) 안 사람이 아니라, 옛것을 좋아하여 부지런히 그것을 추구한 사람이다."

20

공자께서는 괴이한 일, 힘으로 하는 일, 세상을 어지럽히는 일, 귀신에 관한 일을 말씀하시지 않으셨다.

21

공자께서 말씀하셨다. "세 사람이 길을 걸어간다면, 그중에는 반드시 나의 스승이 될 만한 사람이 있다. 그들에게서 좋은 점은 가리어 본받고, 그들의 좋지 않은 점으로는 나 자신을 바로잡는 것이다."

이었으므로, 섭공이라고 참칭하고 있었다.

22

공자께서 말씀하셨다. "하늘이 나에게 덕을 부여해주셨는데, 환퇴[17]가 나를 어찌하겠는가?"

23

공자께서 말씀하셨다. "자네들은 내가 무언가 숨기는 게 있다고 생각하는가? 나는 자네들에게 숨기는 것이 없네. 나는 무언가를 행하고서 자네들에게 가르쳐주지 않는 일이 없는 사람이니, 그것이 바로 나란 사람이네."

24

공자께서는 네 가지를 가르치셨으니, 그것은 바로 학문, 실천, 성실, 신의였다.

25

공자께서 말씀하셨다. "성인을 내가 만나볼 수 없다면, 군자라도 만나볼 수 있으면 좋겠다."

공자께서 말씀하셨다. "선한 사람을 내가 만나볼 수 없다면,

---

17. 환퇴(桓魋)는 송나라에서 사마(司馬) 벼슬을 하던 인물이다. 『사기』「공자세가(孔子世家)」에 의하면 공자가 송나라에 들렀을 때 공자를 죽이려 했다. 이에 공자는 그곳을 떠났고, 길을 재촉하는 제자들에게 위와 같은 말을 했다고 한다.

한결같은 사람이라도 만나볼 수 있으면 좋겠다. 없으면서도
있는 체하고, 비었으면서도 가득 찬 체하며, 궁핍하면서도 부
유한 체를 하는 세상이니, 한결같은 마음을 지니고 살기도 어
려운 일이다."

26

공자께서는 낚시질은 하셔도 그물질은 하지 않으셨으며, 주
살질은 하셔도 둥우리에 깃든 새를 쏘아 맞히지는 않으셨다.

27

공자께서 말씀하셨다. "제대로 알지도 못하면서 새로운 것
을 창작하는[18] 사람이 있지만, 나는 그런 일은 하지 않는다. 많
이 듣고 그중 좋은 것을 택하여 따르며, 많이 보고 그중 좋은
것을 마음에 새겨둔다면, 이것이 진실로 아는 것에 버금가는
일이다."

---

18. 이 편 맨 앞에, "옛것을 익혀서 전해주기는 하되 창작은 하지 않으
며 옛것을 믿고 좋아한다(述而不作, 信而好古)"는 공자의 말이 있
다. 공자는 옛 문화와 정신을 제대로 배워서 전해주는 것만도 어려
운 일이라고 생각했다. 굳이 한다면 "옛것을 익혀 새로운 것을 아
는(溫故而知新)"(「위정」 11장) 방법을 권했다. 따라서 이 구절처럼
"제대로 알지도 못하면서 새로운 것을 창작하는 것"은 공자가 배우
는 사람들에 대해 지극히 경계한 일이었다.

28

호향[19] 사람은 더불어 이야기하기 어려운 사람들이었는데, 그곳의 아이가 공자를 찾아뵙자, 제자들이 이상하게 생각하였다.[20] 이에 공자께서 말씀하셨다. "바른 길로 나아가는 자는 받아들이고 바른 길에서 물러나는 자는 받아들이지 않는 법인데, 배우겠다고 찾아온 사람을 어찌 모질게 대하겠느냐? 사람이 자신의 몸과 마음을 깨끗이 하고 바른 길로 나아가려 하면, 그 깨끗함을 받아들이고 지난 일에는 연연하지 않는 것이다."

29

공자께서 말씀하셨다. "인(仁)이 멀리 있는가? 내가 인을 실천하고자 하면, 곧 인은 다가온다."

30

진(陳)나라의 사패[21]가 "소공[22]은 예(禮)를 아는 사람입니까?"라고 여쭙자, 공자께서는 "예를 아는 사람입니다"라고 말

---

19. 호향(互鄕)은 마을 이름이다. 이곳 사람들은 당시 좋지 않은 습성에 물들어 상종하기 곤란했다고 한다.
20. 공자가 사람들이 상종하기를 꺼리는 호향 사람을 만나 상대해주었으므로, 제자들이 이상하게 생각했다는 것이다.
21. 사패(司敗)는 사구(司寇)라고도 하며, 법을 관장하는 벼슬이다.
22. 소공(昭公)은 노나라의 임금 소공을 가리킨다.

씀하셨다.

　공자께서 물러가시자, 인사하며 무마기[23]를 맞아들이면서 말하였다. "나는 군자는 편당을 짓지 않는다고 들었는데, 군자도 편당을 짓습니까? 임금(소공)은 오나라에서 부인을 취하였는데, 성이 같기 때문에 부인을 오맹자라고 불렀습니다.[24] 이런 임금이 예를 안다면 누가 예를 알지 못하겠습니까?"

　무마기가 이를 알려드리자, 공자께서 말씀하셨다. "나는 행복하구나! 진실로 허물이 있으면 사람들이 반드시 알려준다."

31

　공자께서는 사람들과 노래 부르는 자리에 어울리시다가 어떤 사람이 노래를 잘하면, 반드시 다시 부르게 하시고는 뒤이어 화답하셨다.

32

　공자께서 말씀하셨다. "글공부에 대해서라면 아마도 내가

---

23. 무마기(巫馬期)는 공자보다 30세 연하인 제자로, 무마는 성, 이름은 시(施), 자는 자기(子旗)이다.
24. 노나라 왕실과 오(吳)나라 왕실은 모두 성이 희(姬)인 동성의 제후국이다. 옛날 제후의 부인은 본국의 이름과 친정의 성을 합쳐서 불렀다. 따라서 이 경우라면 '오희(吳姬)'라고 불러야 하지만, 그렇게 하면 동성간에 결혼한 것이 드러나므로 '오맹자(吳孟子)'라고 했다는 것이다.

남보다 못하지 않겠지만,[25] 군자의 도리를 몸소 실천하는 것은 내가 아직 이루지 못했다."

33

공자께서 말씀하셨다. "성인(聖人)과 인인(仁人)이야 내가 어찌 감히 되겠다고 할 수 있겠느냐? 하지만 성인과 인인의 도리를 배우고 본받는 데 싫증내지 않고, 이를 다른 사람에게 가르치는 데 게을리하지 않는다고[26]는 말할 수 있다."

공서화가 말하였다. "바로 그 점이 저희 제자들이 배울 수 없는 것입니다."

34

공자께서 병환이 심해지시자 자로가 기도드릴 것을 청하였

---

25. 원문은 '막오유인야(莫吾猶人也)'이다. 주희처럼 막(莫)을 '아마도' 정도의 의미로 보면, '학문이라면 아마도 내가 남과 같을 것이다'로 해석된다. 그러나 하안(何晏)의 견해를 따라 막(莫)을 '…이 아니다'라는 부정의 의미로 보면, '학문은 내가 다른 사람들만 못하다'로 해석된다. 여기서는 앞의 해석을 따랐다.

26. 이 부분에 해당하는 원문은 '위지불염, 회인불권(爲之不厭, 誨人不倦)'이다.「술이」2장에 '학이불염, 회인불권'이라는 구절이 있음을 볼 때, 여기서의 '위(爲)'는 주로 '학(學)'의 의미로 보아도 무방할 것이다. 그러나 '하다(爲)'가 '배우다(學)'보다 포괄적인 의미임을 고려하여 '본받아 배우고 실천하다'라는 넓은 의미로 받아들이는 편이 더 좋다.

다. 공자께서 말씀하셨다. "그런 선례가 있느냐?"

자로가 대답하였다. "있습니다. 뇌문[27]에 '너를 위하여 하늘과 땅의 신께 기도하노라'라고 하였습니다."

공자께서 말씀하셨다. "그런 기도는 내가 드려온 지 오래되었다."

35

공자께서 말씀하셨다. "사치스럽게 하다 보면 공손함을 잃게 되고, 검소하게 하다 보면 고루하게 되지만, 공손함을 잃기보다는 차라리 고루한 것이 낫다."

36

공자께서 말씀하셨다. "군자는 평온하고 너그럽지만, 소인은 늘 근심에 싸여 있다."

37

공자께서는 온화하면서도 엄숙하시고, 위엄이 있으면서도 사납지 않으시며, 공손하면서도 편안하셨다.

---

27. 뇌문(誄文)은 죽은 사람을 추모하고 명복을 비는 말이나 글이다.

제8편

태백(泰伯)

1

공자께서 말씀하셨다. "태백[1]은 지극한 덕을 지닌 분이라고 할 수 있다. 끝내 천하를 양보하였지만 백성들은 그를 칭송할 길이 없었다."

2

공자께서 말씀하였다. "공손하되 예(禮)가 없으면 수고롭기만 하고, 신중하되 예가 없으면 두려움을 갖게 되며, 용감하되 예가 없으면 질서를 어지럽히게 되고, 정직하되 예가 없으면 야박하게 된다. 군자가 친족들을 잘 돌봐주면 백성들 사이에서는 인(仁)한 기풍이 일어나며, 옛 친구를 버리지 않으면 백

---

1. 태백(泰伯)은 주나라의 선조인 태왕(大王, 이름은 古公亶父)의 맏아들이다. 태왕이 세 아들 중 가장 현명한 막내아들 계력(季歷)에게 왕위를 물려주고 싶어 하자, 둘째 동생을 데리고 집을 떠나 숨었다. 왕이 된 계력이 낳은 아들이 뒤에 문왕이 되었고, 문왕의 아들 무왕은 은나라를 물리치고 천하를 통일하였다.

성들이 각박해지지 않는다."

3

증자가 병이 들자 문하의 제자들을 불러놓고 말하였다. "(부모님께서 주신 몸에 손상된 데가 없는지) 내 발을 펴보아라! 내 손을 펴보아라! 『시경』에 '두려워하고 삼가기를, 깊은 못 가에 서 있듯, 얇은 얼음을 밟고 가듯 하노라'[2]라고 하였다. 그런데 이제부터는 내가 그런 걱정을 벗어나게[3] 되었음을 알겠구나, 애들아!"

4

증자가 병이 들어 맹경자[4]가 문병을 가니, 증자가 말하였다. "새가 죽으려 할 때면 그 울음소리가 슬퍼지고 사람이 죽으려 할 때면 그 말이 선해집니다. 군자가 귀하게 여기는 도(道)가 셋 있으니, 몸을 움직일 때는 사나움과 거만함을 멀리하고, 안색을 바로잡아 신의에 가까워지도록 하며, 말을 할 때는 천박하고 도리에 어긋남을 멀리해야 합니다. 제기를 다루는 일과 같이 소소한 예에 관한 일들은 담당자들이 있으니 그들에게

---

2. 『시경』「소아·소민(小雅·小旻)」에 나오는 구절이다.
3. 불효를 범할까 두려워하는 근심에서 벗어나게 되었다는 말이다.
4. 맹경자(孟敬子)는 노나라의 대부로, 성은 중손(仲孫), 이름은 첩(捷)이다.

맡겨두면 됩니다."

5

증자가 말하였다. "능력이 있으면서도 능력 없는 사람에게
묻고, 많이 알면서도 적게 아는 사람에게 물었으며, 있으면서
도 없는 듯이 하고, 꽉 차 있으면서도 텅 빈 듯이 하고, 남이 자
기에게 잘못을 범해도 잘잘못을 따지며 다투지 않았다. 예전
에 나의 친구[5]가 이를 실천하며 살았다."

6

증자가 말하였다. "어린 임금을 부탁할 수 있고, 한 나라의
정치를 맡길 수 있으며, 나라의 큰일을 당하였을 때 그의 뜻을
빼앗을 수 없다면, 군자다운 사람인가? 군자다운 사람이다."

7

증자가 말하였다. "선비는 뜻이 크고 의지가 강인해야 하니,
책임은 무겁고 갈 길은 멀기 때문이다. 인(仁)을 자신의 임무
로 삼으니 또한 책임이 무겁지 않은가? 죽은 뒤에야 그만두는
것이니 또한 갈 길이 멀지 않은가?"

---

5. 마융(馬融)은 이 친구를 안연(顔淵)이라고 했고, 주희도 이에 동의
하였다.

8

공자께서 말씀하셨다. "시를 통해 순수한 감성을 불러일으키고,[6] 예(禮)를 통해 도리에 맞게 살아갈 수 있게 되며, 음악을 통해 인격을 완성한다."[7]

9

공자께서 말씀하셨다. "백성은 도리를 따르게 할 수는 있지만, 도리를 이해하게 할 수는 없다."

10

공자께서 말씀하셨다. "용맹을 좋아하면서 가난을 싫어하면 사회 질서를 어지럽히게 되고, 사람으로서 인(仁)하지 못한 것을 지나치게 미워해도 사회 질서를 어지럽히게 된다."

11

공자께서 말씀하셨다. "만약 주공처럼 훌륭한 재능을 가지

---

6. 주희는 '시를 통해서 선을 좋아하고 악을 미워하는 마음을 불러일으키는 것'으로 풀이했는데, 이런 의미도 포함된다고 볼 수 있다.
7. 음악은 다양한 소리가 모여서 하나의 화음을 만들어내는, 조화로운 인격과 조화로운 사회를 상징한다. 주희는 인간의 성정을 정화시키는 음악의 기능을 통해 도덕적인 인격자가 된다는 의미로 풀이했다.

고 있다 하더라도, 교만하고 인색하다면, 그 나머지는 볼 것이
없다."

12

공자께서 말씀하셨다. "삼 년을 공부하고도 벼슬에 마음 쓰
지 않기는 쉽지 않은 일이다."

13

공자께서 말씀하셨다. "(성현들의 가르침에 대한) 두터운 믿음
을 가지고 배우기를 좋아하며, 죽음으로써 선한 도(道)를 지켜
야 한다. 위태로운 나라에는 들어가지 않고 어지러운 나라에
는 머물지 말아야 한다. 천하에 도가 행해지면 세상에 능력을
드러내고, 도가 행해지지 않으면 조용히 숨어 살아야 한다. 나
라에 도가 행해지는데 가난하고 천하게 산다면 부끄러운 일이
며, 나라에 도가 행해지지 않는데 부귀를 누린다면 이 또한 부
끄러운 일이다."

14

공자께서 말씀하셨다. "그 직위에 있지 않다면, 그 직위에서
담당해야 할 일을 꾀하지 말아야 한다."

15

공자께서 말씀하셨다. "악사[8]인 지[9]가 초기에 연주했던 관저[10]의 마지막 악장은 아름다움이 흘러넘쳐 귀를 가득 채웠느니라!"

16

공자께서 말씀하셨다. "뜻은 크면서 정직하지도 않고, 무지하면서 성실하지도 않으며, 무능하면서 신의도 없다면, 그런 사람은 내가 알 바 아니다."[11]

17

공자께서 말씀하셨다. "배울 때는 능력이 미치지 못할까 안타까워해야 하며, 나아가 이미 배운 것을 잃어버릴까 두려워해야 한다."

18

공자께서 말씀하셨다. "위대하도다! 순임금과 우임금[12]께서

---

8. 악사(樂師)는 음악을 담당했던 직책이다.
9. 지(摯)는 노나라의 태사(大師)가 되었던 사람의 이름이다.
10. 관저(關雎)는 『시경』 「국풍(國風)」의 첫 번째 시이다.
11. 상대할 만한 가치가 없는 사람이라는 말이다.
12. 순임금과 우임금은 요임금의 뒤를 이은 두 임금으로, 요임금과 함

는 천하를 가지시고도, 거기에 사사로이 관여치 않으셨노라."[13]

19

공자께서 말씀하셨다. "위대하도다, 요의 임금됨이여! 높고 높도다! 오직 하늘만이 이토록 위대하거늘 오직 요임금만이 이를 본받았도다. 넓고 아득함이여! 백성들이 무어라 말로 형용할 수도 없도다. 높고 높도다, 그가 이룬 공적이여! 빛나도다, 그 찬란한 문화여!"

20

순임금에게는 신하 다섯 사람[14]이 있어서 천하가 잘 다스려졌다. 무왕은 "나에게는 능력 있는 신하가 열 사람[15] 있다"라고 하셨다.

께 중국의 전설적인 세 성군으로 추앙된다.

13. 도리에 따라 천하를 다스릴 뿐, 이를 통해 사사로이 부귀영화나 권세를 누리려 하지 않았다는 말이다.

14. 다섯 사람의 신하는 우(禹), 직(稷), 설(契), 고요(皐陶), 백익(伯益)이다.

15. 열 사람의 신하는 주공단(周公旦), 소공석(召公奭), 태공망(太公望), 필공(畢公), 영공(榮公), 태전(大顚), 굉요(閎夭), 산의생(散宜生), 남궁괄(南宮适), 그리고 마지막으로 부인 한 사람은 문왕의 부인인 태사(太姒)라는 설도 있고, 무왕의 부인인 읍강(邑姜)이라는 설도 있다.

공자께서 말씀하셨다. "인재를 얻는 것은 어려운 일이라더니, 그렇지 아니한가? 당나라에서 우나라로 넘어가던 시기[16]에 비해 주나라 무왕의 시대에는 인재가 풍부했지만, 그중에는 부인도 한 사람 있었으니, 실제로는 아홉 사람뿐이었다. 주나라의 문왕은 천하의 삼분의 이를 차지하고서도 은나라를 섬겼으니, 주나라의 덕은 지극한 덕이라고 할 수 있다."

21

공자께서 말씀하셨다. "우임금에 대해서라면 나는 비난할 것이 없다. 자신의 식사는 형편없으면서도 귀신에게는 정성을 다하셨고, 자신의 의복은 검소하게 입으시면서도 제사 때의 예복은 아름다움을 지극히 하셨으며, 자신의 집은 허름하게 하면서도 농민들의 관개사업에는 온 힘을 다하셨다. 우임금에 대해서라면 나는 비난할 것이 없다."

---

16. 요임금의 당(唐)나라에서 순임금의 우(虞)나라로 교체되던 시기로, 이때 순임금의 다섯 신하가 활약했다.

제9편

자한(子罕)

1

공자께서는 이익과 같이 의리를 해치는 것이나, 천명(天命)과 인(仁)처럼 실현하기 어려운 도리에 대해서는 좀처럼 말씀하지 않으셨다.[1]

2

달항 고을의 사람[2]이 말하였다. "위대하도다, 공자여! 그러나 폭넓게 공부는 했지만, 한 분야에서도 전문적인 명성을 이루지는 못했구나."

공자께서 이 말을 들으시고 문하의 제자들에게 말씀하셨다.

---

1. 위의 해석은 주희의 견해를 따른 것이다. 초순(焦循)은 "이익에 대해서는 좀처럼 말씀하지 않으셨지만, 이익을 말씀하실 때는 천명과 함께 말씀하시거나 인(仁)과 함께 말씀하셔서, 의리에 어긋나지 않도록 하셨다"라고 풀이하였다.
2. 원문은 '달항당인(達巷黨人)'으로 달항 고을의 사람이라는 뜻이다. 당(黨)은 500집으로 이루어진 고을을 뜻한다.

"나는 무엇을 전문으로 할까? 수레 몰이를 전문으로 할까, 활 쏘기를 전문으로 할까? 그렇다면 나는 수레몰이를 전문으로 해야겠다."[3]

3

공자께서 말씀하셨다. "삼베로 만든 관을 쓰는 것이 예법에 맞지만, 지금은 실로 짠 것을 쓴다. 이것이 검소하므로, 나는 여러 사람들이 하는 것을 따르겠다. 마루 아래에서 절하는 것이 예법에 맞지만, 지금은 마루 위에서 절을 한다. 이것은 교만한 것이므로, 비록 여러 사람들과 다르더라도 나는 마루 아래서 절하겠다."

4

공자께서는 네 가지를 절대로 하지 않으셨다. 사사로운 뜻을 갖는 일이 없으셨고, 기필코 해야 한다는 일이 없으셨으며, 무리하게 고집부리는 일도 없으셨고,[4] 자신만을 내세우려는

---

3. 인간과 사회의 근본 이치를 탐구하는 자신에 대해 어느 한 분야의 전문가도 아니라고 비판하였으므로, 공자는 활쏘기나 수레 몰기와 같은 기예 중에서도 남의 수레를 모는 것과 같은 가장 낮은 일에 종사하겠다고 함으로써 겸손한 자세를 강조한 것이다.
4. 어떤 원칙이나 주장만을 고수하는 것이 아니라 그 상황에 맞는 적절한 해결책을 찾아나간다는 말이다.

일도 없으셨다.

5

공자께서 광 땅[5]에서 위태로운 일을 당하셨을 때 말씀하셨다. "문왕께서 이미 돌아가셨으니 이제 그 문화[6]가 여기에 있지 않은가? 하늘이 장차 이 문화를 없애려 하신다면, 나는 이 문화에 참여할 수 없을 것이다. 그러나 하늘이 이 문화를 없애려 하지 않으신다면 광 땅의 사람들이 나를 어찌하겠느냐?"

6

태재[7]가 자공에게 물었다. "선생님께서는 성인(聖人)이신가? 어찌 그렇게 다재다능하신가?"

자공이 말하였다. "본래 하늘이 그분을 큰 성인으로 삼고자 하였으므로, 또한 다재다능하신 것입니다."

공자께서 이를 듣고 말씀하셨다. "태재가 나를 아는가? 나는 젊었을 때 천하게 살았기 때문에 비천한 일에 여러 가지로 능한 것이다. 군자가 여러 가지 일에 능할까? 그렇지 않다."

---

5. 광(匡) 땅은 위치가 어디인지 확실하지 않다.
6. 문왕이 전해주어 노나라에 보존되고 있는 주나라의 문화를 가리킨다.
7. 태재(大宰)는 관직명으로 나라의 정치를 총괄하여 다스리는 직책이다.

노[8]가 말하였다. "선생님께서 말씀하시기를 '나는 관직에 등용되지 않았기 때문에 여러 가지 재주를 익히게 되었다'라고 하셨다."

7

공자께서 말씀하셨다. "내가 아는 것이 있는가? 나는 아는 것이 없다. 그러나 어떤 비천한 사람이 나에게 질문을 한다면, 아무리 어리석더라도, 나는 내가 아는 것을 다하여 알려줄 것이다."

8

공자께서 말씀하셨다. "봉황새[9]도 오지 않고, 황하에서 하도[10]도 나오지 않으니, 나는 이제 끝인가 보구나!"

9

공자께서는 상복을 입은 사람이나 예복을 갖추어 입은 사

---

8. 노(牢)는 공자의 제자로, 성은 금(琴), 이름이 노이며, 자는 자개(子開) 또는 자장(子張)이라고 한다.
9. 봉황새는 순임금이나 문왕 같은 성인(聖人)이 나왔을 때 날아 왔다고 하는 전설의 새이다.
10. 하도(河圖)는 복희(伏羲) 때 황하에서 용마(龍馬)가 등에 지고 나왔다는 그림으로, 성인이 나타나는 징조라고 한다.

람, 그리고 맹인을 만나시면, 겉보기에는 그들이 비록 젊다고 할지라도 반드시 일어서셨으며, 그들의 앞을 지나가실 때에는 반드시 종종걸음을 하셨다.

10

안연이 크게 탄식하며 말하였다. "우러러볼수록 더욱 높고, 파고들어 갈수록 더욱 견고하며, 바라보면 앞에 계신 듯하다가 어느새 뒤에 와 계신다. 선생님께서는 차근차근 사람들을 잘 이끌어주시어서, 학문으로 우리를 넓혀주시고, 예(禮)로써 우리를 단속해주신다. 그만두고 싶어도 그만둘 수 없으니, 이미 나의 재주를 다 하여도, 선생님께서 세워놓으신 가르침은 우뚝 서 있는 듯하다. 비록 그것을 따르고자 해도 따라갈 수가 없구나."

11

공자께서 병이 심해지시자 자로가 제자를 시켜서 가신 노릇을 하게 했다.[11] 병이 조금 뜸해지시자 공자께서 말씀하셨다. "오래되었구나, 유(자로)가 거짓을 행한 지가! 가신이 없으면서 가신이 있는 척을 하다니, 내가 누구를 속이겠느냐? 하늘을 속이겠느냐? 또한 내가 가신의 손에서 죽기보다는 오히려 자네

---

11. 가신(家臣)이 되어 대부의 예에 맞도록 장례를 준비하게 한 것이다.

들의 손에 죽는 것이 낫지 않겠느냐? 또 내가 비록 성대한 장례는 치러질 수 없다 하더라도, 길바닥에서 죽기야 하겠느냐?"

12

자공이 말하였다. "여기에 아름다운 옥이 있다면 궤 속에 넣어서 보관해두시겠습니까? 좋은 상인을 구하여 파시겠습니까?"

공자께서 말씀하셨다. "팔아야지! 팔아야지! 나는 상인을 기다리는 사람이네."[12]

13

공자께서 동쪽 오랑캐의 땅에 가서 사시겠다고 하자, 어떤 이가 말하기를, "누추할 텐데 어찌 지내시려 하십니까?"라고 하였다.

공자께서 말씀하셨다. "군자가 가서 살면 교화가 될 터인데 무슨 누추함이 있겠느냐?"[13]

---

12. 공자는 자신이 재주를 감추어두려는 은둔자가 아니라 자신의 재주를 세상에서 발휘할 기회를 기다리는 사람임을 밝힌 것이다.
13. 그곳에는 이미 군자가 살고 있으니 어찌 누추함이 있겠는가라고 풀이하기도 한다.

14

공자께서 말씀하셨다. "내가 위나라에서 노나라로 돌아온 뒤에야[14] 음악이 바르게 되어 아와 송[15]이 각각 제자리를 찾았다."

15

공자께서 말씀하셨다. "나가서는 벼슬 높은 이를 섬기고, 들어와서는 어른들을 섬기며, 상을 당했을 때는 감히 정성을 다하지 않음이 없고, 술 마시고 실수하지 않는 일과 같은 것은, 나에게 무슨 문제가 있겠는가?"

16

공자께서 냇가에서 말씀하셨다. "흘러가는 것[16]은 이 물과 같으니, 밤낮도 없이 흘러가는구나!"

---

14. 공자가 여러 나라를 돌아다니며 그의 사상을 세상에 펼치려다 받아들여지지 않자, 노나라 애공 11년에 노나라로 돌아온 것을 말한다. 공자는 이때부터 노나라에서 학문과 교육에 전념하며 유가의 경전들을 정리하였다.
15. 아(雅)는 『시경』의 「소아(小雅)」와 「대아(大雅)」를 가리키고 송(頌)은 「주송(周頌)」, 「노송(魯頌)」, 「상송(商頌)」 등을 가리킨다. 모두 명곡에 해당하는 시들이다.
16. 여기서 '흘러가는 것'을 시간이나, 인생, 자연현상 등 어느 것으로 보느냐에 따라 다양한 철학적 함의가 담길 수 있는 함축적인 구절이다.

17

공자께서 말씀하셨다. "나는 아직 덕(德)을 좋아하기를 아름다운 여인 좋아하듯이 하는 사람을 보지 못했다."

18

공자께서 말씀하셨다. "비유하자면 산을 쌓다가 한 삼태기의 흙이 모자라는 상황에서 그만두었다 하더라도 그것은 내가 그만둔 것이다. 또한 비유하자면 땅을 평평하게 하기 위해 한 삼태기의 흙을 갖다 부었어도 일이 진전되었다면 그것은 내가 나아간 것이다."

19

공자께서 말씀하셨다. "일러주면 게을리하지 않는 사람이 바로 안회로다!"

20

공자께서 죽은 안연에 대하여 말씀하셨다. "애석하구나! 나는 그가 진보하는 것만 보았지, 그가 멈추어 있는 것은 본 적이 없었다."

21

공자께서 말씀하셨다. "싹은 솟았어도 꽃을 피우지 못하는 것이 있구나! 꽃은 피어도 열매를 맺지 못하는 것이 있구나!"

22

공자께서 말씀하셨다. "후배들이란 두려운 것이니, 그들이 지금의 우리만 못하리란 것을 어찌 알 수 있겠는가? 사십, 오십이 되어서도 이름이 알려지지 않는다면, 그 또한 두려워할 만한 사람이 못된다."

23

공자께서 말씀하셨다. "올바른 말로 일러주는 것을 따르지 않을 수 있겠는가? 그러나 중요한 것은 실제로 잘못을 고치는 것이다. 은근하게 타이르는 말에 기뻐하지 않을 수 있겠는가? 그러나 중요한 것은 그 참뜻을 찾아 실천하는 것이다. 기뻐하기만 하고 참뜻을 궁구하지 않거나, 따르기만 하고 실제로 잘못을 고치지 않는다면, 나도 그런 사람은 끝내 어찌할 수가 없다."

24

공자께서 말씀하셨다. "성심과 신의를 지키며, 자기만 못한 사람을 벗삼지 말고, 잘못이 있으면 고치기를 주저하지 말아라."

25

공자께서 말씀하셨다. "대군의 장수를 빼앗을 수는 있어도, 한 사람의 뜻은 빼앗을 수가 없다."

26

공자께서 말씀하셨다. "해진 솜옷을 입고서 여우나 담비 털 가죽옷을 입은 사람과 같이 서 있어도 부끄러워하지 않을 사람이 바로 유로다!" 그러나, '남을 해치지도 않고 남의 것을 탐내지도 않으니 어찌 훌륭하지 않은가?'[17]라는 시의 한 구절을 자로가 평생 외우고 다니겠다고 하자, 공자께서 말씀하셨다. "그런 도(道)야 어찌 훌륭하다고까지 할 수 있겠느냐?"

27

공자께서 말씀하셨다. "날씨가 추워진 뒤에야 소나무와 잣나무가 뒤늦게 시든다[18]는 것을 알게 된다."

---

17. 인용된 어구는 『시경』 「패풍·웅치(邶風·雄雉)」의 마지막 구절이다.
18. 원문은 '후조(後彫)'이다. '조(彫)'는 '조(凋)'와 통용되어, '시들다, 초목이 마르다'의 뜻이다. 따라서 '후조'란 '뒤늦게 시든다'는 뜻으로, 평소에는 군자나 소인의 차이가 잘 드러나지 않지만 어려운 시절이 오면 군자의 진면목이 드러난다는 것을 비유한 말이다.

28

공자께서 말씀하셨다. "지혜로운 사람은 미혹되지 않고, 인(仁)한 사람은 근심하지 않으며, 용기 있는 사람은 두려워하지 않는다."

29

공자께서 말씀하셨다. "함께 공부할 수 있는 사람이라도 함께 도(道)로 나아갈 수는 없고, 함께 도로 나아갈 수 있는 사람이라도 입장을 같이할 수는 없으며, 입장을 같이할 수 있는 사람이라도 상황에 따른 판단을 함께할 수는 없다."

30

'산앵두나무 꽃이, 펄럭펄럭 나부끼네. 어찌 그대 그립지 않으리요마는, 그대 머무는 곳 너무 머네.'[19]

공자께서 이 시에 대해 말씀하셨다. "그리워하지 않는 것이지, 진정 그리워한다면 멀 까닭이 있겠는가?"

---

19. 이 구절은 『시경』에 보이지 않는 일시(逸詩)이다.

제10편

향당(鄕黨)

1

공자께서 마을¹에 계실 때에는 겸손하고 과묵하여² 말을 못
하는 사람 같으셨다. 그러나 종묘와 조정에 계실 때에는 분명
하게 주장을 펴시되³ 다만 신중하게 하셨다.

2

조정에서 하대부⁴와 말씀하실 때에는 강직하셨고, 상대부

---

1. 원문은 '향당(鄕黨)'이다. 일만이천오백 호를 향(鄕), 오백 호를 당
   (黨)이라 한다.
2. 원문은 '순순여(恂恂如)'이다. 왕숙(王肅)은 부드럽고 공손한[溫恭]
   모양으로 풀었고, 주희는 미덥고 알찬[信實] 모양으로 풀었다. 옮
   긴이는 뒤에 '말을 못하는 듯하다'는 말이 이어지므로 '겸손하고
   과묵한 모양'으로 풀이하였다.
3. 원문은 '편편언(便便言)'으로 분명하고 조리 있게 주장을 펼치는
   모양이다. 마을에서는 윗사람에 대한 공손함이 우선시되는 덕목인
   데 반하여, 종묘나 조정과 같이 국사를 논하는 자리에서는 분명하
   게 주장을 펼치는 것이 중요하다는 말이다.
4. 제후국에서는 경(卿)을 상대부(上大夫)라고 하고, 그 이하의 대부

와 말씀하실 때에는 부드럽게 어울리시면서도 주장을 분명히 하셨으며, 임금이 계실 때에는 공경스러우면서도 절도에 맞게 위엄을 갖추셨다.

3

임금이 불러 나라의 손님을 접대하게 하면, 얼굴빛을 바로 잡으시고 공경스럽게 발걸음을 옮기셨다. 함께 서 있는 사람에게 인사를 하실 때는 마주 잡은 두 손을 좌우로 돌리며 좌우의 사람들에게 읍[5]을 하셨는데, 읍을 하실 때마다 옷이 앞뒤로 가지런히 움직였다. 빠른 걸음으로 나아가실 때에는, 손의 움직임이 새가 날개를 편 듯 단정하셨다. 손님이 물러간 후에는 반드시, "손님께서 뒤돌아보지 않으시고 완전히 떠나셨습니다"라고 보고하셨다.

4

궁궐의 큰 문에 들어가실 적에도 몸을 굽히시어, 마치 문이 작아 들어가기에 넉넉하지 못한 듯이 하셨다. 문 한가운데에는 서 있지 않으셨고, 다니실 때에는 문지방을 밟지 않으셨다. (임금께서 계시지 않을 때라도) 임금의 자리 앞을 지나실 때에는

(大夫)를 하대부(下大夫)라고 한다. 당시 공자의 신분에 대해서는 상대부였다는 설도 있고 하대부였다는 설도 있으나 분명치 않다.

5. 읍(揖)은 두 손을 가슴 앞에 마주 잡고 고개를 숙이는 인사이다.

낯빛을 바로잡으시고 발걸음을 공경스럽게 하셨으며, 말씀은 말을 잘하지 못하는 사람처럼 하셨다. 옷자락을 잡고 당(堂)에 오르실 때에는 몸을 움츠려 굽히셨고, 숨소리를 죽이시어 마치 숨을 쉬지 않는 사람 같으셨다. 나오시어 한 계단을 내려서시면서 낯빛의 긴장을 푸시어 온화하고 기쁜 표정을 지으셨다. 계단을 다 내려오시어서는 빠른 걸음으로 나아가시는데, 마치 새가 날개를 편 듯이 단정하셨다. 자신의 자리에 돌아오셔서는 공손하고 조심스러우셨다.

5

홀[6]을 잡을 때에는 몸을 굽히시기를, 마치 그 무게를 이기지 못하는 듯 조심스럽게 하셨다. 홀을 잡는 법은, 위로는 읍할 때의 두 손을 마주 잡는 위치와 같게 하시고, 아래로는 남에게 물건을 줄 때 손을 내리는 위치와 같게 하셨으며, 낯빛을 바로 잡되 두려워하는 듯한 빛을 띠셨고, 발걸음은 보폭을 좁게 하면서 뒤꿈치를 끄는 듯하셨다. 가져간 예물을 제후에게 올릴 때는 부드러운 낯빛을 하셨으며, 개인적으로 사람들과 예물을 주고받으며 사귈 때는 온화하고 즐겁게 하셨다.

---

6. 홀[圭]은 직사각형으로 된 장신용 옥의 일종으로, 제후가 사신으로 보내는 사람에게 주어서 증표로 삼게 하였다.

6

군자[7]께서는 짙은 보라색과 주홍색[8]으로는 옷깃을 달지 않으셨고, 붉은색과 자주색[9]으로는 평상복을 만들지 않으셨다. 더운 계절에는 홑옷으로 된 고운 갈포옷이나 굵은 갈포옷을 입되, 반드시 안에 옷을 받치고 그 위에 입으신 후 외출하셨다.[10] 검은 옷에는 검은 양의 털가죽으로 만든 옷을 입으시고, 흰 옷에는 새끼 사슴의 털가죽으로 만든 흰옷을 입으셨으며, 누런 옷에는 여우의 털가죽으로 만든 옷을 입으셨다.[11] 평상시에 입는 갖옷은 길게 하되, 행동하기 편하도록 오른쪽 소매는 짧게 하셨다. 반드시 잠자리옷이 있으셨는데, 길이는 키의 한 배 반이었다. 여우와 담비의 두터운 털가죽을 두툼하게 깔고 지내셨다. 탈상(脫喪)한 뒤에는 늘 패옥을 차셨다. 조복(朝服)이나 제복(祭服)이 아니면 반드시 폭을 줄여서 입으셨다. 검은 털가죽옷과 검은 관을 쓰시고는 조문을 하지 않으셨다.[12] 매달

---

7. 여기서는 공자를 가리킨다.
8. 상복(喪服)에 쓰는 색이었으므로 평상복에 이런 색을 쓰지 않았다는 것이다.
9. 여자들의 옷 색깔과 비슷했으므로 평상복에 이런 색을 쓰지 않았다는 것이다.
10. 갈포옷은 안이 비치기 때문에, 안에 옷을 입고 겉에 갈옷을 걸쳐 입은 뒤 외출을 한다는 것이다.
11. 색깔을 맞추어서 옷을 입었다는 것이다.
12. 상사(喪事)에는 흰색, 길(吉)한 일에는 검은색을 썼다.

초하루에는 반드시 조복(朝服)을 입고 조정에 들어가셨다.

7

재계하실 때에는 목욕 후 입으시는 밝고 깨끗한 옷이 있으셨는데, 이는 삼베로 만든 것이었다. 재계하실 때는 반드시 음식을 평소와 달리하셨으며, 거처도 반드시 평소와 달리하셨다.

8

밥은 고운 쌀이라야 싫어하지 않으셨고, 회는 얇게 썬 것이어야 싫어하지 않으셨다. 밥이 쉬어 맛이 변한 것과 생선이나 고기가 상한 것은 드시지 않았다. 빛깔이 나쁜 것도 안 드셨고, 냄새가 나쁜 것도 안 드셨다. 잘못 익힌 것도 안 드셨고, 제철이 아닌 음식도 안 드셨다. 썬 것이 반듯하지 않으면 안 드셨고, 간이 적절하게 들지 않은 것도 안 드셨다. 고기가 아무리 많아도 밥 생각을 잃을 정도로 드시지는 않았다. 술만은 한정을 두지 않으셨으나, 품격을 어지럽힐 정도까지 이르시지는 않았다. 사 온 술과 사 온 육포는 드시지 않았다. 생강은 물리치지 않고 드셨으나 많이 드시지는 않았다.[13] 나라의 제사에서 받은 고기는 하룻밤을 묵히지 않으셨다. 다른 제사에서 나

---

13. 생강은 정신〔神明〕을 맑게 하고 더럽고 사악한 것〔穢惡〕을 제거한다고 한다.

온 고기도 삼 일을 넘기지는 않으셨고, 삼 일을 넘기면 드시지 않았다. 식사하실 때는 말씀이 없으셨고, 잠자리에서도 말씀이 없으셨다. 비록 거친 밥과 채소국이라도 반드시 고수레를 하셨는데, 언제나 엄숙하고 삼가는 모습이셨다.

9

자리가 바르지 않으면 앉지 않으셨다.

10

마을 사람들과 술을 마실 때에는 지팡이를 짚으신 노인들이 나가시면 그때야 나가셨다. 마을 사람들이 역귀(疫鬼)를 쫓는 나례(儺禮)를 행할 때면 예복을 입고 동쪽 섬돌에 엄숙하게 서 계셨다.[14]

11

사람을 다른 나라에 보내 문안을 드리실 때에는 그에게 두 번 절하고 보내셨다. 계강자가 약을 보내오자 절하고 받으면서 말씀하셨다. "제가 잘 알지 못하기 때문에 감히 맛보지는

---

14. 당시에 나례(儺禮)를 행할 때는 사람들이 오락처럼 즐기기만 했기 때문에, 공자는 옛 법도를 지키고자 주인이 당(堂)에 오를 때 밟고 올라가는 동쪽 섬돌에 위엄을 지키고 서 있었다는 것이다.

못하겠습니다."[15]

12

마구간에 불이 났었는데, 공자께서 퇴근하시어 "사람이 다
쳤느냐?"라고 물으시고는, 말에 대해서는 묻지 않으셨다.

13

임금이 음식을 내려주시면 반드시 자리를 바로하고서 먼저
맛을 보셨다. 임금이 날고기를 내려주시면 반드시 익혀서 조
상께 올리셨다. 임금이 산 짐승을 내려주시면 반드시 그것을
기르셨다. 임금을 모시고 식사를 할 때는, 임금이 고수레를 올
리시면 먼저 맛을 보셨다.[16] 병이 들었을 때 임금이 문병을 오
시면, 머리를 동쪽으로 두시고[17] 누워 조복을 몸에 덮고 그 위
에 띠를 펼쳐놓으셨다.[18] 임금이 명을 내려 부르시면 수레 준

---

15. 당시에는 음식을 받으면 반드시 절을 하고 맛을 보는 것이 예였으
    나, 약의 경우는 잘 알지 못하면 감히 맛보지 않았다고 한다. 다만
    받고도 먹어보지 않으면 무성의하게 보일 수 있으므로, 위와 같이
    그 연유를 말한 것이다.
16. 임금의 안전을 위해 먼저 맛을 보는 것이 예였다고 한다.
17. 임금이 항상 남쪽을 향할[南面] 수 있도록 동쪽에 머리를 두고 눕
    는 것이다.
18. 병든 사람이 의관을 갖추어 입을 수는 없으므로, 자리에 누운 위에
    예복과 혁대를 덮어놓는 것이다.

비를 기다리지 않고 지체 없이 가셨다.[19]

14

태묘에 들어가서서는 일마다 물으셨다.[20]

15

벗이 죽었는데 돌보아줄 사람이 없자, "내 집에 빈소를 차리자"라고 하셨다. 벗이 주는 것은 그것이 비록 수레나 말일지라도, 제물로 올렸던 고기가 아니면 받으며 절하지 않으셨다.

16

잠자리에서는 시체처럼 몸을 함부로 하여 눕지 않으셨고, 집에 계실 때에는 엄숙하지는 않으면서도 몸가짐을 소홀히 하지 않으셨다. 상복 입은 사람을 보시면 친한 사이라 할지라도 반드시 낯빛을 바로잡으셨고, 예복을 입은 사람과 맹인을 만나시면 비록 가깝게 지내는 사이라 할지라도 반드시 낯빛을 달리하셨다. 상복을 입은 사람에게는 수레 위에서도 예의를 표하셨고, 나라의 지도나 문서를 지고 가는 사람[21]에게도 수레 위에서 예를 갖추셨다. 손님으로서 훌륭한 음식을 대접받으시

---

19. 임금의 명이 내렸으므로 지체 없이 달려간다는 말이다.
20. 「팔일(八佾)」 15장에 같은 구절이 나온다.
21. 나라의 중요한 공무를 행하고 있는 사람을 말한다.

면 반드시 낯빛을 바로잡고 일어서서 예를 표하셨다. 천둥이 심하게 치고 바람이 거세게 불면, 반드시 낯빛을 달리하셨다.

17

수레에 오르시면 반드시 바르게 서서 손잡이 줄을 잡으셨다. 수레 안에서는 두리번거리지 않으셨고, 말씀을 빨리하지 않으셨으며, 직접 손가락질 하지 않으셨다.

18

새들이 사람들의 기색을 살피다가 날아올라[22] 빙빙 돌다가 내려앉았다. 이를 보고 공자께서 말씀하셨다. "산의 다리에 있는 까투리야, 제철을 만났구나! 제철을 만났구나!"

자로가 그 까투리를 잡아서 바치자,[23] 세 번 냄새를 맡으시고는 일어나셨다.

---

22. 사람들의 기색을 자세히 살피다가 분위기가 안 좋으면 날아오른다는 것이다.
23. 자로는 공자가 이 까투리를 제철 음식으로 탐내신 줄 알고 잡아 바쳤다는 것이다.

제11편

선진(先進)

1

공자께서 말씀하셨다. "옛 사람들[1]은 예(禮)와 음악에서 야인[2]처럼 질박했으나, 후대의 사람들은 예와 음악에서 군자[3]처럼 형식미를 갖추고 있다. 만일 내가 예와 음악을 마음대로 택하여 쓸 수 있다면 나는 옛 사람들을 따르겠다."

2

공자께서 말씀하셨다. "진나라와 채나라에서 고생할 때 나를 따르던 사람들[4]이 모두 나의 문하에 없구나.[5] 덕행(德行)으

---

1. 원문은 '선진(先進)'이다. 주희는 선진과 후진(後進)을 각각 주나라 전기와 말기 이후 공자 시대까지로 보았다.
2. 야인(野人)은 벼슬을 안 한 일반 사람들처럼, 형식보다는 질박함을 특징으로 하는 사람들을 뜻한다.
3. 군자(君子)는 사대부처럼 예악의 형식미를 갖춘 사람들을 뜻한다.
4. 공자가 진(陳)나라와 채(蔡)나라를 돌아다니며 어려움을 겪을 때 따라다녔던 제자들을 가리킨다.
5. 원문은 '불급문(不及門)'이다. 주희는 '지금은 문하에 없다'. 즉, '지

로 모범이 된 사람으로는 안연·민자건·염백우·중궁이 있었고, 언변에 뛰어나기로는 재아·자공이 있었고, 정치에 능하기로는 염유·계로가 있었고, 문장과 학문으로는 자유·자하가 있었다."

3

공자께서 말씀하셨다. "안회는 나를 도와주는[6] 사람이 아니다. 그는 내가 하는 말에 대해 기뻐하지 않는 것이 없구나."[7]

4

공자께서 말씀하셨다. "효성스럽구나, 민자건이여! 부모형제가 그의 효성을 칭찬하는 데 대해 사람들도 트집 잡지 못하는구나."

금은 다 떠났다'는 뜻으로 풀었다. 그런데 또 정현은 '벼슬에 나아가는 문에는 이르지 못하였다'고 풀었다.
6. 의문을 제기함으로써 공자가 도리를 탐구하고 실천하는 데 도움이 되는 것을 말한다.
7. 공자의 말을 들으면 모두 이해하여 아무런 의문도 가지지 않고 기뻐하기만 한다는 말이다.

5

남용[8]이 '백규'[9]의 시구를 하루에 세 번씩 암송하자, 공자께서 형님의 딸을 그에게 시집 보내셨다.

6

계강자가 물었다. "제자 중에 누가 학문을 좋아합니까?"

공자께서 대답하셨다. "안회라는 사람이 학문을 좋아하였는데 불행히도 젊은 나이에 죽었습니다. 이제는 그런 사람이 없습니다."

7

안연이 죽자 그의 아버지인 안로[10]가 공자의 수레를 팔아 그에게 덧관을 만들어줄 것을 청하니, 공자께서 말씀하셨다. "재주가 있든 없든 각기 자기의 자식을 위해 말하기 마련이다. 그러나 내 아들 리[11]가 죽었을 때도 관만 있었고 덧관은 없었다.

---

8. 남용에 대한 공자의 칭찬은 「공야장」 1장에도 보인다.
9. 백규(白圭)는 『시경』 「대아·억(大雅·抑)」 가운데 "흰 옥의 흠은 갈아낼 수 있으나, 말의 흠은 어찌할 수가 없네(白圭之玷, 尙可磨也, 斯言之玷, 不可也)"라는 구절을 말한다. 말조심할 것을 경계하는 노래이다.
10. 안로(顏路)는 안연(顏淵)의 아버지로 역시 공자의 제자였으며, 이름은 무유(無繇), 자는 로(路)이다.
11. 리(鯉)는 공자의 아들 이름이며, 자는 백어(伯魚)이다.

내가 걸어다니면서까지 그에게 덧관을 만들어주지 않은 것은, 나도 대부의 신분인지라 걸어서 다닐 수는 없었기 때문이다."

8

안연이 죽자 공자께서 말씀하셨다. "아! 하늘이 나를 버리시는구나! 하늘이 나를 버리시는구나!"

9

안연이 죽자 공자께서 대단히 슬퍼하시며 곡을 하셨다. 이를 보고, 모시던 사람이 말하였다. "선생님께서 지나치게 애통해하십니다."

공자께서 말씀하셨다. "지나치게 애통해한다고? 이런 사람을 위해서 애통해하지 않는다면 누구를 위해 그렇게 하겠느냐?"

10

안연이 죽자 문인들이 그를 성대하게 장사 지내고자 하니, 공자께서 "안 된다"라고 하셨다. 그러나 마침내 문인들이 성대하게 장사지내자, 공자께서 말씀하셨다.

"회는 나를 친아버지처럼 대했는데, 나는 그를 자식처럼 대하지 못했구나. 이는 나의 탓이 아니라, 자네들 탓이로다."

11

계로가 귀신 섬기는 일에 대하여 여쭙자, 공자께서 말씀하셨다. "사람도 제대로 섬기지 못하는데 어찌 귀신을 섬길 수 있겠느냐?"[12]

"감히 죽음에 대하여 여쭙겠습니다."

공자께서 대답하셨다. "삶도 제대로 알지 못하는데 어찌 죽음을 알겠느냐?"

12

민자건은 공자를 곁에서 모실 때 더불어 즐거워하면서도 주장이 분명하였고,[13] 자로는 강하고 용감하였으며, 염유·자공은 강직하였다.[14] 공자께서는 이런 제자들과 지내며 즐거워하셨다. 그러나, "유(자로)와 같은 사람은 제명대로 살지 못할 것

---

12. 「술이」 20장에서도 "공자는 괴이한 일, 힘으로 하는 일, 사회를 어지럽히는 일, 귀신에 관한 일을 말씀하시지 않으셨다〔子不語怪力亂神〕"고 하였다. 신기하고 괴이한 일에 대해 소모적인 논쟁을 벌이기보다는, 실질적으로 사람들 간의 조화로운 관계를 통하여 이상 사회를 이루기 위한 방법을 모색하는 것이 공자의 관심사였다.

13. 원문은 '은은여(誾誾如)'로 「향당」 2장에 나온 말이다. 공안국은 중정(中正)한 모양으로 풀었지만, 옮긴이는 주희의 의견을 따라 더불어 즐거워하면서도 주장을 분명히 하는 모양으로 풀었다.

14. 원문은 '간간여(侃侃如)'로 역시 「향당」 2장에 나온 말이다. 공안국은 더불어 즐거워하는 모양으로 풀었다. 옮긴이는 주희의 의견을 따라 강직한 모양으로 풀었다.

이다"라고 하셨다.

13

노나라 사람이 장부(長府)라는 창고를 다시 만들자, 민자건
이 말하였다. "옛것을 그대로 쓰면 어떤가? 왜 꼭 다시 지어야
만 하는가?"

이를 듣고 공자께서 말씀하셨다. "그 사람은 말을 잘 안 하
지만, 말을 하면 반드시 이치에 맞는다."

14

공자께서 말씀하셨다. "유(자로)의 거문고를 어찌 내 집 안에
서 연주할 수가 있겠느냐?" 이를 듣고 문인들이 자로를 공경하
지 않았다. 이를 듣고 공자께서 말씀하셨다. "유는 대청마루에
는 올라섰으나, 다만 아직 방 안에 못 들어온 것이다."[15]

15

자공이 여쭈었다. "사(자장)와 상(자하)은 누가 더 현명합니
까?"

공자께서 말씀하셨다. "사는 지나치고 상은 부족하지."

---

15. 상당한 경지에는 올랐지만 최고의 경지에는 아직 이르지 못했다는
    것을 비유한 말이다.

"그러면 사가 낫습니까?"

공자께서 말씀하셨다. "지나친 것은 모자란 것과 마찬가지이네."

16

계씨는 주공보다 더 부유했는데, 그의 가재(家宰)인 염구가 그를 위해 세금을 거두어 모아서 그를 더 부유하게 해주었다. 이에 공자께서 말씀하셨다. "그는 나의 제자가 아니다. 너희들은 북을 울리며 그를 공격해도 괜찮다."

17

시[16]는 어리석고 삼(증자)은 둔하고[17] 사(자장)는 형식에 치우치고[18] 유(자로)는 거칠다.[19]

18

공자께서 말씀하셨다. "회(안연)는 거의 도(道)를 터득했지

---

16. 시(柴)는 공자보다 30세 연하인 제자로, 성은 고(高), 시는 이름이며, 자는 자고(子羔)이다.
17. 증삼은 둔했지만 한편으로 매우 성실하여 공자의 만년 사상을 가장 깊이 이해한 제자로 알려져 있다.
18. 자장은 재능이 뛰어났지만 성실하지 못하여 형식적인 것만 대강대강 익혔다고 한다.
19. 자로는 성격이 강직하되 거칠었다고 한다.

만, 자주 쌀통이 빌 정도로 가난했다.[20] 사(자공)는 운명[21]을 그대로 받아들이지 않고 재산을 늘렸는데, 그의 예측은 여러 차례 적중했다."

19

자장이 선한 사람이 되는 길에 대해 여쭙자, 공자께서 말씀하셨다. "옛 성현의 가르침과 행적을 따르지 않으면, 역시 높은 경지에는 들어갈 수 없다."

20

공자께서 말씀하셨다. "말하는 것이 미덥다고 해서 그를 인정해준다면, 그가 군자다운 사람이라는 것이냐? 겉모습이 그럴듯한 사람이라는 것이냐?"

21

자로가 "좋은 말을 들으면 곧 실천해야 합니까?" 하고 여쭙자, 공자께서 말씀하셨다. "부형이 계시는데 어찌 듣는 대로 곧 행하겠느냐?"

---

20. 안빈낙도(安貧樂道)했다는 말이다. 또는 '마음을 비우다'로 풀이하기도 한다.
21. 주희는 빈부귀천의 운명이라고 보았으며 하안은 가르침〔教命〕이라고 보았다.

염유가 "좋은 말을 들으면 곧 실천해야 합니까?" 하고 여쭙자, 공자께서 말씀하셨다. "들으면 곧 행해야 한다."

공서화가 여쭈었다. "유(자로)가 '들으면 곧 실천해야 합니까?'라고 여쭈었을 때는 선생님께서 '부형이 계시는데…'라고 하셨는데, 구(염유)가 '들으면 곧 실천해야 합니까?'하고 여쭈었을 때는 '들으면 곧 행해야 한다'고 말씀하셨습니다. 저는 의아하여 감히 여쭙고자 합니다."

공자께서 말씀하셨다. "구(염유)는 소극적이기 때문에 적극적으로 나서게 한 것이고, 유(자로)는 남을 이기려 하기 때문에 물러서도록 한 것이다."

22

공자께서 광 땅에서 위험한 일을 당하셨을 때[22] 안연이 뒤늦게 도착하자, 공자께서 말씀하셨다. "나는 네가 죽은 줄로 알았구나."

"선생님께서 계신데 제가 어찌 감히 죽겠습니까?"

23

계자연[23]이 물었다. "중유와 염구는 큰 신하라고 할 만합니

---

22. 광 땅에서 겪은 일에 관해서는 「자한」 5장에도 나온 적이 있다.
23. 계자연(季子然)은 노나라의 세도가인 계씨(季氏)의 자제이다.

까?"

공자께서 말씀하셨다. "나는 선생께서 범상치 않은 질문을 하시리라 생각했는데, 겨우 유와 구에 대한 질문이시군요. 이른바 큰 신하란 도(道)로써 임금을 섬기다가, 제대로 할 수 없으면 그만두는 것입니다. 그런데 지금 유와 구는 자릿수나 채우는 신하라고 할 수 있을 것입니다."

"그렇다면 임금이 시키는 대로 따르기만 사는 사람들입니까?"

공자께서 말씀하셨다. "아버지나 임금을 시해하는 일 같은 것은 그래도 따르지 않을 것입니다."[24]

24

자로가 자고[25]를 비 땅의 읍재[26]로 삼자, 공자께서 말씀하셨다. "남의 자식을 망치는구나!"

자로가 말씀드렸다. "다스릴 백성이 있고 받들 사직[27]이 있

---

24. 이 당시 계씨가 자신의 세도를 믿고 임금의 자리를 넘보기까지 했기 때문에 공자가 이런 말을 한 것이다.
25. 자고(子羔)는 이 편 17장에 나온 고시(高柴)의 자이다.
26. 계씨의 관할 고을인 비(費) 땅의 읍재(邑宰)를 말한다.
27. 사(社)는 땅의 신이고 직(稷)은 곡식의 신이다. 따라서 '백성들을 다스리고 이러한 신들을 섬기는 것도 다 공부'라는 것이다. 또, 사직은 임금이 제사를 지내는 주요한 신이므로 '나라'를 상징하는 말로도 쓰였다. 이 경우 '백성들을 다스리고 나라 일을 돌보는 것도

는데, 하필 글을 읽은 다음에야 공부가 되었다고 하겠습니까?"[28]

공자께서 말씀하셨다. "이래서 말 잘하는 사람을 미워하는 것이다."

25

자로·증석·염유·공서화가 공자를 모시고 앉아 있을 때, 공자께서 말씀하셨다. "내가 너희들보다 나이가 조금 많기는 하지만, 그런 것을 의식하지 말고 얘기해보아라. 평소에 말하기를 '나를 알아주지 않는다'라고 하는데, 만일 너희를 알아주는 사람이 있다면 어떻게 하겠는가?"

자로가 불쑥 나서면서 대답하였다. "제후의 나라가 큰 나라들 사이에 끼어 있어서 군대의 침략을 당하고 거기에 기근까지 이어진다 하더라도, 제가 그 나라를 다스린다면 대략 3년 만에 백성들을 용감하게 하고 또한 살아갈 방향을 알도록 하겠습니다." 공자께서 미소 지으셨다.

"구(염유)야, 너는 어찌하겠느냐?"

염유가 대답하였다. "사방 60~70리 혹은 50~60리의 땅을

다 공부'라는 의미로 풀이될 수 있다. 여기서는 자고를 정치에 참여시키는 문제를 논하는 것이므로 후자가 더 적절하다.

28. 자고의 공부가 부족하긴 하지만 정치를 하는 것도 다 공부가 되지 않느냐는 자로의 반박이다.

제가 다스린다면, 대략 3년 만에 백성들을 풍족하게 할 수 있습니다. 하지만 그 곳의 예법이나 음악과 같은 것에 관해서는 군자를 기다리겠습니다."

"적(공서화)아, 너는 어찌하겠느냐?"

공서화가 대답하였다. "저는 '할 수 있다'고 말하기보다는, 배우고자 합니다. 종묘에서 제사 지낼 때 혹은 제후들이 천자를 알현할 때, 검은 예복과 예관을 갖추고 조금이나마 도움이 되기를 바랍니다."

"점(증석)아 너는 어찌하겠느냐?" 거문고를 타는 소리가 점차 잦아들더니, 뎅그렁하며 거문고를 밀어놓고 일어서서 대답하였다. "세 사람이 이야기한 것과는 다릅니다."

공자께서 말씀하셨다. "무슨 상관이 있겠느냐? 또한 각기 자기의 뜻을 말한 것이다."

증석이 말하였다. "늦은 봄에 봄옷을 지어 입은 뒤 어른 5~6명, 어린아이 6~7명과 함께 기수[29]에서 목욕을 하고 무우[30]에서 바람을 쐬고는 노래를 읊조리며 돌아오겠습니다." 공자께서 감탄하시며 말씀하셨다. "나는 점과 함께하련다."

세 사람이 나가고 증석이 뒤에 남았다. 증석이 여쭈었다. "저세 사람의 말이 어떻습니까?" 공자께서 말씀하셨다. "또한 각

---

29. 기수(沂水)는 강 이름이다.
30. 무우(舞雩)는 하늘에 비를 기원하는 제사를 지내던 곳이다.

각 자기의 뜻을 이야기했을 뿐이다."

"선생님께서는 무엇 때문에 유의 말에 미소를 지으셨습니까?"

"나라를 다스리는 것은 예(禮)로써 해야 하는데 그의 말이 겸손하지 않았기 때문에 미소 지은 것이다."

"구(염유)의 경우는 나라를 다스리는 것이 아니지 않습니까?"

"어찌 사방 60~70리 또는 50~60리인데 나라가 아니라고 생각하는 것이냐?"

"적(공서화)의 경우는 나라를 다스리는 것이 아니지 않습니까?"

"종묘의 일과 천자 알현하는 일이 제후의 일이 아니고 무엇이겠느냐? 적의 일을 작은 일이라고 한다면 누구의 일을 큰일이라고 할 수 있겠느냐?"

제12편

안연(顔淵)

1

안연이 인(仁)[1]에 대해서 여쭙자, 공자께서 말씀하셨다. "자기를 이겨내고 예(禮)로 돌아가는 것[2]이 인이다. 하루만이라도 자기를 이겨내고 예로 돌아가면, 천하가 인에 귀의할 것이다. 인을 실천하는 것이야 자신에게 달린 것이지 다른 사람에게 달린 것이겠느냐?"

안연이 여쭈었다. "그 구체적인 방법을 여쭙고자 합니다."

공자께서 말씀하셨다. "예가 아니면 보지 말고, 예가 아니면 듣지 말며, 예가 아니면 말하지 말고, 예가 아니면 움직이지 말아라."

---

1. 공자에게 인(仁)은 인간이 인간일 수 있는 가장 근본적인 덕목이다. 그 내용은 인간들 사이의 조화로운 관계를 이루어내는 모든 것을 포함하며, 그것을 형식화한 것이 예(禮)이다.
2. 자신의 사적인 욕망을 버리고 자연과 인간의 도리에 따라 예(禮)를 실천한다는 말이다. 주희는 예를 '자연의 이치가 구체적인 형식으로 드러난 것〔天理之節文〕'이라고 하였다.

안연이 말하였다. "제가 비록 총명하지는 못하오나, 이 말씀을 명심하고 실천하겠습니다."

2

중궁이 인에 대하여 여쭙자, 공자께서 말씀하셨다. "집 문을 나가서는 큰 손님을 대하듯이 하고, 백성을 부릴 때에는 큰 제사를 받드는 듯이 하며, 자기가 바라지 않는 일을 남에게 하지 말아야 한다.[3] 이렇게 하면 나라에서도 원망하는 이가 없고, 집안에서도 원망하는 이가 없을 것이다."

중궁이 말하였다. "제가 비록 총명하지는 못하오나, 이 말씀을 명심하고 실천하겠습니다."

3

사마우[4]가 인에 대하여 여쭙자, 공자께서 말씀하셨다. "인한 사람은 말하는 것을 조심한다."

"말하는 것을 조심하면 곧 그 사람을 인하다고 할 수 있습니까?"

---

3. 원문은 '기소불욕, 물시어인(己所不欲, 勿施於人)'이다. 자기가 바라지 않는 일을 남에게 하지 않음은 곧 '서(恕)'에 해당하는 내용으로, 예로써 상대방을 대하는 기본적인 마음 자세를 풀이하고 있다.
4. 사마우(司馬牛)는 공자의 제자로, 사마(司馬)는 성, 이름은 경(耕), 자는 자우(子牛)이다.

공자께서 말씀하셨다. "실천하는 것이 어려우니, 말하는 데 조심함이 없을 수 있겠느냐?"

4

사마우가 군자에 대해서 여쭙자, 공자께서 말씀하셨다. "군자는 근심하지도 않고 두려워하지도 않는다."

"근심도 하지 않고 두려워하지도 않으면, 곧 그 사람을 군자라고 할 수 있습니까?"

공자께서 말씀하셨다. "속으로 반성하여 거리낌이 없다면, 무엇을 근심하고 무엇을 두려워하겠느냐?"

5

사마우가 근심스럽게 말하였다. "남들은 모두 형제가 있는데 저만이 홀로 없습니다."

자하가 말하였다. "제가 듣건대 죽고 사는 것은 운명에 달려 있고, 부귀는 하늘에 달려 있다고 합니다. 군자가 경건한 마음을 가지고 한순간도 소홀함이 없이 노력하며, 남에게 공손하고 예의를 지킨다면, 온 세상의 사람들이 모두 형제입니다. 군자가 어찌 형제 없음을 근심하겠습니까?"

6

자장이 명석함[5]에 대해서 여쭙자, 공자께서 말씀하셨다. "서서히 젖어들게 하는 교묘한 참소와 피부에 와 닿는 듯한 절실한 하소연이 통하지 않는다면, 현명하다고 할 수 있다. 서서히 젖어들게 하는 교묘한 참소와 피부에 와 닿는 듯한 절실한 하소연이 통하지 않는다면, 멀리까지 내다볼 수 있을 만큼 밝은 안목을 가졌다고 할 수 있다."

7

자공이 정치에 대해서 여쭙자, 공자께서 말씀하셨다. "식량을 풍족하게 하는 것, 군비를 넉넉히 하는 것, 백성들이 믿도록 하는 것이다."

자공이 말하였다. "어쩔 수 없어서 한 가지를 버려야 한다면 이 세 가지 가운데 어느 것을 먼저 버려야 합니까?"

"군대를 버려라."

자공이 여쭈었다. "어쩔 수 없어서 한 가지를 버려야 한다면 남은 두 가지 가운데 어느 것을 먼저 버려야 합니까?"

"식량을 버려라. 예로부터 누구나 결국에는 죽지만, 나라는 백성들의 믿음이 없으면 존립하지 못한다."[6]

---

5. 사리사욕이나 편견에 가려지지 않은 밝은 지혜와 판단력을 말한다.
6. 백성들의 믿음이 없다면 식량의 생산·공급체계나 군대는 물론 나

8

극자성[7]이 말하였다. "군자는 본래의 바탕만 갖추고 있으면 되는 것이지, 겉모습이나 형식은 꾸며서 무엇하겠습니까?"

자공이 말하였다. "안타깝구려! 군자에 대해 선생이 그렇게 주장하는 것을 보니, 네 마리 말이 끄는 수레도 선생의 혀를 따르지는 못할 것입니다.[8] 무늬도 바탕만큼 중요하고, 바탕도 무늬만큼 중요합니다. 호랑이와 표범의 털 없는 가죽은 개와 양의 털 없는 가죽과 같기 때문입니다."[9]

9

애공이 유약에게 물었다. "한 해에 기근이 들어서 재정이 부족하면 어떻게 합니까?"

유약이 대답하였다. "어찌 10분의 1 과세법을 쓰지 않으십니까?"

"10분의 2도 나는 오히려 부족한데, 어떻게 그 10분의 1 과

라와 사회의 기반이 유지될 수 없다는 말이다.
7. 극자성(棘子成)은 위나라의 대부이다.
8. 혀의 힘이 이렇게 세다는 것이니, 극자성의 말(言)에 잘못이 대단히 크다는 의미이다.
9. 호랑이나 표범의 가죽도 털을 다 제거해 버리면 개나 양의 가죽과 다를 바 없다는 것이다. 그만큼 무늬도 중요하다는 것을 강조하는 비유이다.

세법[10]을 쓰겠습니까?"

유약이 대답하여 말하였다. "백성이 풍족하다면 임금께서 누구와 더불어 부족하겠습니까?[11] 백성이 부족하다면 임금께서 누구와 더불어 풍족하겠습니까?"

10

자장이 덕을 숭상하고 미혹됨을 분별하는 것에 대하여 여쭙자, 공자께서 말씀하셨다. "진심과 신의를 위주로 하고 도의를 실천하며 살아가는 것이 덕을 숭상하는 것이다. 좋아하면 그가 살기를 바라고 미워하면 그가 죽기를 바라는데, 이는 이미 그가 살기를 바라고서 또 그가 죽기를 바라는 것이니, 이것이 미혹된 것이다. '진실로 삶을 풍요롭게 하지도 못하고, 또한 다만 기이하게만 될 뿐이다'[12]라는 말도 있네."

---

10. 원문은 '철(撤)'로 '통하다, 균등하다'의 뜻으로, 천하에 균등하게 두루 통하는 과세법이라는 의미이다. 즉, 수입의 10분의 1을 과세하는 법이다.
11. 백성이 풍족하다면 임금은 당연히 풍족해진다는 말이다.
12. 이 구절은 『시경』「소아·아행기야(小雅·我行其野)」중 일부로, 앞의 말과 잘 이어지지 않는다. 정자(程子)는 이 구절이 「계씨」 12장의 앞으로 가야 한다고 보았다.

11

제나라 경공[13]이 공자에게 정치에 대하여 묻자, 공자께서 대답하셨다. "임금은 임금답고[14] 신하는 신하다우며, 아버지는 아버지답고 아들은 아들다워야 합니다."

경공이 말하였다. "훌륭하십니다! 진실로 만일 임금이 임금답지 못하고 신하가 신하답지 못하며 아버지가 아버지답지 못하고 아들이 아들답지 못하다면, 비록 곡식이 있은들 제가 그것을 얻어먹을 수 있겠습니까?"

12

공자께서 말씀하셨다. "한마디 말로 소송을 판결할 수 있는 사람은 바로 유(자로)로다! 자로는 승낙한 것을 묵혀두는 일이 없다."[15]

---

13. 경공(景公)은 제나라의 임금으로, 이름은 저구(杵臼)이다.
14. 원문은 '군군(君君)'이다. 앞의 글자가 주어이고 뒤의 글자가 술어이다. 뒤에 이어지는 구절들(臣臣, 父父, 子子)과 함께 공자의 정명론(正名論)을 대표하는 말이다. 음악을 연주할 때 각각의 악기가 자기에게 맡겨진 소리에 충실함으로써 아름다운 교향악을 만들어내듯이, 인간 사회에서는 각자에게 주어진 역할에 충실함으로써 조화롭고 안정된 사회를 만들어갈 수 있다는 말이다. 이는 춘추시대의 혼란을 극복하기 위해 공자가 제시한 주장이지만, 한편으로는 기존 사회의 기득권을 보호하려는 논리로 사용될 수도 있어 비판받기도 한다.
15. 원문은 '무숙낙(無宿諾)'이다. 주희는 승낙한 일은 곧바로 실천한

13

공자께서 말씀하셨다. "송사를 듣고 판결하는 것은 나도 남들과 다를 게 없겠지만, 반드시 해야 할 것은 송사가 없게 하는 것이다."

14

자장이 정치에 대해서 여쭙자, 공자께서 말씀하셨다. "위정자의 지위에 있을 때[16]는 게을리하지 말고, 정사를 처리할 때는 진실된 마음으로 해야 한다."

15

공자께서 말씀하셨다. "학문을 널리 배우고 예로써 단속을 하면, 또한 도리에 어긋나지 않을 것이로다!"[17]

16

공자께서 말씀하셨다. "군자는 남의 좋은 점은 충분히 발휘되도록 해주고 남의 나쁜 점은 발휘되지 않도록 해주지만, 소인은 이와 반대이다."

다는 의미로 풀었고 하안은 숙(宿)을 '미리(豫)'의 뜻으로 보아서, '함부로 미리 약속을 하지 않는다'라고 풀이하였다.
16. 주희는 '정치를 마음에 두고 있을 때'로 풀이하였다.
17. 「옹야」 25장에 같은 구절이 있다.

17

계강자가 공자에게 정치에 대하여 묻자, 공자께서 대답하셨다. "정치란 바르게 한다(正)는 것입니다. 선생께서 바른 도리로써 이끌어주신다면 누가 감히 바르지 않은 일을 하겠습니까?"

18

계강자가 도둑이 많은 것을 걱정하여 공자에게 조언을 구하자, 공자께서 말씀하셨다. "진실로 선생께서 욕심을 가지지 않으시면, 비록 상을 준다 하더라도 백성들은 도둑질을 하지 않을 것입니다."

19

계강자가 공자에게 정치에 대해서 물었다. "만일 무도한 자를 죽여서 올바른 도리로 나아가게 한다면 어떻겠습니까?"

공자께서 대답하셨다. "선생께서는 정치를 하는 데 어찌 죽이는 방법을 쓰시려 합니까? 선생께서 선해지고자 하면 백성들도 선해지는 것입니다. 군자의 덕은 바람이고 소인의 덕은 풀입니다. 풀 위에 바람이 불면, 풀은 반드시 눕기 마련입니다."[18]

---

18. 백성들은 위정자를 본받고 따르기 마련이라는 말이다.

20

자장이 여쭈었다. "선비는 어떻게 하면 통달했다[19]고 할 수 있습니까?"

공자께서 말씀하셨다. "네가 말하는 통달이란 것이 무엇이냐?"

자장이 대답하였다. "나라 안에서도 반드시 명성이 있고 집안에서도 반드시 명성이 있는 것입니다."

공자께서 말씀하셨다. "이는 명성이 있는 것이지 통달한 것이 아니다. 통달한다는 것은 본바탕이 곧고 의로움을 좋아하며, 남의 말을 잘 헤아리고 모습을 잘 살피며, 자신을 남보다 낮추어 생각하여, 나라 안에서도 반드시 통달하고 집안에서도 반드시 통달하는 것이다. 명성이 있다는 것은 겉모습은 인(仁)을 취하면서도 행실은 인에 어긋나고, 그렇게 살면서도 의심조차 없어서, 나라 안에서도 이름이 나고 집안에서도 이름이 알려지는 것이다."

21

번지가 무우[20]에서 공자를 따라서 노닐다가 여쭈었다. "감히

---

19. 무슨 일이든 잘 해내는 능력을 가졌다는 말인데, 공자는 여기서 인격 수양이 잘되어서 무슨 일을 하든 잘 해낸다는 의미를 강조하고 있다.
20. 무우는 앞 편 「선진」 25장에 나온 곳이다. 이곳에는 제단과 나무가

덕을 존중하는 것과 악한 마음을 다스리는 것과 미혹됨을 가려내는 것에 대하여 여쭙고자 합니다."

공자께서 말씀하셨다. "훌륭한 질문이로구나! 일을 먼저 하고 이득은 뒤로 미루는 것이 덕을 존중하는 것이 아니겠느냐? 자신의 악함을 공격하고 남의 악함을 공격하지 않는 것이 악한 마음을 다스리는 것이 아니겠느냐? 하루아침의 분노로 자기 자신을 잃고 그 화가 부모님에게까지 미치게 한다면, 미혹됨이 아니겠느냐?"

22

번지가 인(仁)에 대하여 여쭙자, 공자께서 말씀하셨다. "사람을 사랑하는 것이다."

앎(知)에 대하여 여쭙자, 공자께서 말씀하셨다. "사람을 알아보는 것이다."

번지가 그 뜻을 제대로 이해하지 못하자, 공자께서 말씀하셨다. "바른 사람을 등용하여 그릇된 사람의 위에 두면, 그릇된 사람을 바르게 만들 수 있을 것이다."

번지가 물러나와 자하를 보고 말하였다. "조금 전에 제가 선생님을 뵙고 앎(知)에 대해 여쭈었더니, 선생님께서는 '바른 사람을 등용하여 그릇된 사람의 위에 두면, 그릇된 사람을 바

있기 때문에 그 아래에서 노닌다고 한 것이다.

르게 만들 수 있을 것이다'라고 하셨는데, 무슨 뜻일까요?"

자하가 말하였다. "넉넉하도다, 말씀이시여! 순임금이 천하를 다스리실 때 여러 사람들 중에서 골라서 고요[21]를 등용하시니 인하지 않은 사람이 멀리 사라졌습니다. 탕임금이 천하를 다스릴 때는 여러 사람들 중에서 골라서 이윤[22]을 등용하시니 인하지 않은 사람들이 멀리 사라졌지요."

23

자공이 벗에 대하여 여쭙자, 공자께서 말씀하셨다. "진실된 마음으로 조언을 해주고 잘 인도하되, 그래도 할 수 없다면 그만둘 일이지, 스스로 욕을 보지는 말아라."[23]

24

증자가 말하였다. "군자는 학문으로 벗을 모으고, 벗을 통해서 인(仁)의 덕을 수양한다."

---

21. 고요(皐陶)는 순임금 때의 명신(名臣)으로 순임금에게 발탁된 후 법을 담당하는 사구(司寇)가 되어 사회 질서를 바로잡는 데 크게 기여했다.
22. 이윤(伊尹)은 탕임금의 재상으로 은나라를 세우는 데 기여한 공신이다.
23. 부모와의 관계는 혈연관계이므로 끊을 수 없는 것이지만, 친구나 임금과의 관계는 도의(道義)로 맺어지는 관계이므로 도의에 맞지 않으면 이미 친구나 임금이 아니라는 것이 유가의 입장이다.

제13편

자로(子路)

1

자로가 정치에 대하여 여쭙자, 공자께서 말씀하셨다. "먼저 앞장서서 솔선수범하고 몸소 열심히 일하여라."[1] 좀 더 설명해 주기를 청하자 말씀하셨다. "게을리함이 없어야 한다."

2

중궁이 계씨의 가재(家宰)가 되어 정치에 대해서 여쭙자, 공자께서 말씀하셨다. "먼저 실무자들에게 일을 분담시키고,[2] 작은 잘못은 용서해주며, 현명한 인재를 등용하여라."

"어떻게 현명한 인재를 알아서 등용합니까?"

---

1. 원문은 '선지노지(先之勞之)'이다. 주희는 '백성들의 할 일을 몸소 앞장서서 하고 백성들의 일을 몸소 열심히 하라'는 뜻으로 풀었다. 덕으로써 앞에서 이끌어주어서 백성들이 믿고 따르게 한 연후에 수고롭게 하면 백성들은 그 수고로움도 잊는다고 풀이하기도 한다.
2. 원문은 '선유사(先有司)'이다. 주희는 '먼저 유사(有司)에게 일을 맡기다'라고 풀었고 왕숙은 '먼저 유사를 임명하다'라고 풀었다. 유사는 실무를 담당하는 직책이다.

"네가 아는 사람을 등용하여라. 네가 알지 못하는 사람이야, 다른 사람들이 그를 내버려 두겠느냐?"[3]

3

자로가 여쭈었다. "위나라 임금이 선생님을 모시고 정치를 한다면, 선생님께서는 장차 무엇을 먼저 하시겠습니까?"

공자께서 말씀하셨다. "반드시 명분을 바로잡겠다."[4]

자로가 말하였다. "그런 것도 있습니까? 세상물정 모르시는 선생님이시여! 어째서 그것을 바로잡겠다고 하십니까?"[5]

공자께서 말씀하셨다. "어리숙하구나, 유(자로)야! 군자는 자기가 알지 못하는 것에 대해서는 대체로 가만히 내버려 두는 것이다. 명분이 바르지 못하면 말이 사리에 맞지 않고, 말이 사

---

3. 주변에서 현명한 사람을 등용한다는 평판이 나면, 모르는 사람 중에 현명한 인재가 있을 경우에 사람들이 알아서 천거할 것이라는 말이다.

4. 명분을 바로잡겠다[正名]는 말은 명칭에 걸맞은 실질을 갖추도록 하겠다는 말이다. 공자의 정명론(正名論)을 상징적으로 나타내는 말은 「안연」 11장의 "임금은 임금답고 신하는 신하다우며, 아버지는 아버지답고 아들은 아들다워야 한다[君君, 臣臣, 父父, 子子]"이다. 각자가 자신의 이름과 직위에 걸맞은 역할을 한다면, 춘추시대의 혼란을 극복하고 주나라 지배기와 같이 조화로운 계급사회를 이룩할 수 있다는 것이 공자의 주장이었다.

5. 자로는 정명(正名)을 급선무로 삼고 있는 공자의 생각이 옳지 않다고 생각했기 때문에 이렇게 말한 것이다.

리에 맞지 않으면 일이 이루어지지 않고, 일이 이루어지지 않으면 예와 음악이 흥성하지 못하고, 예와 음악이 흥성하지 못하면 형벌이 적절하지 않고, 형벌이 적절하지 않으면 백성들은 살아갈 방도가 없다. 그러므로 군자는 명분을 세우면 반드시 그에 대해 말을 할 수 있고, 말을 하면 반드시 실천을 할 수 있다. 군자는 그 말에 대해서 구차히 하는 일이 없어야 하는 것이다."

4

번지가 곡식 농사 짓는 법을 가르쳐달라고 하자, 공자께서 말씀하셨다. "나는 늙은 농부만 못하다." 채소 기르는 법을 가르쳐달라고 하자, "나는 늙은 채소 농사꾼만 못하다"라고 하셨다.

번지가 나가자 공자께서 말씀하셨다. "소인이로구나, 번수(번지)여! 윗사람이 예(禮)를 좋아하면 백성들은 감히 공경하지 않을 수 없고, 윗사람이 도의(義)를 좋아하면 백성들은 감히 복종하지 않을 수 없으며, 윗사람이 신의(信)를 좋아하면 백성들이 감히 진실되게 행동하지 않을 수 없다. 이렇게 하면 사방의 백성들이 자기 아이들을 포대기에 싸서 업고 모여 올 것인데, 곡식 기르는 법은 어디에 쓰겠느냐?"

5

공자께서 말씀하셨다. "『시경』의 시 삼백 편을 외운다 해도,

정치를 맡기면 잘 해내지 못하고, 사방에 사신으로 가서도 독자적으로 대응을 할 수 없다면, 비록 시를 많이 외운다고 하더라도 또한 그것이 무슨 소용이 있겠는가?"[6]

6

공자께서 말씀하셨다. "자기 자신이 올바르면 백성들은 명령을 내리지 않아도 자발적으로 행하고, 자기 자신이 올바르지 않으면 백성들은 명령을 내려도 따르지 않는다."[7]

7

공자께서 말씀하셨다. "노나라와 위나라의 정치는 형제간과 같이 상황이 비슷하다."[8]

---

6. 시는 사람과 만물의 실정을 그대로 담고 있으므로, 시를 잘 알면 자연과 인간의 이치를 알 수 있다고 공자는 생각했다. 그러한 시들을 정리해놓은 것이 바로 『시경』이고, 모두 305편의 시가 담겨 있다.
7. 정치의 근본을 위정자의 수양으로 돌리는 이러한 자세는 도덕적 이상사회를 지향하는 유가의 기본입장이다. 그러나 이는 한편으로 현실문제에 대한 구체적 대안 모색을 등한히 하는 잘못된 결과로 나타나기도 한다.
8. 노나라와 위나라는 본래 형제인 주공(周公)과 강숙(康叔)이 봉해진 나라였으므로 실제로 정치나 풍속이 유사한 형제의 나라라고 할 수 있다. 더욱이 당시 춘추시대에 혼란한 상황도 비슷했으므로 공자가 이러한 말을 한 듯하다.

8

공자께서 위나라 공자 형[9]에 대하여 말씀하셨다. "그는 집안을 잘 다스렸다. 처음 재산이 모이기 시작하자 '그런대로 필요한 만큼 모였다'고 하였고, 다소간 재산을 가지게 되자 '그런대로 다 갖추었다'고 하였고, 부유하게 되자 '그런대로 화려하다'고 하였다"[10]

9

공자께서 위나라로 가실 때 염유가 수레를 몰고 있었다. 공자께서 말씀하셨다. "백성들이 많구나!" 염유가 여쭈었다. "백성이 많은 다음에는 거기에 무엇을 더해주어야 합니까?"

"부유하게 해주어야 한다."

"부유하게 된 다음에는 또 무엇을 더 해주어야 합니까?"

"그들을 가르쳐야 한다."

10

공자께서 말씀하셨다. "진실로 나를 써주는 사람이 있다면, 일 년 만에 어느 정도 기강은 잡을 것이고, 삼 년이면 뭔가를

---

9. 위나라 공자(公子) 형(荊)은 위나라의 대부였다.
10. 당시에는 없으면서도 있는 척하며 허세를 부리는 풍토가 만연했는데, 재물에 대해 욕심 없고 겸손한 위나라 공자 형의 태도가 이렇게 말투에도 드러났다는 것이다.

이루어낼 것이다."

11

공자께서 말씀하셨다. "선한 사람이 백 년 동안 나라를 다스린다면, 잔악한 사람들은 교화시키고 사형할 일은 없어지게 된다. 진실이로다, 이 말은!"

12

공자께서 말씀하셨다. "만일 왕도정치를 행하는 사람이 있다 하더라도 반드시 한 세대 뒤에야 풍속이 인(仁)해질 것이다."

13

공자께서 말씀하셨다. "진실로 그 자신을 바르게 한다면 정치를 하는 데 무슨 문제가 있겠는가? 그 자신을 바르게 하지 못한다면 어떻게 남을 바르게 하겠는가?"

14

염자[11]가 계씨의 집에서 돌아오자, 공자께서 말씀하셨다. "어째서 늦었느냐?"

---

11. 염자(冉子)는 당시에 계씨(季氏)의 가재(家宰)였던 염구(冉求)를 가리킨다.

"정사(政事)가 있었습니다."

공자께서 말씀하셨다. "그 집안의 일이겠지. 만약 정사가 있었다면, 비록 내가 관직에 임용되지는 않았어도, 그 일에 관하여 들었을 것이다."[12]

15

정공이 물었다. "한마디로 나라를 흥하게 할 수 있는 그런 말이 있습니까?"

공자께서 대답하셨다. "말이란 그와 같이 결과를 기약할 수는 없는 것입니다. 그러나 사람들의 말에 '임금 노릇 하기도 어렵고 신하 노릇 하기도 쉽지 않다'고 합니다. 만일 임금 노릇 하기가 어렵다는 것을 안다면, 한마디 말로 나라를 흥하게 하기를 기약할 수 있지 않겠습니까?"

"한마디로 나라를 잃을 수 있는 그런 말이 있습니까?"

공자께서 대답하셨다. "말이란 그와 같이 결과를 기약할 수는 없는 것입니다. 그러나 사람들의 말에 '나는 임금 노릇 하는 데 즐거움이 없고, 다만 내가 말을 하면 내 뜻을 어기지는 않는다'고 합니다. 만일 그 말이 선하여 그것을 어기지 않는다면

---

12. 당시에는 대부(大夫)이면 관직에 있지 않더라도 나라의 일에 관해서 관여하여 돌아가는 사정을 들었다고 한다. 그러나 노나라의 세도가였던 계씨가 자기 집안에서 정치를 마음대로 하였으므로, 공자가 완곡하게 비난한 것이다.

또한 선하게 되지 않습니까? 만일 그 말이 선하지 않은데 그것을 어기지 않는다면, 한마디 말로 나라를 잃게 되기를 기약할 수 있지 않겠습니까?"

16

섭공이 정치에 대해서 묻자, 공자께서 말씀하셨다. "가까이 있는 사람들은 기뻐하고, 먼 데 있는 사람들은 찾아오도록 하는 것입니다."

17

자하가 거보[13]의 읍재(邑宰)가 되어 정치에 대해서 여쭙자, 공자께서 말씀하셨다. "빨리 성과를 보려 하지 말고, 작은 이익을 추구하지 말아라. 빨리 성과를 보려 하면 제대로 성과를 달성하지 못하고, 작은 이익을 추구하면 큰일이 이루어지지 않는다."

18

섭공이 공자에게 말하였다. "우리 마을에는 몸가짐이 정직한 사람이 있는데, 그의 아버지가 양을 훔치자 아들이 그 일을 증언했습니다."

---

13. 거보(莒父)는 노(魯)나라의 작은 고을 이름이다.

공자께서 말씀하셨다. "우리 마을의 정직한 사람은 그와 다릅니다. 아버지는 아들을 위해서 숨겨주고 아들은 아버지를 위해서 숨겨주지만, 정직함은 바로 그러는 가운데 있습니다."

19

번지가 인(仁)에 대해 여쭙자, 공자께서 말씀하셨다. "평소에 지닐 때는 공손하고, 일을 할 때는 경건하며, 남과 어울릴 때는 진심으로 대해야 하는 것이니, 비록 오랑캐의 땅에 가더라도 이를 버려서는 안 된다."

20

자공이 여쭈었다. "어떤 사람을 선비라고 할 수 있습니까?"

공자께서 말씀하셨다. "자신의 행동에 대해 부끄러워할 줄 알고, 사방에 사신으로 가서도 임금의 명을 욕되게 하지 않는다면, 선비[14]라고 할 수 있다."

"감히 그다음 수준을 여쭙겠습니다."

"일가친척들이 효성스럽다고 칭찬하고, 마을 사람들이 공손하다고 칭찬하는 사람이다."

"감히 그다음 수준을 여쭙겠습니다."

---

14. 선비(士)는 도덕적 품성과 지식을 갖추고, 다른 사람들에게 모범이 될 수 있는 유가의 이상적 지식인상을 말한다.

"말에는 반드시 신의가 있고 행동에는 반드시 성과가 있다면, 융통성 없는 소인이긴 할지라도, 그래도 그다음 수준이라고 할 수 있다."

"요즘 정치하는 사람들은 어떻습니까?"

공자께서 말씀하셨다. "아아, 그릇이 작은 사람들이야 따져 볼 가치가 있겠느냐?"

21

공자께서 말씀하셨다. "중도(中道)를 실천하는 사람[15]과 함께할 수 없다면, 반드시 꿈이 큰 사람이나 고집스러운 사람과 함께하리라! 꿈이 큰 사람은 진취적이고, 고집스러운 사람은 하지 않는 바가 있기 때문이다."[16]

22

공자께서 말씀하셨다. "남쪽 나라 사람들의 말에 '사람이 일정함이 없으면, 무당이나 의사처럼 천한 노릇도 할 수가 없

---

15. 원문은 '중행(中行)'이다. 포함(包咸)은 행동에 중용을 지킬 수 있는 사람으로 풀었고, 주희는 행(行)을 도(道)와 같은 뜻으로 보아 '중도(中道)'로 풀이하기도 한다.
16. 하지 않는 바가 있다는 말은 지혜롭지는 못할지라도 옳지 않다고 생각되는 일은 절대로 하지 않는다는 말이다.

다'[17]고 하였는데, 좋은 말이로다! '그 덕이 일정하지 않으면 수치스러운 일을 당할 것이다'[18]라는 말도 있다"

공자께서 말씀하셨다. "그것은 점을 치지 않아도 알 수 있다."[19]

23

공자께서 말씀하셨다. "군자는 사람들과 화합하지만 부화뇌동하지는 않고, 소인은 부화뇌동하지만 사람들과 화합하지는 못한다."[20]

24

자공이 여쭈었다. "마을 사람들이 모두 그를 좋아한다면 어떻겠습니까?"

공자께서 말씀하셨다. "그 정도로는 아직 안 된다."

---

17. 주희는 무당이나 의사 노릇도 할 수가 없다는 뜻으로 풀었고, 정현은 무당이나 의사조차도 고칠 수 없다는 뜻으로 풀었다.
18. 『주역』 항괘(恒卦) 구삼(九三)의 효사(爻辭)이다.
19. 정현과 황간은 그 덕이 일정하지 않은 사람은 점을 쳐도 알 수가 없고 또한 점을 쳐볼 필요도 없다는 뜻으로 풀이하였으며, 주희는 뜻이 분명하지 않다고 하였다.
20. 군자는 각자의 의견이 다르면서도 화합을 이루지만, 소인은 쉽게 동화되면서도 각자의 이익을 추구하기 때문에 화합을 이루지 못한다는 말이다.

"마을 사람들이 모두 그를 미워한다면 어떻겠습니까?"

공자께서 말씀하셨다. "그 정도로는 아직 안 된다. 마을의 선한 사람들은 그를 좋아하고, 그 마을의 선하지 않은 사람들은 그를 미워하는 것만은 못한 것이다."

25

공자께서 말씀하셨다. "군자는 섬기기는 쉬워도 기쁘게 하기는 어렵다. 그를 기쁘게 하려 할 때 올바른 도리로써 하지 않으면 기뻐하지 않는다. 그러나 군자가 사람을 부릴 때는 그 사람의 역량에 따라 일을 맡긴다. 소인은 섬기기는 어려워도 기쁘게 하기는 쉽다. 그를 기쁘게 하려 할 때는 올바른 도리로써 하지 않더라도 기뻐한다. 그러나 소인이 사람을 부릴 경우에는 능력을 다 갖추고 있기를 요구한다."[21]

26

공자께서 말씀하셨다. "군자는 느긋하되 교만하지 않고, 소인은 교만하되 느긋하지 않다."

---

21. 능력을 고려하지 않고 무리하게 일을 맡겨놓고는 능력이 모자람을 탓한다는 말이다.

27

공자께서 말씀하셨다. "강직함과 의연함과 질박함과 어눌함은 모두 인(仁)에 가깝다."

28

자로가 여쭈었다. "어떻게 하면 선비라고 말할 수 있습니까?"

공자께서 말씀하셨다. "서로 진심으로 격려하며 노력하고, 잘 화합하며 즐겁게 지내면, 선비라고 할 수 있다. 벗 사이에서는 서로 진심으로 격려하며 노력하고, 형제간에는 잘 화합하며 즐겁게 지내는 것이다."

29

공자께서 말씀하셨다. "선한 사람이 백성들을 7년 동안 가르친다면, 전쟁에 나아가게 할 수 있다."

30

공자께서 말씀하셨다. "백성들을 가르치지 않고서 전쟁을 하게 하는 것은 바로 그들을 버리는 것이다."

제14편

헌문(憲問)

1

원헌[1]이 수치에 대해서 여쭙자, 공자께서 말씀하셨다. "나라에 도(道)가 행해지고 있을 때도 자리만 차지하고 앉아서 녹봉이나 받아 먹고, 나라에 도가 행해지지 않을 때도 관직에서 물러나지 않고 녹봉을 받아 먹는 것이 수치스러운 일이다."[2]

2

"남을 이기려 하고, 자기를 과시하고, 남을 원망하고, 욕심내는 일을 하지 않으면 인(仁)하다고 할 수 있습니까?"

공자께서 말씀하셨다. "하기 어려운 일이라고는 할 수 있지

---

1. 원헌(原憲)은 공자의 제자로 성은 원(原), 이름은 헌(憲)이며, 자는 자사(子思)이다. 「옹야」 3장에 원사(原思)로 나온다.
2. 주희의 해석에 의하면 나라에 도가 행해질 때는 도의 실현을 위해 적극적으로 나서서 일을 하지 않는 것이 수치이고, 도가 행해지지 않을 때는 관직에서 물러나지 않는 것이 수치라는 것이다. 공안국과 황간은 앞의 구절을 '나라에 도가 행해질 때는 벼슬을 하지만' 이라고 긍정적인 의미로 풀이하였다.

만, 인한 것인지는 나도 모르겠다."

3

공자께서 말씀하셨다. "선비로서 안락하게 살려는 생각을 품고 있다면, 선비가 되기에 부족하다."[3]

4

공자께서 말씀하셨다. "나라에 도(道)가 행해지고 있으면 지조 높은[4] 말을 하고 지조 높게 행동을 하지만, 나라에 도가 행해지지 않으면 행동은 지조 높게 하되 말은 공손하게 해야 한다."

5

공자께서 말씀하셨다. "덕(德)이 있는 사람은 바른말을 하지만, 바른말을 하는 사람이라고 반드시 덕이 있는 것은 아니다. 인(仁)한 사람은 반드시 용기를 가지고 있지만, 용감한 사람이라고 해서 반드시 인한 것은 아니다."

---

3. 진정한 도의 실현을 위해서는 안락함이나 부귀영화는 언제든지 포기할 수 있어야 한다는 것을 강조하고 있다.
4. 원문 '위(危)'를 주희는 '높다'는 뜻으로 풀었고 포함과 황간은 '엄하다', '날카롭다'는 뜻으로 풀었다.

6

남궁괄⁵이 공자에게 여쭈었다. "예⁶는 활을 잘 쏘았고 오⁷는 배를 끌고 다닐 만큼 힘이 셌지만, 모두 제명에 죽지 못했습니다. 그러나 우임금⁸과 직⁹은 몸소 농사를 지었는데도 천하를 차지하였습니다."

공자께서 대답하지 않으셨다.

남궁괄이 밖으로 나가자, 공자께서 말씀하셨다. "군자로구나, 그 사람은! 덕을 숭상하는구나, 그 사람은!"

---

5. 남궁괄(南宮适)은 공자의 제자로 자가 자용(子容)이었으므로 남용(南容)이라고도 불렸다. 그에 대한 공자의 칭찬은 「공야장」 2장과 「선진」 5장에도 보인다.

6. 예(羿)는 유궁(有窮)의 임금으로 활을 잘 쏘았다고 한다. 그의 신하인 한착(寒浞)에게 죽임을 당했다.

7. 오(奡)는 요(澆)라고도 하며, 한착(寒浞)의 아들로 육지에서 배를 끌고 다닐 만큼 힘이 세었다고 한다. 하나라 임금인 소강(少康)에게 죽임을 당했다.

8. 우임금은 하나라의 첫 임금으로, 치수(治水)를 잘하여 중원에 사람들이 살 수 있게 하였다고 하며, 그 공으로 순임금에게서 천하를 물려받았다.

9. 직(稷)은 백성들에게 농사짓는 법을 가르쳐주었다고 하며, 주나라를 세운 문왕과 무왕이 그의 후손이었기 때문에 천하를 소유하였다고 한 것이다.

7

공자께서 말씀하셨다. "군자로서 인(仁)하지 못한 사람은 있어도, 소인으로서 인한 사람은 없다."

8

공자께서 말씀하셨다. "그를 사랑하면서, 수고롭게 하지 않을 수 있겠는가? 그를 진심으로 대하면서, 깨우쳐주지 않을 수 있겠는가?"

9

공자께서 말씀하셨다. "정나라에서 사신이 지니고 갈 외교 문서를 만들 때는 비심[10]이 초안을 작성하고, 세숙[11]이 검토하며 논의하고, 행인[12]인 자우[13]가 문장을 다듬고, 동리[14]의 자산[15]이 매끄럽게 손질하였다."

---

10. 비심(裨諶)은 정나라 대부의 이름이다.
11. 세숙(世叔)은 정나라의 대부인 유길(游吉)이다.
12. 행인(行人)은 사신에 관한 일을 관장하는 관리이다.
13. 자우(子羽)는 정나라의 대부인 공손휘(公孫揮)이다.
14. 동리(東里)는 자산(子産)이 살던 곳의 지명이다.
15. 자산은 정나라의 대부인 공손교(公孫僑)의 자이다. 당시 정나라를 부강하게 만든 뛰어난 정치가였다. 다음 장과 「공야장」 15장에서도 공자는 자산을 칭찬했다.

10

어떤 사람이 자산에 대하여 여쭙자, 공자께서 말씀하셨다. "은혜로운 사람이다." 자서[16]에 대해서 여쭙자, "그 사람이야, 그 사람이지"[17]라고 말씀하셨다. 관중[18]에 대해서 여쭙자, 공자 께서 말씀하였다. "인물이다. 그 사람은 백씨[19]의 변읍[20] 삼백 호를 빼앗았는데, 백씨는 평생토록 거친 밥을 먹고 지내면서 도, 원망하는 말을 하지 않았다."

11

공자께서 말씀하셨다. "가난하면서 원망하지 않기는 어렵지 만, 부자이면서 교만하지 않기는 쉽다."

---

16. 자서(子西)에 대해 마융은 정나라 대부인 공손하(公孫夏)로 보고, 주희는 초나라의 공자(公子)인 신(申)으로 보고 있다. 그런데 앞 장 에서부터 정나라의 인물에 관한 이야기가 이어지고, 특히 자산과 함께 언급되는 것을 고려할 때, 자산과 한집안의 형제로서 동시대 인물이었던 공손하로 보는 편이 타당할 것이다.
17. 특별히 언급할 가치가 없는 인물이라는 뜻이다.
18. 공자는 「팔일」 22장에서는 관중이 예를 모른다고 비판했으며, 이 편의 17, 18장에서는 그의 능력을 칭찬하였다.
19. 백씨(伯氏)는 제나라의 대부로, 이름은 언(偃)이다.
20. 변읍(駢邑)은 제나라의 지명이다.

12

공자께서 말씀하셨다. "맹공작[21]은 조씨나 위씨[22] 집안의 가노[23]가 되기에는 충분하지만, 등나라나 설나라[24]의 대부는 될 수가 없다."[25]

13

자로가 완성된 인간에 대해서 여쭙자, 공자께서 말씀하셨다. "장무중[26]의 지혜와 맹공작의 욕심 없음과 변장자[27]의 용기와 염구의 재주를 갖추고, 이를 예(禮)와 음악으로 다듬는다면 완성된 인간이라고 할 수 있다." 그러고는 다시 말씀하셨다. "오늘날의 완성된 인간이야 어찌 반드시 그러하겠느냐? 이익될 일을 보면 의로운가를 생각하고, 나라가 위태로운 것을 보

---

21. 맹공작(孟公綽)은 노나라의 대부이다.
22. 조씨(趙氏)와 위씨(魏氏) 집안은 모두 진(晉)나라의 세도가인 경(卿)의 집안으로, 웬만한 제후국들보다도 규모가 컸다.
23. 가노(家老)는 가신(家臣)의 우두머리이다. 당시에 조(趙)나 위(魏)처럼 세력이 큰 집안은 제후국도 능가할 정도였으므로, 그 집안의 가노는 관직은 없었지만 존경을 받았다.
24. 등(滕)나라와 설(薛)나라는 모두 규모가 작은 제후국이었다.
25. 대부(大夫)는 직접 국정을 맡아서 처리해야 되는 관직이므로, 맹공작처럼 단지 청렴하고 욕심 없는 인물의 일로는 적절치 않다는 말이다.
26. 장무중(臧武仲)은 노나라의 대부 장손흘(臧孫紇)을 가리킨다.
27. 변장자(卞莊子)는 노나라 변읍(卞邑)의 대부였다.

면 목숨을 바치며, 오래된 약속일지라도 평소에 한 그 말들을 잊지 않는다면, 또한 완성된 인간이라고 할 수 있다."

14

공자께서 공명가[28]에게 공숙문자[29]에 대해 물으셨다. "정말입니까? 그분은 말하지도 않고 웃지도 않으며 재물을 취하지도 않습니까?"

공명가가 대답하였다. "선생님께 말씀드린 사람이 지나쳤습니다. 그분은 말할 때가 된 후에 말하기 때문에 남들이 그의 말을 싫어하지 않고, 즐거운 연후에 웃기 때문에 남들이 그의 웃음을 싫어하지 않으며, 의로운 것임을 안 후에 취하므로 남들이 그의 취함을 싫어하지 않는 것입니다."

공자께서 말씀하셨다. "그렇습니까? 어찌 그럴 수 있습니까?"

15

공자께서 말씀하셨다. "장무중은 방[30]고을을 근거로 삼고서 노나라에 후계자를 세워주기를 요구했으니, 비록 임금에게 강

---

28. 공명가(公明賈)는 위나라 사람으로, 공명이 성이고 가가 이름이다.
29. 공숙문자(公叔文子)는 위나라의 대부인 공손발(公孫拔)이며, 문(文)은 시호이다.
30. 방(防)은 장무중이 봉해진 고을의 이름이다.

요하지는 않았다고 말하더라도 나는 그 말을 믿지 않는다."[31]

16

공자께서 말씀하셨다. "진나라 문공[32]은 술수를 쓰고 바른 도리를 지키지 않았지만, 제나라 환공[33]은 바른 도리를 지키고 술수를 쓰지 않았다."[34]

17

자로가 여쭈었다. "제나라 환공이 공자 규[35]를 죽이자, 소홀[36]은 그를 위해 죽었는데 관중은 죽지 않았으니, 인(仁)하지 않다고 해야겠지요?"

---

31. 앞의 13장에서는 장무중이 지혜로운 인물로 일컬어졌지만, 여기서는 그의 분수에 넘친 행동을 비판한 것이다.
32. 진(晉)나라 문공(文公)은 이름이 중이(重耳)이며, 춘추시대에 패자(覇者)가 되었던 춘추오패(春秋五覇)의 한 사람이었다.
33. 제나라 환공(桓公)은 이름이 소백(小白)이며, 역시 춘추오패의 한 사람이었다.
34. 공자는 주나라 중심의 중원 질서가 무너졌던 그 시대에 대표적인 강자가 되었던 두 사람을 비교한 것이다.
35. 공자(公子) 규(糾)는 제나라 환공의 이복형제이다. 제나라 양공(襄公)이 죽은 후 환공과의 왕권다툼에서 패하여 죽임을 당했다. 이때 공자 규를 추종했던 소홀(召忽)은 그를 따라 죽었지만, 그의 편에 섰었던 관중은 오히려 환공에게 추천되어 재상이 되었다.
36. 소홀은 제나라의 대부로 공자 규의 스승이었다.

공자께서 말씀하셨다. "환공이 제후들을 규합하면서도[37] 군사력으로 하지 않은 것은 관중의 힘이었다. 그만큼만 인하면 되리라! 그만큼만 인하면 되리라!"[38]

18

자공이 말하였다. "관중은 인(仁)한 사람이 아닙니다. 환공이 공자 규를 죽였는데, 따라 죽지도 못하고 오히려 그를 도와주었습니다."

공자께서 말씀하셨다. "관중이 환공을 도와 제후들 사이에서 패권을 잡게 하여 천하를 바로잡았고, 백성들이 지금에 이르도록 그 은혜를 받고 있다. 관중이 없었더라면 우리는 머리를 풀어 헤치고 옷깃을 왼쪽으로 여미는 오랑캐가 되었을 것이다. 어찌 보통 사람들이 사소한 신의를 지키기 위해 스스로 도랑에서 목매어 죽은 뒤, 아무도 알아주는 사람이 없게 되는 것과 같겠느냐?"

---

37. 원문은 '구합(九合)'이다. 주희는 구(九)를 '규(糾)'로 보아 '(제후들을) 모으다, 규합하다'로 풀이하였다. 황간은 글자 그대로 '아홉 번 모으다'로 풀이하였다.

38. 관중도 완전하게 인하다고는 할 수 없겠지만, 관중만큼만 인하면 된다는 의미이다. 주희는 '수여기인(誰如其仁)'의 '수(誰)'가 생략된 것으로 보아, '누가 그의 인(仁)만 하겠는가?'라고 관중을 적극적으로 칭찬하는 것으로 풀이하였다.

19

공숙문자의 가신(家臣)인 대부 선(僎)이 공숙문자와 함께 조정의 신하가 되었다. 공자께서 이를 들으시고 말씀하셨다. "시호를 '문(文)'이라고 할 만하다."

20

공자께서 위나라 영공의 무도(無道)함을 말씀하시자, 계강자가 말하였다. "그런데도 어째서 망하지 않습니까?"

공자께서 말씀하셨다. "중숙어[39]가 나라의 손님 대접을 담당하고, 축타[40]는 종묘의 제사를 담당하고, 왕손가는 군대를 맡고 있습니다. 이러한데 어찌 그가 망하겠습니까?"

21

공자께서 말씀하셨다. "자신의 말에 대해 부끄러움을 가지지 않는다면, 그것을 실천하기 어렵다."

22

진성자[41]가 제나라의 간공[42]을 시해하자, 공자께서 목욕재계

---

39. 중숙어(仲叔圉)는 위나라의 대부인 공문자(孔文子)를 말한다.
40. 축타(祝鮀)는 위나라 대부이며 자는 자어(子魚)이다.
41. 진성자(陳成子)는 제나라의 대부로, 이름은 항(恒)이다.
42. 간공(簡公)은 제나라의 임금으로, 이름은 임(壬)이며 도공(悼公)의

하고 입조(入朝)하시어, 노나라 애공에게 아뢰었다. "진항이 그의 임금을 시해하였으니 그를 토벌하십시오."

애공이 말하였다. "세 대부들에게 말하시오."[43]

공자께서 말씀하셨다. "나는 대부의 뒷자리라도 쫓아다니는 처지이기에 감히 아뢰지 않을 수 없었는데,[44] 임금께서는 세 대부들에게 말하라고 하시는군요." 공자께서는 세 대부들에게 가서 말씀하셨으나, 모두 안 된다고 하였다. 공자께서 말씀하셨다. "나는 대부의 뒷자리라도 쫓아다니는 처지이기에 감히 알리지 않을 수 없었습니다."

23

자로가 임금 섬기는 데 대해서 여쭙자, 공자께서 말씀하셨다. "속이지 말고, 임금의 앞에서 바른말을 하라."

아들이다.

43. 세 대부들은 당시 노나라의 세도가였던 세 집안의 대부 맹손씨, 숙손씨, 계손씨를 말한다. 당시 노나라는 제나라보다 국력이 매우 약한 데다가, 또한 이들 세 집안의 세력이 너무 강해서 임금이 나랏일을 마음대로 할 수가 없었기 때문에 이들에게 말하라고 한 것이다.

44. 당시 노나라와 제나라의 국력 차이나 노나라의 내부 사정으로 볼 때, 제나라를 토벌하자는 의견이 받아들여지지 않으리란 것은 공자도 알고 있었지만, 나라의 대부(大夫)로서 의리에 따른 입장을 말하지 않을 수 없었다는 말이다.

24

공자께서 말씀하셨다. "군자는 고상한 데로 나아가고, 소인
은 세속적인 데로 나아간다."[45]

25

공자께서 말씀하셨다. "옛날에 공부하는 사람들은 자신의
수양을 위해서 했는데, 요즘 공부하는 사람들은 남에게 인정
받기 위해서 한다."

26

거백옥[46]이 공자에게 사람을 보내자, 공자가 그와 더불어 앉
아서 물으셨다. "선생님께서는 어떻게 지내시오?"

사자(使者)가 대답하였다. "선생님께서는 자신의 단점을 줄
이려고 하시지만 아직 잘 안 되는 모양입니다."

사자가 나가자, 공자께서 말씀하셨다. "사자답구나! 사자답
구나!"[47]

---

45. 군자는 천리(天理)와 도의(道義)를 추구하기 때문에 높은 데로 나
    아가고(上達), 소인은 사사로운 이익과 욕구를 추구하기 때문에,
    낮은 데로 나아간다(下達)는 말이다.
46. 거백옥(蘧伯玉)은 위나라의 대부로, 성은 거(蘧), 이름은 원(瑗)이
    다. 공자가 위나라에 있을 때 그의 집에 머문 적이 있어서, 노나라
    로 돌아온 후 거백옥이 사람을 보내온 것이다.
47. 예의에 어긋나지 않게 그의 윗사람을 칭찬하며 근황을 전해주었기

27

공자께서 말씀하셨다. "그 직위에 있지 않다면 그 직위에서 담당해야 할 일을 꾀하지 말아야 한다."[48]

28

증자가 말하였다. "군자는 생각하는 것이 자기의 위치를 벗어나지 않는다."

29

공자께서 말씀하셨다. "군자는 그의 말이 행동을 넘어서는 것을 부끄러워한다."[49]

30

공자께서 말씀하셨다. "군자의 도(道)가 세 가지 있는데, 나는 그것을 실천하지 못하고 있다. 인(仁)한 사람은 근심하지 않고, 지혜로운 사람은 미혹되지 않고, 용감한 사람은 두려워

때문에 이렇게 말한 것이다.
48. 「태백」14장에도 위의 구절과 똑같은 내용이 있다.
49. 위의 번역은 황간과 형병의 풀이에 따랐으나, 주희의 풀이에 따라 '말을 함부로 하는 것을 부끄러워하고, 행동이 말을 능가하도록 한다'고 해석하기도 한다. 그러나 이는 내용상 매끄러운 해석은 아닌 듯하다.

하지 않는다는 것이다."

자공이 말하였다. "선생님께서는 스스로에 대해 말씀하신 것이다."

31

자공이 사람들을 비교하자, 공자께서 말씀하셨다. "사는 똑똑한가 보구나? 나는 (내 공부도 벅차서) 그럴 겨를이 없다."

32

공자께서 말씀하셨다. "남이 나를 알아주지 않음을 걱정하지 말고 자신의 능력이 없음을 걱정하라."

33

공자께서 말씀하셨다. "남이 나를 속이지 않을까를 미리 경계하여 대비하지도 않고, 남이 나를 믿지 않을까를 미리 생각하지도 않으면서, 도리어 그것을 미리 아는 사람이 바로 현명한 사람이다."

34

미생무[50]가 공자에게 말하였다. "당신은 무엇 때문에 아등바

---

50. 미생무(微生畝)는 미생이 성이고, 무는 이름이다. 주희에 따르면

등하며 돌아다니시오? 말재주를 가지고 세상에 영합하려는 것이 아니오?"

공자께서 말씀하셨다. "말재주나 부리려는 것이 아닙니다. 세상이 고루함을 근심하는 것입니다."

35

공자께서 말씀하셨다. "천리마란 그 힘을 일컫는 것이 아니라, 그 덕(잘 조련된 것)을 일컫는 것이다."

36

어떤 사람이 여쭈었다. "덕(德)으로써 원한을 갚으면 어떻겠습니까?"

공자께서 말씀하셨다. "그러면 덕은 무엇으로 갚겠는가? 원한은 그릇된 것을 바로잡는 마음으로 갚고, 덕은 덕으로 갚는 것이다."

37

공자께서 말씀하셨다. "나를 알아주는 사람이 없구나!"

자공이 말하였다. "어찌 선생님을 몰라주겠습니까?"

공자의 이름을 부른 것을 볼 때 그는 나이가 많고 덕이 있는 은자였을 것이라고 한다.

공자께서 말씀하셨다. "하늘을 원망하지 않고, 다른 사람을 탓하지 않는다. 일상적인 일들을 배워서 심오한 이치에까지 도달하였으니, 나를 알아주는 것은 저 하늘이로다!"

38

공백료[51]가 계손씨에게 자로를 모함하자, 자복경백[52]이 공자에게 그 사실을 아뢰었다. "그분(계손씨)은 분명히 공백료에게 마음이 미혹되어 있지만, 저의 힘이면 오히려 공백료를 죽여서 시체를 시장이나 조정[53]에 내걸 수 있습니다."

공자께서 말씀하셨다. "도(道)가 장차 행해지는 것도 하늘의 뜻(命)이고 도가 장차 폐해지는 것도 하늘의 뜻이다. 공백료가 하늘의 뜻을 어찌하겠느냐?"

39

공자께서 말씀하셨다. "현명한 사람은 도가 행해지지 않는 세상을 피하고, 그다음은 어지러운 지역을 피하고, 그다음은 무례한 사람을 피하고, 그다음은 그릇된 말을 하는 사람을 피

---

51. 공백료(公伯寮)는 노나라 사람으로 공백은 성이고, 료가 이름이다.
52. 자복경백(子服景伯)은 노나라의 대부로, 자복이 성이고, 경은 시호이며, 백은 자이고, 이름은 하(何)이다.
53. 대부(大夫) 이상은 조정에 내걸고, 사(士) 이하는 시장에 내건다고 한다.

한다."

40

공자께서 말씀하셨다. "세상을 떠나 숨어 산 사람이 일곱 사람[54] 있었다."

41

자로가 석문[55]에서 묵게 되었는데, 문지기가 물었다. "어디에서 오셨소?"

자로가 말하였다. "공씨 문하에서 왔습니다."

"그 안 되는 일인 줄 알면서도 그 일을 하는 사람 말인가요?"

42

공자께서 위나라에서 경쇠[56]를 두드리며 연주하고 계셨는데, 삼태기를 메고 공자의 집 문앞을 지나가던 어떤 사람이 말

---

54. 이 일곱 사람에 대해서 포함은 장저(長沮), 걸익(桀溺), 장인(丈人), 석문(石門), 하궤(荷蕢), 의봉인(儀封人), 초광접여(楚狂接輿)라고 하였고, 왕필(王弼)은 백이(伯夷), 숙제(叔齊), 우중(虞仲), 이일(夷逸), 주장(朱張), 유하혜(柳下惠), 소련(少連)이라고 하였다. 그러나 주희는 굳이 이렇게 인물을 찾아서 실증하는 것은 천착이라고 비판하였다.
55. 석문(石門)은 노나라 성문의 하나이다.
56. 경쇠(磬)는 돌이나 옥으로 만든 타악기이다.

하였다. "마음에 미련이 남아 있구나, 경쇠를 두드리는 모습이여!"

조금 있다가 다시 말하였다. "비루하구나, 땡땡거리는 소리여![57] 자기를 알아주지 않으면 그만인 것이로다. 물이 깊으면 아래옷을 벗고 건너고 물이 얕으면 옷을 걷어올리고 건널 일이다."

공자께서 말씀하셨다. "세상을 버리는 것은 과감하지만, 그런 일이야 어려울 게 없지."

43

자장이 여쭈었다. "『서경』에 이르기를 '고종[58]께서 묘막(墓幕)에서 3년 동안을 말하지 않고 지내셨다'[59]고 하는데, 무슨 의미입니까?" 공자께서 말씀하셨다. "비단 고종뿐이겠는가? 옛 사람들은 모두 그러했다. 임금이 돌아가시면 모든 관리들은 자기의 직무를 다하며, 삼 년 동안 재상의 지휘를 따랐다."

---

57. 공자가 자기 주장을 펼치기 위해 세상을 돌아다니는 모습을 비꼬는 뜻을 담고 있다.
58. 고종(高宗)은 은나라를 중흥시켰던 왕인 무정(武丁)을 말한다.
59. 『서경』 「무일(無逸)」에 나오는 구절이다. 고종이 은나라 왕으로 즉위한 후 그의 아버지 소을(小乙)이 죽었을 때의 일을 이야기한 것이다.

44

공자께서 말씀하셨다. "윗사람이 예(禮)를 좋아하면, 백성들은 부리기가 쉬워진다."

45

자로가 군자에 대하여 여쭙자, 공자께서 말씀하셨다. "자기 수양을 통하여 경건해져야 한다."

"그렇게만 하면 됩니까?"

"자기 수양을 통하여 다른 사람들을 편안하게 해주어야 한다."

"그렇게만 하면 됩니까?"

"자기 수양을 통하여 백성들을 편안하게 해주어야 한다. 자기 수양을 통하여 백성들을 편안하게 해주는 것은 요임금과 순임금마저도 어렵게 여겼던 일이다."

46

원양[60]이 다리를 벌리고 앉아서 기다리고 있었는데, 공자께서 이를 보시고는 "어려서는 공손하게 어른 모실 줄도 모르고, 자라서는 남이 알아줄 만한 것도 없고, 늙어서는 죽지도 않으

---

60. 원양(原壤)은 노나라 사람이며, 공자의 옛 친구로 어머니가 죽었을 때도 노래를 불렀다고 한다.

니, 이는 사람들에게 피해만 주는 놈이다"라고 하시며, 지팡이로 그의 정강이를 내려치셨다.

47

퀄당[61]의 동자가 어른들의 심부름을 하고 있었는데, 어떤 사람이 여쭈었다. "공부를 쌓아 나가는 아이입니까?"

공자께서 말씀하셨다. "내가 보니, 저 아이는 어른 자리에 앉고,[62] 손윗사람과 나란히 걸어다닙니다. 공부를 쌓아 나가려는 아이가 아니라 빠른 성취를 바라는 아이인 모양입니다."

---

61. 퀄당(闕黨)은 고을 이름으로 공자가 살았던 퀄리(闕里)라고도 한다.
62. 동자는 본래 자리가 없이 귀퉁이에 앉아야 했다.

제15편

위령공(衛靈公)

1

위나라 영공이 공자에게 진법(陳法)에 대하여 묻자, 공자께서 대답하셨다. "제사에 관한 일은 일찍이 들어 알고 있지만, 군사에 관한 일은 배우지 못했습니다." 그러고는 이튿날 드디어 위나라를 떠나셨다.

진나라에서 양식이 떨어지고, 따르던 사람들은 병이 나서 일어날 수도 없게 되었다. 그러자 자로가 성이 나서 찾아뵙고 말하였다. "군자도 궁할 때가 있습니까?"

공자께서 말씀하셨다. "군자는 곤궁함을 참고 견딜 수 있지만, 소인은 곤궁하면 곧 함부로 행동한다."

2

공자께서 말씀하셨다. "사야, 너는 내가 많은 것을 배워서 그것들을 기억하고 있는 사람이라고 생각하느냐?"

자공이 대답하였다. "그렇습니다. 아닙니까?"

"아니다. 나는 하나의 이치로 모든 것을 꿰뚫고 있다."[1]

3

공자께서 말씀하셨다. "유(자로)야, 덕을 아는 사람이 드물구나."

4

공자께서 말씀하셨다. "인위적인 작위가 없이 나라를 다스린 사람이 순임금이로다! 어떻게 하였을까? 몸가짐을 공손히 하고 바르게 임금의 자리를 지키고 계셨을 뿐이다."[2]

5

자장이 어떻게 처세하면 세상에서 뜻을 펼칠 수 있는가에 대하여 여쭙자, 공자께서 말씀하셨다. "말이 진실되고 미더우며 행동이 독실하고 경건하면, 비록 오랑캐의 나라에서라도 뜻을 펼칠 수 있다. 그러나 말이 진실되고 미덥지 않으며 행실이 독실하고 경건하지 않으면, 비록 자기 마을에서인들 뜻을 펼칠 수 있겠는가? 서 있을 때는 그러한 덕목이 눈앞에 늘어서 있는 듯하고, 수레에 타고 있을 때는 그것들이 멍에에 기대어 있는 듯이 눈에 보인 다음에야 세상에 통할 것이다."

---

1. 「리인」 15장에서도 나온 어구이고, 증자(曾子)는 그 내용을 '충(忠)'과 '서(恕)'로 설명했다.
2. 임금이 먼저 도덕적인 모범을 보임으로써 백성들이 자연스럽게 따르도록 했다는 말이다.

자장이 예복의 띠에 이 말씀을 적어두었다.

6

공자께서 말씀하셨다. "곧구나, 사어[3]여! 나라에 도(道)가 행해질 때도 화살처럼 곧았고, 나라에 도가 행해지지 않을 때도 화살처럼 곧았다. 군자로다, 거백옥이여! 나라에 도가 행해지면 벼슬을 하고, 나라에 도가 행해지지 않으면 능력을 거두어 감출 수 있었구나."

7

공자께서 말씀하셨다. "더불어 말을 해야 할 때 더불어 말을 하지 않으면 사람을 잃고, 더불어 말하지 않아야 할 때 더불어 말하면 말을 잃는다. 지혜로운 사람은 사람도 잃지 않고 말도 잃지 않는다."

8

공자께서 말씀하셨다. "뜻 있는 선비와 인(仁)한 사람은 살기 위해 인을 해치지 않으며, 자신의 목숨을 바쳐서 인을 이룬다."

---

3. 사어(史魚)는 위나라의 대부 사추(史鰍)를 말한다. 주희는 사(史)
    를 관직명이라고 하였다.

9

자공이 인(仁)을 행하는 방법에 대하여 여쭙자, 공자께서 말씀하셨다. "기술자는 그의 일을 잘하려고 할 때 반드시 먼저 자신의 연장을 잘 손질한다. 마찬가지로 어떤 나라에 살든지, 그 나라의 대부들 중 현명한 사람을 섬기고, 그 나라의 선비들 중 인한 사람과 벗해야 한다."

10

안연이 나라를 다스리는 데 대하여 여쭙자, 공자께서 말씀하셨다. "하나라의 역법[4]을 쓰고, 은나라의 수레[5]를 타며, 주나라의 예관[6]을 쓰고, 음악은 순임금의 것을 따르며, 정나라의 음악을 몰아내고, 교묘하게 말 잘하는 사람을 멀리해야 한다. 정나라의 음악은 음란하고, 교묘하게 말 잘하는 사람은 위태롭기 때문이다."

---

4. 하나라의 역법(曆法)에 대해서 하안은 사계절의 변화와 잘 맞는다고 했다. 황간은 자연의 이치에 따라 사람들의 생활과 잘 부합한다고 했으며 주희는 실제로 역법에 따라 살아가는 사람을 기준으로 한다고 했다.
5. 주나라 이래로 금이나 옥으로 장식한 수레가 나왔으므로, 은나라 때의 나무로 만든 소박한 수레를 추천한 것이다.
6. 예복은 예법이 가장 잘 정비되었던 주나라의 것을 기준으로 해야 한다는 것이다.

11

공자께서 말씀하셨다. "사람이 멀리 내다보며 깊이 생각하지 않으면, 반드시 가까운 근심이 있게 된다."

12

공자께서 말씀하셨다. "다 끝났구나! 나는 아직 덕(德) 좋아하기를 아름다운 여자 좋아하듯이 하는 사람을 보지 못하였다."

13

공자께서 말씀하셨다. "장문중[7]은 그 직위를 도둑질한 자로다. 그는 유하혜[8]의 현명함을 알고서도 그를 추천하여 함께 조정에 서지 않았다."

14

공자께서 말씀하셨다. "자신에 대해서는 스스로 엄중하게 책임을 추궁하고, 다른 사람에 대해서는 가볍게 책임을 묻는다면, 원망을 멀리할 수 있다."

---

7. 「공야장」 17장에도 그의 분수에 넘치는 행위에 대해 공자가 비판한 내용이 있다.
8. 유하혜(柳下惠)는 노나라의 대부이며, 성은 전(展), 이름은 획(獲)이고, 자는 금(禽)이다. 유하(柳下)는 그의 식읍(食邑)이고 혜(惠)는 시호이다.

15

공자께서 말씀하셨다. "'어찌하면 좋을까, 어찌하면 좋을까'
하며 고민하고 노력하지 않는 사람이라면, 나도 정말 어찌할
수가 없다."

16

공자께서 말씀하셨다. "여럿이 모여 하루 종일 지내면서도,
의로운 일에 대해서는 이야기하지 않고 작은 꾀나 짜내기를
좋아한다면, 곤란한 문제로다!"

17

공자께서 말씀하셨다. "군자는 의로움으로 바탕을 삼고, 예
(禮)에 따라 행동하며, 공손한 몸가짐으로 드러내고, 신의로써
이루어내는 것이다. 이것이 군자로다!"

18

공자께서 말씀하셨다. "군자는 자신의 무능함을 근심하지,
남이 자기를 알아주지 않음을 근심하지 않는다."

19

공자께서 말씀하셨다. "군자는 죽은 뒤에 이름이 일컬어지
지 않을까를 근심한다."

20

공자께서 말씀하셨다. "군자는 일의 원인을 자기에게서 찾고, 소인은 남에게서 원인을 찾는다."

21

공자께서 말씀하셨다. "군자는 자긍심을 지니지만 다투지는 않고, 여럿이 어울리지만 편당을 가르지는 않는다."

22

공자께서 말씀하셨다. "군자는 그 사람의 말만 듣고서 사람을 등용하지 않으며, 그 사람만 보고서 그의 의견까지 묵살하지는 않는다."

23

자공이 여쭈었다. "한마디 말로 평생토록 실천할 만한 것이 있습니까?"

공자께서 말씀하셨다. "그것은 서(恕)⁹로다! 자기가 원하지

---

9. 서(恕)는 충(忠)과 함께 공자의 인(仁)사상을 실현하는 중요한 방법으로 『논어』에서 거듭 강조되고 있다.(「리인」 15장, 「안연」 2장) 충(忠)이 진실된 마음으로 상대를 대하는 비교적 소극적 자세라면, 서(恕)는 내가 원치 않는 것을 남에게 하지 않고 내가 원하는 것을 남에게 먼저 해주는, 보다 적극적인 자세이다.

않는 것을 남에게 하지 않는 것이다."

24

공자께서 말씀하셨다. "내가 사람들에 대해서 누구를 비난하고 누구를 칭찬하더냐? 만약 칭찬한 사람이 있다면, 그는 이미 시험을 해본 것이다. 이 백성들은 하·은·주 삼대에 바른 도(道)로 다스려 온 사람들이기 때문에, 함부로 칭찬하거나 비난할 수가 없는 것이다."

25

공자께서 말씀하셨다. "나는 그래도 사관이 의심스러운 글을 빼놓는 것[10]과 말을 가진 사람이 남에게 빌려주어 타게 하는 것[11]을 보았었는데, 지금은 그런 일들이 없어졌구나!"

26

공자께서 말씀하셨다. "교묘한 말은 덕(德)을 어지럽히고, 작은 일을 참지 못하면 큰 계획을 그르친다."

---

10. 분명한 사실로 확인되지 않는 내용의 글을 사관이 제외시키는 것을 말한다. 즉, 과거에는 그런 양심적인 사관이 있었다는 것이다.
11. 서로 돕고 살았던 과거의 풍습을 말하는 것이다.

27

공자께서 말씀하셨다. "많은 사람들이 미워한다 해도 반드시 잘 살펴보아야 하며, 많은 사람들이 좋아한다 해도 반드시 잘 살펴보아야 한다."

28

공자께서 말씀하셨다. "사람이 도(道)를 넓힐 수 있는 것이지 도가 사람을 넓히는 것이 아니다."

29

공자께서 말씀하셨다. "잘못이 있어도 고치지 않는 것, 이것이 바로 잘못이다."

30

공자께서 말씀하셨다. "나는 일찍이 종일토록 먹지 않고 밤새도록 자지 않고서 사색을 해보았지만, 유익함은 없었고, 공부하는 것만 못했다."[12]

---

12. 여기서는 사색보다 공부가 유익함을 강조했지만, 「위정」 15장에서는 공부와 사색이 병행되어야 함을 밝혔다(學而不思則罔, 思而不學則殆).

31

공자께서 말씀하셨다. "군자는 도(道)를 추구하지, 밥을 추구하지 않는다. 농사를 지어도 굶주림에 대한 걱정은 그 안에 있지만,[13] 공부를 하면 녹봉이 그 안에 있다.[14] 그러므로 군자는 도를 걱정하지, 가난을 걱정하지 않는다."

32

공자께서 말씀하셨다. "지혜가 거기(맡은 직책)에 미치더라도 인(仁)으로 그것을 지킬 수 없으면, 비록 얻는다 하더라도 반드시 잃는다. 지혜가 거기에 미치고 인으로 그것을 지킬 수 있더라도, 엄숙한 자세로 임하지 않으면, 백성들이 공경하지 않는다. 지혜가 거기에 미치고, 인으로 그것을 지킬 수 있고, 엄숙한 자세로 임하더라도, 백성들을 동원할 때 예(禮)로써 하지 않으면, 잘되지 않을 것이다."

33

공자께서 말씀하셨다. "군자는 작은 일은 잘 못해도 큰일은 맡아 할 수 있고, 소인은 큰일은 감당 못해도 작은 일은 잘할

---

13. 굶주림에 대한 걱정이 그 안에 있다. 농사를 지으면 오히려 흉년이 들든가 하여 굶주리지 않을까 하는 걱정을 피할 수 없다는 말이다.
14. 도를 추구하며 성실하게 공부하다 보면 녹봉은 자연히 따라오게 된다는 말이다.

수 있다."

34

공자께서 말씀하셨다. "백성들에게 인(仁)은 물이나 불보다 훨씬 더 좋다. 물이나 불이라면, 나는 거기에 빠져 죽은 사람을 보았지만, 인에 빠져 죽었다는 사람은 아직 보지 못하였다."

35

공자께서 말씀하셨다. "인(仁)을 행할 상황에서는 스승에게 도 양보해서는 안 된다."

36

공자께서 말씀하셨다. "군자는 바른 길을 따를 뿐이지, 무조건 신념을 고집하지는 않는다."

37

공자께서 말씀하셨다. "임금을 섬길 때는, 먼저 맡은 직분을 경건히 수행하고 그 녹봉은 나중에 생각해야 한다."

38

공자께서 말씀하셨다. "가르침에 있어서는 차별을 두지 않는다."

39

공자께서 말씀하셨다. "추구하는 도(道)가 같지 않으면 함께 일을 꾀하지 않는다."

40

공자께서 말씀하셨다. "말은 뜻을 정확히 전달하면 그만이 다."

41

맹인인 악사 면[15]이 뵈러 왔을 때, 섬돌에 이르자, 공자께서 는 "섬돌입니다"라고 말씀하셨고, 자리에 이르자, 공자께서는 "자리입니다"라고 말씀하셨으며, 모두 앉자, 공자께서는 그에 게 "아무개는 여기에 있고 아무개는 여기에 있습니다"라고 일 러주셨다. 악사 면이 나가자 자장이 여쭈었다. "그렇게 하는 것 이 맹인 악사와 말씀하실 때의 도리입니까?" 공자께서 말씀하 셨다. "그렇다. 그것이 본래 맹인 악사를 도와주는 도리이다."

---

15. 면(冕)은 악사의 이름이다.

제16편

계씨(季氏)

1

계손씨가 전유[1]를 정벌하려 하자, 염유와 자로[2]가 공자를 찾아뵙고 말씀드렸다. "계씨가 전유에 대해 일을 벌이려고 합니다."

공자께서 말씀하셨다. "구(염유)야! 그것은 너의 잘못이 아니겠느냐? 전유는 옛날 선왕께서 동몽주[3]로 삼으셨고, 또한 우리나라의 영역 안에 있다.[4] 이는 이 나라 사직의 신하라는 것인데[5] 어째서 정벌한다는 것이냐?"

염유가 말하였다. "계씨가 그렇게 하려는 것이지, 저희 두 신하는 둘 다 원하지 않습니다."

---

1. 전유(顓臾)는 당시 노나라의 속국이었다.
2. 이 당시 공자의 제자인 염유와 자로는 계손씨의 가신(家臣)이었다.
3. 동몽주(東蒙主)는 동쪽에 있는 몽산(蒙山)의 제사를 주관하는 자리, 즉 동몽산의 제주(祭主)를 말한다.
4. 노나라의 속국이므로 그 영역 안이라고 한 것이다.
5. 이 역시, 전유가 노나라의 속국이므로 전유의 사람들도 노나라의 신하임을 지적한 것이다.

공자께서 말씀하셨다. "구야! 주임[6]이 말하기를 '능력을 다 발휘해서 벼슬자리에 나아가되, 능력이 안 되는 사람은 그만두어야 한다'고 하였다. 위태로운데도 도와주지 않고 넘어가는데도 붙잡아주지 않는다면, 그런 신하를 장차 어디에 쓰겠느냐? 또한 너의 말이 잘못되었다. 호랑이나 외뿔소가 우리에서 뛰쳐나오고, 점치는 거북이나 귀한 옥이 궤 속에서 깨졌다면, 이는 누구의 잘못이겠느냐?"

염유가 말하였다 "지금 전유는 성곽이 견고한 데다가 계씨의 관할인 비[7]에 가깝기 때문에, 지금 빼앗지 않으면 후세에 반드시 자손들의 근심거리가 될 것입니다."

공자께서 말씀하셨다. "구야! 군자는 자기가 원한다고 솔직하게 말하지 않고 그것을 위하여 말을 꾸며대는 것을 미워한다. 내가 듣건대, 국가[8]를 다스리는 사람은 백성이나 토지가 적은 것을 걱정하지 말고 분배가 균등하지 못한 것을 걱정하며, 가난한 것을 걱정하지 말고 평안하지 못한 것을 걱정하라고 했다. 대개 분배가 균등하면 가난이 없고, 서로가 화합을 이루면 백성이 적은 것이 문제될 리 없으며, 평안하면 나라가 기울어질 일이 없다. 그렇기 때문에 먼 곳에 있는 사람들이 복종

---

6. 주임(周任)은 옛날의 훌륭한 사관(史官)이었다고 전해진다.
7. 비(費)는 계손씨 관할의 고을 이름이다.
8. 공안국에 따르면 국(國)을 다스리는 사람은 제후(諸侯)이고 가(家)를 다스리는 사람은 경(卿)·대부(大夫)이다.

하지 않으면 문화와 덕망[9]을 닦아서 그들이 따라오도록 하고, 온 다음에는 그들을 평안하게 해주는 것이다. 그런데 지금 유(자로)와 구는 계씨를 돕는다면서도, 먼 곳의 사람들이 복종하지 않는데 따라오게 하지도 못하고, 나라가 조각조각 떨어져 나가는데도 지키지 못하며, 나라 안에서 군사를 동원하려 꾀하고 있구나. 내가 걱정되는 것은, 계손씨의 근심이 전유 땅에 있는 것이 아니라, 그 집안에 있다는 것이다."[10]

2

공자께서 말씀하셨다. "천하에 도(道)가 행해지면 예악[11]과 정벌[12]이 천자로부터 나오고, 천하에 도가 행해지지 않으면 예악과 정벌이 제후로부터 나온다. 그것이 제후로부터 나오면 대체로 십대 안에 정권을 잃지 않는 일이 드물고, 그것이 대부로부터 나오면 오대 안에 정권을 잃지 않는 일이 드물며, 그것

---

9. 원문은 문덕(文德)이다. 외적인 문화와 내적인 덕망을 말한다. 가까이 있는 사람을 강제로 복종시키는 무력 대신에, 멀리 있는 사람들까지도 진심으로 따를 수 있게 하는 방법으로 제시한 것이다.

10. 계손씨의 집안에 문제가 있다는 말로, 그중에서도 제 임무를 제대로 수행하지 못하면서 자리만 지키고 있는 염유와 자로 같은 가신(家臣)이 문제라는 말이다.

11. 예악(禮樂)은 예법과 음악, 문물과 제도 등 주요한 문화 전반을 가리킨다.

12. 정벌(征伐)은 잘못된 것을 무력으로 공격하여 바로잡는 일이다.

이 가신(家臣)으로부터 나오면 삼대 안에 정권을 잃지 않는 일이 드물다. 천하에 도가 행해지면 정치권력이 대부의 손에 있지 않으며, 천하에 도가 행해지면 일반 백성들이 정치를 논하지 않는다."

3

공자께서 말씀하셨다. "관리 임명권이 노나라의 조정을 떠난 지 5대[13]가 되었고, 정치권력이 대부의 손에 들어간 지 4대[14]가 되었다. 그러므로 삼환[15]의 자손들도 세력이 쇠약해지는 것이다."

4

공자께서 말씀하셨다. "유익한 벗이 셋이 있고 해로운 벗이 셋이 있다. 정직한 사람을 벗하고, 신의가 있는 사람을 벗하고, 견문이 많은 사람을 벗하면 유익하다. 위선적인 사람[16]을 벗하

---

13. 노나라의 선공(宣公) 이후로 성공(成公)·양공(襄公)·소공(昭公)·정공(定公)까지를 말한다.
14. 노나라의 계문자(季文子)에서부터 무자(武子)·평자(平子)·환자(桓子)까지를 말한다.
15. 삼환(三桓)은 환공(桓公)의 후손으로 노나라의 세도가가 되었던 중손(仲孫, 뒤에 孟孫으로 바뀜)·숙손(叔孫)·계손(季孫)을 가리킨다. 애공(哀公) 때에 이르러 쇠약해졌다고 한다.
16. 원문은 '편벽(便辟)'이다. 주희는 겉으로 위엄만 부리면서 실제로

고, 아첨 잘하는 사람을 벗하고, 말만 잘하는 사람을 벗하면 해롭다."

5

공자께서 말씀하셨다. "좋아하면 유익한 것이 세 가지가 있고 좋아하면 해로운 것이 세 가지가 있다. 예악(禮樂)의 절도를 따르기를 좋아하고, 남의 좋은 점을 말하기를 좋아하고, 현명한 벗을 많이 사귀기를 좋아하면 유익하다. 교만하게 즐기기를 좋아하고, 방탕하게 노는 데 빠지기를 좋아하고, 주색에 싸여 음란하게 놀기를 좋아하면 해롭다."

6

공자께서 말씀하셨다. "군자를 모실 때 저지르기 쉬운 세 가지 잘못이 있다. 말할 때가 되지 않았는데 말하는 것을 조급하다고 한다. 말해야 할 때가 되었는데도 말하지 않는 것을 속마음을 숨긴다고 한다. 얼굴빛을 살펴보지도 않고 말하는 것을 눈뜬장님이라고 한다."

정직하지는 않은 사람, 즉 위선적이고 가식적인 사람이라고 풀이했고, 마음은 '벽(辟)'을 '피(避)' 즉 '회피하다'로 보아서 '남에게 미움받는 일을 교묘하게 피하는 사람'으로 풀이했다.

7

공자께서 말씀하셨다. "군자에게는 세 가지 경계해야 할 일이 있다. 젊을 때는 혈기가 안정되지 않으므로 정욕(情慾)을 경계해야 한다. 장년이 되어서는 혈기가 막 왕성해지므로 다툼을 경계해야 한다. 노년이 되어서는 혈기가 이미 쇠약해졌으므로 탐욕을 경계해야 한다."

8

공자께서 말씀하셨다. "군자에게는 세 가지 두려워해야 할 일이 있다. 천명(天命)을 두려워해야 하고, 위대한 성인(聖人)을 두려워해야 하며, 성인의 말씀을 두려워해야 한다. 소인은 천명을 알지 못하여 두려워하지 않고, 위대한 성인에게 함부로 대하며, 성인의 말씀을 무시한다."

9

공자께서 말씀하셨다. "태어나면서부터 아는 사람은 최상이고, 배워서 아는 사람은 그다음이며, 곤란한 지경에 처하여 배우는 사람은 또 그다음이고, 곤란한 지경에 처하여도 배우지 않는 사람은 백성들 중에서도 최하이다."

10

공자께서 말씀하셨다. "군자에게는 항상 생각하는 것이 아홉 가지 있다. 볼 때에는 밝게 볼 것을 생각하고, 들을 때에는 똑똑하게 들을 것을 생각하며, 얼굴빛은 온화하게 할 것을 생각하고, 몸가짐은 공손하게 할 것을 생각하며, 말을 할 때는 진실하게 할 것을 생각하고, 일을 할 때에는 경건하게 할 것을 생각하며, 의심이 날 때에는 물어볼 것을 생각하고, 성이 날 때에는 뒤에 겪을 어려움을 생각하며, 이득될 것을 보았을 때에는 그것이 의로운 것인가를 생각한다."

11

공자께서 말씀하셨다. "선한 것을 보면 마치 거기에 미치지 못할 듯이 열심히 노력하고, 선하지 않은 것을 보면 마치 끓는 물에 손을 넣은 듯이 재빨리 피해야 한다는데, 나는 그런 사람을 보았고 그런 말도 들었다. 숨어 삶으로써 자신의 뜻을 추구하고, 의로움을 실천함으로써 자신의 도를 달성해야 한다는데, 나는 그런 말은 들었지만 그런 사람은 아직 보지 못하였다."

12

제나라 경공은 말을 사천 필이나 가지고 있었지만, 그가 죽는 날에는 백성들 중에 그의 덕을 칭찬하는 사람이 없었다.[17]

---

17. 원문은 '무덕이칭(無德而稱)'이다. '덕(德)'을 '득(得)'으로 해야 한다는 적호(翟灝)의 설에 따라, '그에 대해 칭송할 것이 없었다'로 풀이할 수도 있다.

백이와 숙제는 수양산 아래서 굶어 죽었지만, 사람들은 지금까지도 그들을 칭송하고 있다. 그것은 바로 이것을 말하는 것인가?[18]

13

진강[19]이 백어[20]에게 물었다. "당신은 특별한 가르침을 들은 것이 있습니까?"

백어가 대답하였다. "없습니다. 예전에 홀로 서 계실 때 제가 종종걸음으로 걸어서 안뜰을 지나가는데, '시를 공부했느냐?' 하고 물으셨습니다. '아직 못했습니다' 하고 대답했더니, '시를 공부하지 않으면 남들과 말을 잘 할 수가 없다'라고 하셔서, 저는 물러나 시를 공부했습니다. 다른 날에 또 홀로 서 계실 때 제가 종종걸음으로 걸어서 안뜰을 지나가는데, '예(禮)를 공부했느냐?'라고 물으셨습니다. '아직 못했습니다' 하고 대답했더

---

18. 원문은 '기사지위여(其斯之謂與)'이다. 왕숙은 '이것이 바로 덕으로써 칭송한다는 것인가'라는 뜻으로 풀이한다. 그러나 다른 장과 달리 누구의 말인지도 밝혀져 있지 않고 그 내용이 분명하지 않아서, 잘못 끼어든 말이 아닌가 하는 논란이 있는 구절이다.

19. 진강(陳亢)은 위나라 사람이며, 진은 성이고, 강은 이름이며, 자는 자금(子禽)이다. 공자의 제자라고도 하고 자공(子貢)의 제자라고도 한다. 「학이」 10장에 자공에게 공자에 대해 묻는 이야기가 나온다.

20. 백어(伯魚)는 공자의 아들이며, 이름은 리(鯉)이고, 백어는 그의 자이다.

니, '예를 공부하지 않으면 남들 앞에 설 수가 없다'라고 하셔서, 저는 물러나 예를 공부했습니다. 제가 들은 것은 이 두 가지입니다."

진강이 물러 나와 기뻐하면서 말하였다. "하나를 물어서 세 가지를 알게 되었다. 시에 대하여 듣고, 예에 관하여 들었으며, 또 군자는 자기 자식에게 거리를 둔다는 것을 알게 되었다."[21]

14

나라 임금의 아내를, 임금이 부를 때는 부인(夫人)이라 하고, 부인이 스스로 부를 때는 소동(小童)이라 하며, 그 나라의 사람들이 부를 때는 군부인(君夫人)이라 하고, 다른 나라 사람들에게 이야기할 때는 과소군(寡小君)이라 하며, 다른 나라 사람들이 부를 때도 또한 군부인(君夫人)이라 한다.

---

21. 자기 자식이라도 바른 도리에 따라 가르칠 뿐, 특별히 편애를 하지 않는다는 뜻이다.

제17편

양화(陽貨)

1

양화[1]가 공자를 뵙고자 하였으나 공자께서 만나주시지 않자, 공자께 삶은 돼지고기를 선물로 보냈다.[2] 공자께서는 그가 없는 때를 타서[3] 사례하러 가시다가 길에서 그와 마주치셨다. 양화가 공자에게 말했다. "어서 오십시오. 제가 당신과 하고 싶은 이야기가 있습니다." 양화가 이어서 말했다. "귀한 재주를 품고 있으면서도 자기 나라를 어지럽게 놓아둔다면[4] 인(仁)하다고 할 수 있겠습니까?"

---

1. 양화(陽貨)는 양호(陽虎)라고도 하며, 노나라 계씨(季氏)의 가신(家臣)으로서 노나라의 국정을 좌우했다.
2. 공자를 만나려 해도 만나주지 않자, 먼저 선물을 보내서 공자가 예법에 따라 찾아오게 하려 한 것이다.
3. 예법에 따르면 선물을 보내왔을 때는 그 집에 가서 사례를 해야 했으나, 공자는 권력을 농단하는 양화를 만나지 않으려 했으므로 양화가 없는 틈을 기다린 것이다.
4. 재능을 가지고 있으면서도 관직에 나아가 나라가 혼란한 것을 구제하지 않는 것이 곧 나라를 미혹시키는 것(迷其邦)이라는 뜻이다.

"그렇다고 할 수 없지요."

"정치에 종사하기를 좋아하면서도 자주 때를 놓친다면 지혜롭다고 할 수 있겠습니까?"

"그렇다고 할 수 없지요."

"시간은 흘러가는 것이니, 세월이 나와 함께 머물지 않습니다."

공자께서 말씀하셨다. "알겠습니다. 나도 장차 관직을 맡을 것입니다."

2

공자께서 말씀하셨다. "타고난 본성은 서로 비슷하지만, 무엇을 어떻게 익히는가에 따라 차이가 나게 된다."[5]

3

공자께서 말씀하셨다. "오직 최상급의 지혜로운 사람과 최하급의 어리석은 사람만은 바뀌지 않는다."

4

공자께서 무성[6]에 가시어 현악기를 연주하며 부르는 노래를

---

5. 사람의 본성은 큰 차이가 없지만, 학문과 수양을 어떻게 하는가에 따라 차이가 나게 된다는 말이다.
6. 무성(武城)은 노나라의 작은 고을로, 당시 자유(子游)가 무성의 읍

들으셨다. 선생께서는 빙그레 미소 지으시며 말씀하셨다. "닭을 잡는 데 어찌 소 잡는 칼을 쓰느냐?"

자유가 대답하였다. "예전에 제가 선생님께 듣기로는 '군자가 도(道)를 배우면 남을 사랑하고, 소인이 도를 배우면 부리기가 쉽다'고 하셨습니다."

공자께서 말씀하셨다. "애들아, 언(자유)의 말이 옳다. 아까 한 말은 농담일 뿐이다."

5

공산불요[7]가 비 땅을 근거지로 하여 반란을 일으키고 공자를 부르자, 공자께서 가려 하셨다. 자로가 기분 나빠 하며 말하였다. "가실 데가 없으시면 그만이지, 하필이면 공산씨에게로 가려 하십니까?"

공자께서 말씀하셨다. "나를 부르는 사람이 어찌 공연히 부르겠느냐? 나를 써주는 사람이 있다면, 나는 그곳을 동쪽의 주나라[8]로 만들 것이로다!"

재(邑宰)였다.

7. 공산불요(公山弗擾)는 공산이 성, 불요가 이름이며 불뉴(不狃)라고도 한다. 그는 당시 계환자(季桓子)의 읍재(邑宰)였는데, 양호와 함께 계환자를 잡아 가두고, 비 땅을 근거지로 하여 반란을 일으키고 공자를 초빙했다고 한다.

8. 공산불요가 반란을 일으키고 공자를 부르는 곳이 노나라이고, 노나라는 동쪽에 있으므로, 동쪽에 주나라와 같은 이상적인 국가를

6

자장이 공자에게 인(仁)에 대하여 여쭙자, 공자께서 말씀하셨다. "천하에서 다섯 가지를 실천할 수 있으면 그것이 인이다."

"그 내용을 여쭙고 싶습니다." "공손함·너그러움·미더움·민첩함·은혜로움이다. 공손하면 업신여김을 받지 않고, 너그러우면 많은 사람들의 마음을 얻으며, 미더우면 사람들이 신임하게 되고, 민첩하면 공이 있게 되고, 은혜로우면 사람들을 부릴 수 있게 된다."

7

필힐[9]이 공자를 초빙하자, 공자께서 가려고 하셨다. 이에 자로가 말하였다. "예전에 제가 선생님께 듣기로는 '직접 선하지 않은 일을 하는 사람 속으로, 군자는 들어가지 않는다'고 하셨습니다. 필힐은 중모 땅을 가지고 반란을 일으켰는데, 선생님께서 가시려 하시니 무슨 까닭입니까?"

공자께서 말씀하셨다. "그렇다. 그런 말을 한 적이 있다. 그러나 굳건하다고 하지 않겠느냐, 갈아도 얇아지지 않으면. 희다고 하지 않겠느냐, 검게 물들여도 검어지지 않으면. 내가 어

건설하겠다는 말이다.
9. 필힐(佛肸)은 진(晉)나라의 대부 조간자(趙簡子)의 식읍(食邑)인 중모(中牟)의 읍재였다.

찌 바가지일 수 있겠느냐? 어찌 매달려 있기만 하고 먹히지 않을 수 있겠느냐?"

8

공자께서 말씀하셨다. "유야, 너는 여섯 가지 덕목과 그것들을 가리는 여섯 가지 폐단에 대해 들어보았느냐?"

자로가 "아직 들어보지 못했습니다"라고 대답하였다.

"앉아라. 내가 너에게 말해주겠다. 인(仁)을 좋아하되 배우기를 좋아하지 않으면, 그 폐단은 어리석게 되는 것이다. 지혜로움을 좋아하되 배우기를 좋아하지 않으면, 그 폐단은 분수를 모르게 되는 것이다. 신의를 좋아하되 배우기를 좋아하지 않으면, 그 폐단은 남을 해치게 되는 것이다. 곧은 것을 좋아하되 배우기를 좋아하지 않으면, 그 폐단은 박절하게 되는 것이다. 용기를 좋아하되 배우기를 좋아하지 않으면, 그 폐단은 질서를 어지럽히게 되는 것이다. 굳센 것을 좋아하되 배우기를 좋아하지 않으면, 그 폐단은 좌충우돌하게 되는 것이다."

9

공자께서 말씀하셨다. "얘들아, 왜 시를 공부하지 않느냐? 시를 배우면 감흥을 불러일으킬 수 있고, 사물을 잘 볼 수 있으며, 사람들과 잘 어울릴 수 있고, 사리에 어긋나지 않게 원망할 수 있다. 가까이는 어버이를 섬기고, 멀리는 임금을 섬기며,

새와 짐승과 풀과 나무의 이름에 대해서도 많이 알게 된다."

10

공자께서 아들 백어에게 말씀하셨다. "너는 「주남」과 「소남」[10]을 공부하였느냐? 사람으로서 「주남」과 「소남」을 공부하지 않는다면, 그것은 바로 담벽을 마주하고 서 있는 것과 같은 것이로다!"[11]

11

공자께서 말씀하셨다. "예(禮)가 어떻다, 예가 어떻다 말들 하지만, 그것이 옥이나 비단을 말하는 것이겠는가? 음악이 어떻다, 음악이 어떻다 말들 하지만, 그것이 종이나 북을 말하는 것이겠는가?"

12

공자께서 말씀하셨다. "얼굴빛은 위엄을 갖추면서 속마음은 유약한 것은, 소인들에게 비유하자면 그것은 마치 담벽을 뚫고 담장을 뛰어넘는 도둑과 같은 것이로다!"

---

10. 「주남(周南)」과 「소남(召南)」은 『시경』 「국풍(國風)」 맨 처음 두 편의 이름이다.
11. 꽉 막혀서 한 걸음도 더 나가지 못하는 것을 말한다.

13

공자께서 말씀하셨다. "시세에 영합하면서도 겉으로만 점잖고 성실한 듯이 행동하여 순박한 마을 사람들에게서 인정을 받는 사람은 바로 덕을 해치는 사람이다."

14

공자께서 말씀하셨다. "길에서 듣고서는 그것을 그대로 길에서 말하는 것은[12] 덕(德)을 버리는 것이다."

15

공자께서 말씀하셨다. "비루한 사람과 함께 임금을 섬길 수 있겠는가? (그런 사람은) 원하는 것을 아직 얻지 못했을 때는 얻으려고 근심하고, 이미 얻고 나서는 잃을까 근심을 한다. 진실로 잃을까 근심하게 되면 못 하는 짓이 없게 된다."[13]

16

공자께서 말씀하셨다. "옛날 백성들에게는 세 가지의 병폐가 있었는데 지금은 아마 그것마저도 없어진 듯하다. 옛날에

---

12. 남에게 들은 이야기를 깊이 생각하고 판단하여 자기 것으로 만들지도 않고 그대로 남들에게 떠들어대며 아는 척을 하는 것이다.
13. 권력이나 재물 등 자신이 얻고자 하는 것을 획득하기 위해, 혹은 얻은 것을 잃지 않기 위해 못하는 일이 없게 된다는 말이다.

뜻이 거창했던 사람은 작은 일에 구애되지 않고 주견대로 했으나, 지금의 뜻이 거창한 사람은 주견도 없이 함부로 한다. 옛날에 자긍심이 강한 사람은 엄격하고 모가 났으나 지금의 자긍심 강한 사람은 성내고 싸움이나 한다. 옛날에 어리석은 사람은 정직했으나 지금의 어리석은 자는 속이기만 할 뿐이다."

17

공자께서 말씀하셨다. "말을 교묘하게 하고 얼굴빛을 곱게 꾸미면서 인(仁)한 경우는 드물다."[14]

18

공자께서 말씀하셨다. "자주색이 붉은색을 침해하는 것을 미워하고,[15] 정나라 음악이 아악[16]을 어지럽히는 것을 미워하며, 기민한 말재주가 나라를 뒤엎는 것을 미워한다."

19

공자께서 말씀하셨다. "나는 말을 하지 않으려다." 자공이 말

---

14. 「학이」 3장에 같은 구절이 나왔다.
15. 자주색은 간색(間色)이고 붉은색(朱)은 정색(正色)이기 때문에, 자주색이 붉은색을 침해하는 것을 미워한 것이다.
16. 아악(雅樂)은 바른 음악이란 뜻으로[正樂], 종묘·궁중에서 연주하던 음악이다.

하였다. "선생님께서 만일 말을 하지 않으시면 저희들이 어떻게 선생님의 뜻을 따르겠습니까?" 공자께서 말씀하셨다. "하늘이 무슨 말을 하더냐? 사계절이 운행하고 온갖 것들이 생겨나지만, 하늘이 무슨 말을 하더냐?"

20

유비[17]가 공자를 뵙고자 하였으나, 공자께서는 병을 핑계로 거절하셨다. 말을 전하러 온 사람이 문을 나서자, 큰 거문고를 타면서 노래를 부르시어 사자가 그 소리를 듣도록 하셨다.[18]

21

재아가 여쭈었다. "삼년상은 기간이 너무 깁니다. 군자가 삼 년 동안 예(禮)를 행하지 않으면 예가 반드시 무너지고, 삼 년 동안 음악을 하지 않으면 음악이 반드시 무너질 것입니다. 묵은 곡식은 다 없어지고 새 곡식이 등장하며, 계절마다 불씨를 얻는 나무도 다시 처음의 나무로 돌아오니, 일 년이면 될 것입니다."

공자께서 말씀하셨다. "쌀밥을 먹고 비단옷을 입는 것이 너

---

17. 유비(孺悲)는 노나라의 사람으로 공자에게서 사(士)의 상례(喪禮)를 배웠다고 한다.
18. 문밖의 사자에게 노랫소리가 들리도록 하여, 공자가 일부러 거절한 것임을 알도록 한 것이다.

에게는 편안하냐?"

"편안합니다."

"네가 편안하다면 그렇게 하여라. 대체로 군자가 상을 치를 때는, 맛있는 것을 먹어도 맛이 없고, 음악을 들어도 즐겁지 않으며, 집에 있어도 편하지 않기 때문에 그렇게 하지 않는 것이다. 지금 네가 편안하다면 그렇게 하여라."

재아가 밖으로 나가자 공자께서 말씀하셨다. "여(재아)는 인(仁)하지 못하구나! 자식은 태어나서 삼 년이 지난 뒤에야 부모의 품에서 벗어난다. 대체로 삼년상은 천하에 공통된 상례(喪禮)이다. 여도 그 부모에게서 삼 년 동안 사랑을 받았을 것이로다!"

22

공자께서 말씀하셨다. "배부르게 먹고 하루 종일 마음 쓰는 데가 없다면 곤란하도다! 장기나 바둑이라도 있지 않은가? 그런 것이라도 하는 것이 그래도 하지 않는 것보다는 낫다."

23

자로가 여쭈었다. "군자는 용기를 숭상합니까?"

공자께서 말씀하셨다. "군자는 의로움을 최상으로 여긴다. 군자가 용기만 있고 의로움이 없으면 난을 일으키고, 소인이 용기만 있고 의로움이 없으면 도적질을 하게 된다."

24

자공이 여쭈었다. "군자도 미워하는 게 있습니까?"

공자께서 말씀하셨다. "미워하는 게 있지. 남의 나쁜 점을 떠들어대는 것을 미워하고, 낮은 지위에 있으면서 윗사람을 헐뜯는 것을 미워하며, 용기만 있고 예의가 없는 것을 미워하고, 과감하기만 하고 꽉 막힌 것을 미워한다."

"사야, 너도 미워하는 게 있느냐?"

"남의 생각을 도둑질해서 유식한 체하는 것을 미워하고, 불손한 것을 용감하다고 여기는 것을 미워하며, 남의 비밀을 들추어내면서 정직하다고 여기는 것을 미워합니다."

25

공자께서 말씀하셨다. "여자와 소인은 다루기[19]가 어렵다. 가까이하면 불손해지고 멀리하면 원망을 한다."

26

공자께서 말씀하셨다. "나이 사십이 되어서도 남에게 미움을 받는다면, 그런 사람은 더 이상 기대할 것이 없다."

---

19. 원문은 '양(養)'으로 기르다, 가르치다, 다스리다 등의 뜻이 있다. 이러한 뜻을 모두 포함하여 '다루다'로 해석하였다.

제18편

미자(微子)

1

미자[1]는 떠나가고, 기자[2]는 종이 되고, 비간[3]은 간하다가 죽었다. 공자께서 말씀하셨다. "은나라에 세 사람의 인(仁)한 사람이 있었다."

2

유하혜가 사사[4] 벼슬을 하다가 세 번이나 쫓겨났다. 그러자

---

1. 미자(微子)는 은나라의 마지막 임금이었던 주왕(紂王)의 형이며, 미(微)는 봉국(封國)의 이름이고, 자는 작위이다. 주왕의 무도함을 보고 간하여도 받아들여지지 않자 나라를 떠났다.
2. 기자(箕子)는 은나라 주왕의 숙부이며, 기(箕)는 봉국의 이름이고, 자는 작위이다. 주왕에게 간하다가 잡혀서 종이 되었고, 거짓으로 미친 짓을 하며 살았다.
3. 비간(比干)은 은나라 주왕의 숙부이다. 주왕에게 계속 간하자 주왕은 "성인(聖人)의 심장에는 일곱 개의 구멍이 있다고 하더라"라고 하면서, 비간을 죽여 심장을 꺼내어 보았다고 한다.
4. 사사(士師)는 소송을 관장하던 벼슬 이름이다.

어떤 사람이 말하였다. "선생은 이런 나라를 떠나버릴 만하지 않습니까?"

유하혜가 대답하였다. "도(道)를 곧게 지키며 남을 섬긴다면, 어디에 간들 세 번은 쫓겨나지 않겠습니까? 도를 굽혀 남을 섬긴다면, 굳이 부모의 나라를 떠날 필요가 있겠습니까?"

3

제나라의 경공이 공자에 대한 대우에 관하여 말하였다. "계씨와 같이는 내가 대우할 수 없으니, 계씨와 맹씨⁵의 중간 정도로 대우하겠다." 그러고는 다시 말하였다. "나는 노쇠해서, 그런 인물을 쓸 수가 없다." 이 말을 듣고 공자께서는 제나라를 떠나셨다.

4

제나라 사람이 여자 가무단을 보내 오자, 계환자⁶가 이를 받았다. 이들과 즐기느라 사흘이나 조회를 열지 않자, 공자께서는 노나라를 떠나셨다.

---

5. 노나라의 실권자였던 계씨는 상경(上卿)이고 맹씨(孟氏)는 하경(下卿)이었다.
6. 계환자(季桓子)는 노나라의 실권자로서 대부인 계손사(季孫斯)를 가리킨다.

5

초나라의 미치광이 접여[7]가 노래를 부르면서 공자의 앞을 지나가며 말하였다. "봉황[8]이여! 봉황이여! 어찌 그렇게 덕이 쇠미해졌는가? 지나간 일은 바로잡을 수 없지만, 앞으로의 일은 그래도 해볼 만한 것이다. 아서라, 아서라! 요즘의 정치가들은 위태롭노라."

공자께서 수레에서 내리시어 그와 더불어 이야기를 하고자 하셨으나, 종종걸음으로 피하였으므로, 그와 더불어 이야기하지 못하셨다.

6

장저와 걸익[9]이 나란히 밭을 갈고 있었는데, 공자께서 지나시다가 자로를 시켜 그들에게 나루터가 어딘지 묻게 하셨다.

장저가 말하였다. "저 수레에서 고삐를 쥐고 있는 사람이 누구신가?"

자로가 말하였다. "공구(孔子)이십니다."

---

7. 접여(接輿)는 일부러 미친 척을 하며 세상을 피해 사는 은자(隱者)였다고 한다.
8. 봉황은 세상에 도가 행해질 때 나타나고, 도가 행해지지 않을 때 숨는다고 하는 전설의 새다. 여기서는 공자에 비유한 것이다.
9. 장저(長沮)와 걸익(桀溺)은 세상을 등지고 살던 은자들이었던 듯한데 구체적으로 어떤 사람들이었는지는 전해지지 않는다.

"바로 그 노나라의 공구이신가?"

"그렇습니다."

"그렇다면 나루터를 아실 게요."

자로가 걸익에게 물으니, 걸익이 말하였다. "선생은 누구시오?"

"중유(자로)라고 합니다."

"바로 그 노나라 공구의 제자란 말인가요?"

"그렇습니다."

"큰 물이 도도히 흐르듯 천하는 모두 그렇게 흘러가는 것인데, 누가 그것을 바꾸겠소? 또한 당신도 사람을 피해 다니는 사람을 따르는 것이 어찌 세상을 피해 사는 사람을 따르는 것만 하겠소?" 그는 뿌린 씨를 흙으로 덮으며 일손을 멈추지 않았다.

자로가 가서 그 일을 아뢰자, 공자께서는 실망스러운 듯이 말씀하셨다. "짐승들과 더불어 한 무리를 이룰 수는 없는 것이다. 내가 이 세상 사람들과 함께하지 않는다면 누구와 함께하겠느냐? 천하에 도가 행해지고 있다면, 내가 관여하여 바꾸려 하지 않을 것이다."

7

자로가 공자를 따라가다가 뒤에 처졌는데, 지팡이로 삼태기를 걸어 메고 가는 노인을 만났다. 자로가 물었다. "선생께서는 저희 선생님을 보셨습니까?"

노인이 말하였다. "팔다리로 부지런히 일도 하지 않고, 오곡도 분간하지 못하는데, 누가 선생님이란 말이오?" 그는 지팡이를 꽂아 세워놓고는 김을 맸다. 자로가 두 손을 가지런히 맞잡고 서 있자, 자로를 붙잡아 머물도록 하고는, 닭을 잡고 기장밥을 지어 먹이고 그의 두 아들을 만나보게 하였다.

다음 날 자로가 가서 그 일을 아뢰니, 공자께서 말씀하셨다. "은자로구나." 그러고는 자로를 시켜 돌아가서 그를 만나보도록 하셨으나, 자로가 그곳에 이르니 이미 떠나버렸다. 자로가 그 집 사람들에게 말하였다. "관직에 나가지 않는 것은 의로운 일이 아닙니다. 어른과 아이 사이의 예절도 폐기할 수 없는 것인데, 임금과 신하 사이의 도의를 어찌 폐기할 수 있겠습니까? 그것은 자신의 몸을 깨끗이 하고자 하여 큰 윤리를 어지럽히는 것입니다. 군자가 벼슬을 하는 것은 그런 도의를 행하는 것입니다. 도가 행해지지 않음은 이미 알고 있는 일입니다."

8

세상을 피해 숨어 산 사람으로는 백이·숙제·우중[10]·이일[11]·

---

10. 우중(虞仲)은 태백(泰伯)의 동생인 백옹(伯雍)이다. 태백과 함께 동생에게 왕위를 양보하고 오랑캐의 땅에 가서 숨어 살았다.
11. 이일(夷逸)은 누구인지 전해지지 않는다.

주장[12] · 유하혜 · 소련[13]이 있었다. 공자께서 말씀하셨다. "그 뜻
을 굽히지 않고 그 몸을 욕되게 하지 않은 사람은 백이와 숙
제로다. 유하혜와 소련에 대해 말하자면, 뜻을 굽히고 몸을 욕
되게 하였으나, 말이 도리에 들어맞고 행동이 사리분별에 들
어맞았으니, 그들은 그렇게 했을 뿐이다.[14] 우중과 이일에 대
해 말하자면, 숨어 살면서 말을 마음대로 하였으나, 처신함이
깨끗했고 세상을 버린 것이 시의적절했다. 나는 이와 달라서,
반드시 그래야만 한다는 것도 없고 그래선 안 된다는 것도 없
다."[15]

9

태사 지[16]는 제나라로 가고, 아반 간은 초나라로 가고, 삼반
료는 채나라로 가고, 사반인 결[17]은 진나라로 가고, 북 치는 사

---

12. 주장(朱張)은 누구인지 전해지지 않는다.
13. 소련(少連)은 동이(東夷) 사람이라고 전해진다.
14. 그들은 그 정도의 수준일 뿐이라는 말이다.
15. 도의의 실현을 위하여 벼슬을 하는 것이 좋을 상황이면 벼슬을 하
    고, 벼슬을 하는 것이 적절치 않을 상황이면 물러나는 것이지, 고
    지식하게 원칙에 얽매이지 않는다는 말이다.
16. 태사(大師)는 악사(樂師)의 우두머리라는 말이고, 지(摯)는 이름이다.
17. 임금이 식사를 할 때는 맛을 돋우기 위하여 음악을 연주했는데, 아
    반(亞飯), 삼반(三飯), 사반(四飯)은 각각 식사의 종류이자 그 식사
    때 음악을 담당하는 관직명이다. 그리고 간(干), 료(繚), 결(缺)은
    모두 그 악관의 이름이다.

람인 방숙(方叔)은 황하로 돌아가고, 작은북을 흔들던 무(武)는 한수(漢水)로 가고, 소사 양[18]과 경쇠를 치던 양(襄)은 바다로 갔다.

10

주공이 노공[19]에게 말하였다. "군자는 친족을 소홀히 하지 않고, 대신들로 하여금 써주지 않는다고 원망하게 하지 않으며, 오래도록 함께 일해온 사람은 큰 잘못이 없는 한 버리지 않으며, 한 사람이 모든 능력을 갖추고 있기를 바라지 않는다."[20]

11

주나라에 여덟 선비[21]가 있었으니, 백달·백괄·중돌·중홀·숙야·숙하·계수·계와가 그들이다.

---

18. 소사(小師)는 악관을 보좌하는 사람, 양(陽)은 이름이다.
19. 노공(魯公)은 주공의 아들인 백금(伯禽)으로서, 노나라에 봉해졌다. 이 장은 백금이 노나라에 봉해지던 때에 주공이 훈계한 말로서, 노나라 사람들에게 전해지던 것을 이때 공자가 제자들에게 말한 것이라 한다.
20. 군자는 각각의 능력과 재능에 따라 사람을 쓸 뿐이지, 한 사람을 신뢰한다고 하여 중책을 맡기고는 그에게 모든 것을 기대하지 않는다는 말이다.
21. 이하의 여덟 선비들은 성왕(成王) 때 사람들이라는 말도 있고, 선왕(宣王) 때 사람들이라는 말도 있지만 분명치 않다.

제19편
자장(子張)

1

자장이 말하였다. "선비가 위태로운 일을 보면 목숨을 바치고, 이득될 일을 보면 의로운 일인가를 생각하며, 제사를 지낼 때는 경건함을 생각하고, 상을 당해서는 슬픔을 생각한다면, 그는 선비로서의 기본적인 자격을 갖춘 것이다."

2

자장이 말하였다. "덕(德)을 지키되 마음이 넓지 못하고, 도(道)를 믿되 독실하지 못하다면, 어찌 있다 없다를 논할 수 있겠는가?"[1]

---

1. 주희는 '(위와 같은 정도로 덕과 도를 실천한다면) 덕이나 도를 지니고 있는지 없는지 논할 가치가 없다'는 뜻으로 풀었고, 황간은 '(위와 같은 정도로 덕과 도를 실천한다면) 그런 사람은 세상에 존재하든지 말든지 논할 가치가 없다'는 뜻으로 풀었다.

3

자하의 문인이 자장에게 사람과의 교제에 대해서 물었다. 자장이 말하였다. "자하께서는 무엇이라고 말씀하시던가?"

"자하께서는 '좋은 사람은 사귀고 좋지 않은 사람은 상대하지 말라'고 하셨습니다."

자장이 말하였다. "내가 들은 것과는 다르구나. 군자는 현명한 사람을 존경하되 일반인들도 포용하며, 선한 사람을 칭찬하되 능력이 없는 사람도 동정한다. 내가 크게 현명한 사람이라면 사람들을 어찌 포용하지 못하겠느냐? 내가 만일 현명하지 못하다면 남들이 나를 멀리할 것이니, 어찌 남을 멀리하겠느냐?"

4

자하가 말하였다. "비록 작은 재주라 할지라도 반드시 볼만한 것은 있지만, (도를 추구하는) 먼 길을 가는 데 장애가 될까 염려되기 때문에 군자는 그런 것들을 하지 않는 것이다."

5

자하가 말하였다. "날마다 자신이 알지 못하던 것을 알게 되고, 달마다 자신이 할 수 있던 것을 잊지 않는다면, 배우기를 좋아한다고 할 수 있다."

6

자하가 말하였다. "배우기를 널리 하고 뜻을 돈독히 하며, 절실한 것을 묻고 가까운 것부터 생각한다면, 인(仁)은 그 가운데 있다."

7

자하가 말하였다. "모든 기술자는 일터를 지킴으로써 맡은 바 일을 완성하고, 군자는 배움으로써 자신이 추구하는 도(道)를 이루어낸다."

8

자하가 말하였다. "소인들은 잘못을 저지르면, 반드시 꾸며댄다."[2]

9

자하가 말하였다. "군자에게는 세 가지 변화가 있다. 그를 멀리서 바라보면 위엄이 있고, 가까이서 대해보면 온화하며, 그의 말을 들어보면 옳고 그름이 분명하다."

---

2. 소인들은 잘못을 범했을 때 이를 고치기보다는, 잘못이 아닌 듯이 꾸밈으로써 더 큰 잘못을 범한다는 말이다.

10

자하가 말하였다. "군자는 백성들의 신뢰를 얻은 후에 그 백성들을 수고롭게 하는 것이니, 신뢰를 얻지 못했을 때는 백성들이 자신을 괴롭힌다고 여기기 때문이다. 군자는 윗사람의 신임을 받은 후에 간언을 하는 것이니, 신임을 받지 못했을 때는 자기를 비방한다고 여기기 때문이다."

11

자하가 말하였다. "큰 덕[3]이 한계를 넘지 않으면, 작은 덕[4]은 융통성을 두어도 괜찮다."

12

자유가 말하였다. "자하의 제자들은 물 뿌리고 비질하는 일이나, 손님 응대하는 일, 나아가고 물러나는 예절 등은 잘하지만, 그런 것은 말단이다.[5] 근본적인 것을 따져보면 아무것도 하는 것이 없으니 어찌하려는 것인가?"

자하가 이를 듣고서 말하였다. "아! 언유(자유)의 말이 지나치구나! 군자의 도(道)에서 어느 것을 먼저 전하고 어느 것을

---

3. 기본적으로 어겨서는 안 되는 도리의 큰 틀을 말한다.
4. 큰 덕에 비해 융통성을 용납할 수 있는 작은 규범들을 뜻한다.
5. 앞의 세 가지 일은 필요하기는 하지만 공부의 근본은 되지 못하는 사소한 일이라는 말이다.

뒤에 미루어두고 게을리하겠는가? 이를 풀과 나무에 비유하자면, 종류에 따라 가르침을 달리하는 것이다.[6] 군자의 도에서 어느 것을 함부로 하겠는가? 처음부터 끝까지 일관되게 갖추고 있는 것은 오직 성인(聖人)뿐이로다!"

13

자하가 말하였다. "벼슬하면서 여유가 있으면 공부를 하고, 공부를 하면서 여유가 있으면 벼슬을 한다."

14

자유가 말하였다. "상을 당해서는 슬픔을 다하는 데서 그쳐야 한다."[7]

15

자유가 말하였다. "나의 벗 자장은 어려운 일을 하는 데는 능하지만 아직 인(仁)하다고는 할 수 없다."

---

6. 앞의 말처럼 경중을 미리 정해놓고 획일적으로 가르치는 것이 아니라, 상대의 능력과 성향에 따라 적절히 가르치되, 진정한 군자가 되기 위해서는 그 모든 것이 필요하다는 말이다.
7. 슬픔을 다하는 데서 그쳐야지, 지나치게 슬퍼하여 몸과 마음을 상하게 한다든가, 분수에 넘치도록 화려하게 꾸며서는 안 된다는 말이다.

16

증자가 말하였다. "당당하구나, 자장이여! 그러나 함께 인
(仁)을 행하기는 어렵겠구나."

17

증자가 말하였다. "내가 선생님께 들으니 '(평소에는) 스스로
성의를 다하지 않는 사람일지라도, 부모의 상사(喪事)에는 반
드시 성의를 다해야 하느니라!'라고 하셨다."

18

증자가 말하였다. "내가 선생님께 들으니 '맹장자[8]의 효도
중에서 다른 것은 가능할지라도, 아버지의 신하들과 정책을
바꾸지 않았던 것[9]은 정말로 하기 어려운 일이다'라고 하셨
다."

---

8. 맹장자(孟莊子)는 노나라의 대부로, 성은 중손(仲孫)이고, 이름은
   속(速)이다. 아버지는 맹헌자(孟獻子)로, 이름은 멸(蔑)이며 현인
   (賢人)으로 알려져 있다.
9. 아버지의 유지(遺志)를 받들어 정치를 한다는 것이다. 「학이」 11장
   에서도 "아버지가 돌아가신 후 삼 년 동안 아버지의 도(道)를 바꾸
   지 않으면 효자라고 할 만하다(三年無改於父之道, 可謂孝矣)"라고
   하였다.

19

맹씨가 양부[10]를 사사로 삼자, (양부가) 증자에게 할 일을 의논하였다. 이에 증자가 말하였다. "윗사람들이 도(道)를 잃어 민심이 흩어진 지 오래되었다. 만일 범죄의 진상을 알아냈다 하더라도, 슬퍼하고 동정해야지 기뻐해서는 안 된다."

20

자공이 말하였다. "주왕[11]의 못된 성품이 전해지는 것처럼 그렇게 심한 것은 아니었다. 그래서 군자는 낮은 곳에 머물기를 싫어하는 것이니, 천하의 악이 모두 그에게로 돌아가기 때문이다."

21

자공이 말하였다. "군자의 잘못은 일식이나 월식과 같다. 잘못을 하면 사람들이 모두 그를 바라보고, 잘못을 고치면 사람들이 모두 그를 우러러본다."

22

위나라의 공손조[12]가 자공에게 물었다. "중니(공자)는 어디

---

10. 양부(陽膚)는 증자(曾子)의 제자이다.
11. 주왕은 은나라의 마지막 왕으로, 지독한 폭군이었다고 전해진다.
12. 공손조(公孫朝)는 위나라의 대부이다.

에서 배웠나요?"

자공이 말하였다. "문왕과 무왕의 도(道)가 아직 땅에 떨어지지 않고 사람들에게 남아 있습니다. 현명한 자는 그중에서 큰 것을 기억하고 현명하지 못한 자는 그중 작은 것을 기억하고 있으니, 문왕과 무왕의 도는 없는 데가 없습니다. 그러니 선생님께서 어디에선들 배우지 않으신 데가 있으시겠습니까? 또한 어찌 일정한 스승이 있으시겠습니까?"

23

숙손무숙[13]이 조정에서 대부들에게 말하기를 "자공이 중니(공자)보다 현명하다"라고 하였다. 자복경백[14]이 이 말을 자공에게 알려주자, 자공이 말하였다. "궁실의 담에 비유하자면 나의 담은 어깨 정도의 높이이므로 집안의 좋은 것들을 엿볼 수 있지만, 선생님의 담은 몇 길이나 되므로 그 문을 찾아내서 들어가지 못하면 그 안에 있는 종묘의 아름다움과 많은 관리들의 풍요로움을 볼 수가 없습니다. 그 문을 찾아낸 사람은 아마도 적을 것입니다. 그러니 그분이 그렇게 말씀하시는 것도 또한 당연하지 않겠습니까?"

---

13. 숙손무숙(叔孫武叔)은 노나라의 대부로, 숙손은 성, 무는 시호, 숙은 자이며, 이름은 주구(州仇)이다.
14. 자복경백(子服景伯)은 노나라의 대부로, 자복은 성, 경은 시호, 백은 자이며, 이름은 하(何)이다.

24

숙손무숙이 공자를 헐뜯자, (이를 전해 들은) 자공이 말하였다. "그래야 소용없다. 선생님은 헐뜯을 수가 없다. 다른 사람의 현명함이란 언덕과 같은 것이라서 그래도 넘어갈 수 있지만, 선생님은 해·달과 같으셔서 넘어갈 수가 없다. 사람들이 스스로 관계를 끊고자 한다 해도, 그것이 해·달에게 무슨 손상이 되겠는가? 다만 자신의 분수 모름을 드러낼 뿐이다."

25

진자금[15]이 자공에게 말하였다. "선생께서 겸손해서 그렇지, 중니가 어찌 선생보다 현명하겠습니까?" 자공이 말하였다. "군자는 한 마디의 말로 지혜롭다고 여겨지기도 하고, 한 마디의 말로 지혜롭지 않다고 여겨지기도 하므로, 말을 신중히 하지 않으면 안 됩니다. 선생님에게 미칠 수 없는 것은 마치 하늘에 사다리를 놓고 올라갈 수 없는 것과 같습니다. 선생님께서 나라를 맡아 다스리실 경우에는, 말 그대로 백성들을 세워주면 곧 서고, 그들을 이끌어주면 곧 그 길로 가며, 그들을 안정시켜

---

15. 진자금(陳子禽)은 진이 성이고, 자금은 자이다. 「학이」 10장과 「계씨」 13장에 나오는 진강(陳亢)인 듯도 하지만, 공자를 '중니'라 부르고 자공을 높이는 것으로 보아 동명이인으로 보인다. 한편으로는, 그가 자공의 제자였기 때문에 자공의 앞에서 지나치게 자공을 높인 것이라고 볼 수도 있다.

주면 곧 따라오고, 그들을 움직이게 하면 곧 화목해지게 됩니다. 그분은 살아서는 영광을 누리시고, 돌아가셔서는 애도를 받으실 것이니, 어떻게 그분께 미칠 수 있겠습니까?"

제20편

요왈(堯曰)

1

요임금께서 말씀하셨다. "아아, 그대 순이여! 하늘의 정해진 뜻이 바로 그대에게 와 있으니, 진실로 중용의 도를 지키도록 하라. 천하가 곤궁해지면 하늘이 내려주신 천자의 자리도 영원히 끊어질 것이다."

순임금도 또한 이 말씀으로 우임금에게 명하셨다.

탕임금이 말씀하셨다.[1] "소자[2] 리[3]는 감히 검은 황소를 바치며,[4] 감히 위대하고 거룩하신 하느님께 밝게 아룁니다. 죄 있

---

1. 탕임금이 하나라의 걸왕을 몰아낸 후 하늘에 제사를 지내며 한 말로서, 그 내용은 대체로 『서경』「상서·탕고(商書·湯誥)」에서 인용된 것이다.
2. 천자(天子)가 하늘에 제사를 올리는 것이므로 자신을 '소자(小子)'라 한 것이다.
3. 리(履)는 탕임금의 이름이다.
4. 하나라에서 검은색을 숭상하였으므로, 그 예를 그대로 따른 것이라고 한다.

는 사람5은 감히 용서하지 않겠으며, 하느님의 신하6는 그 능력을 숨기지 않겠으며, 모든 일은 하느님의 뜻에 따라 행하겠습니다.7 제 몸에 죄가 있다면 그것은 세상 백성들 때문이 아니지만, 세상 백성들에게 죄가 있다면 그 죄는 저 자신에게 있는 것입니다."

(은나라를 정벌한 후) 주나라에서 크게 은혜가 베풀어져,8 착한 사람들이 부유해졌다.

(무왕은 말하기를) "(주왕에게) 비록 지극히 가까운 친척은 있었을지라도, 어진 사람이 있는 것만은 못했던 것이다"9라고 하였다. 또한 "백성들에게 허물이 있다면 그 책임은 나 한 사람에게 있는 것이다"라고 하였다.

도량형을 신중히 바로잡고, 법도를 점검하고, 폐지했던 관직들을 정비하여, 사방의 정치가 행해지게 되었다. 멸망했던

---

5. 여기서는 걸왕을 가리킨다.
6. 하안이나 형병은 걸왕을 가리키는 것으로 보았으나, 주희는 천하의 현명한 사람들을 가리킨다고 풀이했다.
7. 위의 번역은 주희의 해석을 따랐으며, 하안과 형병은 '하늘에게는 죄를 숨길 수 없다'라고 해석했다.
8. 『서경』「주서·무성(周書·武成)」에 있는 이야기에 근거한 것으로서, 무왕이 은나라를 무너뜨리고 나서 백성들에게 곡식과 재물 등을 나누어주며 은혜를 베풀었다고 한다.
9. 『서경』「주서·태서(周書·泰誓)」에 나오는 구절로서, 은나라의 마지막 왕인 주왕에게 가까운 일가는 있었지만 인한 사람은 없었다는 것이다.

성현들의 나라를 다시 일으키고, 끊어졌던 성현들의 집안에 대를 이어주고, 은거하며 살던 인물들을 등용하니, 천하의 백성들이 진심으로 따르게 되었다.

소중히 여기는 것은 바로 백성들의 양식과 상사(喪事)와 제사였다.

관대하게 대하면 많은 사람들을 얻게 되고, 신의가 있으면 백성들이 믿고 따르게 된다. 민첩하게 하면 공을 이루게 되고, 공정하게 하면 사람들이 기뻐하게 된다.

2

자장이 공자께 여쭈었다. "어떻게 하면 정치를 잘할 수 있습니까?" 공자께서 말씀하셨다. "다섯 가지 미덕을 존중하고, 네 가지 악덕을 물리친다면, 정치를 잘할 수 있다."

자장이 말하였다. "다섯 가지 미덕이란 무엇입니까?" 공자께서 말씀하셨다. "군자는 은혜를 베풀되 낭비하지 않고, 수고롭게 일을 시키면서도 원망을 사지 않으며, 뜻을 이루고자 하면서도 탐욕은 부리지 않고, 너그러우면서도 교만하지 않으며, 위엄이 있으면서도 사납지 않다."

자장이 말하였다. "어떤 것을 가리켜 은혜를 베풀되 낭비하지 않는다고 합니까?" 공자께서 말씀하셨다. "백성들이 이롭게 여기는 것에 따라서 백성들을 이롭게 한다면, 이것이 곧 은혜를 베풀되 낭비하지 않는 것이 아니겠느냐? 애써 할 만한 일을 가려서 수고롭게 일하게 한다면, 또한 누가 원망을 하겠느냐? 인을 실현고자 하여 인(仁)을 이룬다면, 또 어찌 탐욕스럽다 하겠느냐? 군자가 많든 적든, 작든 크든 간에 감히 소홀하게 하지 않는다면, 이것이 곧 너그럽되 교만하지 않은 것이 아니겠느냐? 군자가 의관(衣冠)을 바르게 하고 시선을 위엄 있게 하여, 그 엄숙한 모습에 사람들이 바라보고는 그를 어려워한다면, 이것이 곧 위엄은 있으되 사납지 않은 것이 아니겠느냐?"

자장이 말하였다. "무엇을 네 가지 악덕이라고 합니까?" 공자께서 말씀하셨다. "가르쳐주지도 않고서 잘못했다고 죽이는 것을 학대한다고 하고, 미리 주의를 주지도 않고서 결과만 보고 판단하는 것을 포악하다고 하며, 명령을 내리는 것은 태만히 하면서 기일만 재촉하는 것을 해친다고 하고, 사람들에게 고르게 나누어 주어야 함에도 출납을 인색하게 하는 것을 옹졸한 벼슬아치라고 한다."

3

공자께서 말씀하셨다. "천명(天命)을 알지 못하면 군자가 될 수 없고, 예(禮)를 알지 못하면 세상에 당당히 나설 수 없으며, 말(言)하는 법을 알지 못하면 사람의 진면목을 알 수가 없다."

원문
原文

1. 學而

1

子曰 "學而時習之, 不亦說乎? 有朋自遠方來, 不亦樂乎?
人不知而不慍, 不亦君子乎?"

之(지) : '가다', '…의' 등 여러 가지 의미로 쓰이지만, 이 글에서는 '그
　　것'이라는 의미의 대명사로 쓰였다.

說(열) : '이야기하다'는 뜻의 '說(설)'자로 많이 쓰이지만 여기서는 '기쁘
　　다'는 뜻의 '悅(열)'과 통용된다. 그래서 음도 悅과 같이 '열'이다.

不亦…乎(불역…호) : '또한 …하지 않은가?'라는 의미의 강조 표현이
　　다. 기쁘고 즐겁고 군자다운 일들이 여러 가지 있겠지만 이것이
　　야말로 그러한 일이 아니냐는 뜻이다.

有(유) : '어떤' 정도의 의미로 해석하거나, 특별한 뜻이 없이 말을 부
　　드럽게 하는 조음소로 보기도 한다. '먼 곳에서 찾아오는 벗이
　　있으면'이라고 해석할 수도 있다.

自…(자…) : …으로부터.

樂(락) : '즐겁다'의 뜻. 앞의 說(열)이 좀 더 내면적이고 깊은 기쁨이라

면, 樂은 이에 비해 좀 외면적이고 가벼운 즐거움이라고 할 수
있다.

人(인) : 일반적으로는 '사람'이란 뜻으로 쓰이지만, 여기서는 '타인'
'남'이란 풀이가 우리말의 어감에 더 가깝다.

慍(온) : 성내다, 원망하다.

2

有子曰"其爲人也孝弟, 而好犯上者, 鮮矣. 不好犯上, 而好
作亂者, 未之有也. 君子務本, 本立而道生. 孝弟也者, 其爲仁
之本與!"

犯上(범상) : 犯이란 도리에 어긋나는 말이나 행동으로 타인의 권리
    나 권위를 침해한다는 의미이고, 上은 윗사람을 뜻한다.

亂(란) : 인간관계의 윤리, 질서를 문란하게 하는 것에서부터 국가, 사
    회의 체제를 흔드는 것까지가 모두 亂에 해당한다.

未之有也(미지유야) : '未有之也'에서 목적어인 之를 도치시킨 것이
    다. 부정문에서의 이러한 도치는 부정의 의미를 강조하는 효과
    를 낸다. 이 글에서라면 단순히 '없다(未有之也)'에서 '절대로 없
    다(未之有也)'로 어조를 강하게 바꾼 셈이다. 그리고 '야(也)', '의
    (矣)', '호(乎)' 등의 어조사는 문맥에 따라 마침표(.) 쉼표(,) 느낌
    표(!) 물음표(?) 등의 적절한 문장부호로 바꾸어 생각하면 된다.

與(여) : 여기서는 추측이나 감탄 등의 뜻을 나타내는 어조사로 쓰였

다. '여(歟)'와 같은 뜻이다.

3

子曰"巧言令色, 鮮矣仁."

4

曾子曰"吾日三省吾身. 爲人謀而不忠乎? 與朋友交而不信乎? 傳不習乎?"

5

子曰"道千乘之國, 敬事而信, 節用而愛人, 使民以時."

道(도) : '올바른 길로 이끈다'라는 의미에서 '다스린다'의 뜻으로 쓰였다.

千乘之國(천승지국) : 승(乘)이란, 말 네 마리가 끄는 전투용 수레[戰車]이다. 일반적으로 천자는 만승(萬乘), 제후는 천승(千乘), 대부는 백승(百乘)을 보유하므로, '천승의 나라'라고 하면 '제후국'을 말한다.

敬(경) : 신중하고 경건하다, 공경스럽게 하다.

6

子曰"弟子入則孝, 出則弟, 謹而信, 汎愛衆, 而親仁. 行有餘力, 則以學文."

弟子(제자) : 젊은이들.

謹(근) : 삼가다, 신중히 하다.

親仁(친인) : 인한 사람과 가까이하다.

行有餘力, 則以學文(행유여력, 즉이학문) : 이상의 일들을 실천하고
    남는 힘이 있으면, 그 힘을 가지고 글을 배우라. 본래는 '行有餘
    力, 則以餘力學文'인데 뒤의 '餘力'이 생략된 것이다.

7

子夏曰 "賢賢易色, 事父母能竭其力, 事君能致其身, 與朋
友交言而有信, 雖曰未學, 吾必謂之學矣."

竭(갈) : 다하다, 있는 힘을 다 들이다.

致其身(치기신) : 자기 몸을 바치다.

8

子曰 "君子不重則不威, 學則不固. 主忠信, 無友不如己者,
過則勿憚改."

不重(부중) : 무게가 없다, 신중함이 없다.

不威(불위) : 위엄이 없다, 권위가 없다.

學則不固(학즉불고) : 학문도 견고하지 않다, 배워도 견고해지지 않
　　는다.

過(과) : 잘못, 잘못을 하다.

勿憚改(물탄개) : 고치기[改]를 꺼리지[憚] 말라[勿].

9

曾子曰"愼終追遠, 民德歸厚矣."

歸厚(귀후) : 두터운 데로 돌아가다, 후덕(厚德)한 데로 귀착되다.

10

子禽問於子貢曰"夫子至於是邦也, 必聞其政, 求之與? 抑
與之與?"子貢曰"夫子溫·良·恭·儉·讓以得之, 夫子之求之
也, 其諸異乎人之求之與."

夫子(부자) : 남자를 높여 부르는 호칭이었으나, 공자의 제자들이 공
　　자를 '夫子'로 부르면서 후대에는 '스승, 선생님'의 칭호로 사용
　　되게 되었다.

是邦(시방) : 불특정한 어떤 나라를 말한다. 여기서는 어떤 나라든 공
　　자가 방문한 그 나라를 가리킨다.

抑(억) : 그러지 않으면.

其諸(기저) : 어세(語勢)를 강하게 하는 발어사(發語辭)이다. 공자의 경

우는 다른 사람들과 다르다는 것을 강조하고 있다.

11

子曰 "父在, 觀其志, 父沒, 觀其行. 三年無改於父之道, 可謂孝矣."

父之道(부지도) : 아버지의 도. 아버지께서 일을 처리하시던 원칙, 취지, 방법 등.

12

有子曰 "禮之用, 和爲貴. 先王之道, 斯爲美, 小大由之. 有所不行, 知和而和, 不以禮節之, 亦不可行也."

由之(유지) : 그것으로부터 말미암다. 예(禮)의 화합과 조화라는 원리를 따른다는 것이다.

不可行也(불가행야) : 여기서 行은 행동한다는 것이 아니라 통용된다는 의미이다. 즉, 원칙 없는 화합이라는 것은 사회에서 용납되지 않는다는 것이다.

13

有子曰 "信近於義, 言可復也, 恭近於禮, 遠恥辱也. 因不失其親, 亦可宗也."

言可復(언가복) : 언약을 실천할 수 있다. 復은 '실천하다'라는 뜻으로
　　쓰였다.

遠恥辱(원치욕) : 치욕을 멀리하다.

因(인) : 공안국(孔安國)은 가까이하다, 친애하다(親)로 해석하고 주희
　　(朱熹)는 의지하다, 의탁하다(依)로 해석한다.

不失其親(불실기친) : 그 친한 관계를 잃지 않다.

宗(종) : 주도적 인물이 되다, 우두머리가 되다, 존경받다.

14

子曰 "君子食無求飽, 居無求安, 敏於事而愼於言, 就有道
而正焉, 可謂好學也已."

食無求飽(식무구포) : 먹는 데서 배부르기를 구하지 않다. 기본적인
　　의식주 이상을 추구하지 않는다는 것이다.

居無求安(거무구안) : 생활하고 거주하는 데서 편안하기를 추구하지
　　않는다.

就有道而正焉(취유도이정언) : 도의를 아는 사람에게 찾아가서 자신
　　의 모자라는 점을 보충하고 바로잡는다는 것이다. 有道란 도의
　　를 알고 몸소 실천하는 사람을 말한다.

15

子貢曰 "貧而無諂, 富而無驕, 何如?" 子曰 "可也. 未若貧而

樂, 富而好禮者也."子貢曰 "詩云, '如切如磋, 如琢如磨.' 其
斯之謂與?"子曰 "賜也, 始可與言詩已矣! 告諸往而知來者."

諂(첨) : 아첨하다, 아양떨다.

驕(교) : 교만하다, 무례하다, 잘난 체하다.

未若…(미약…) : 아직 …만 못하다.

貧而樂, 富而好禮(빈이락, 부이호례) : 앞의 "貧而無諂, 富而無驕"가
　　아첨하지 않고 교만하지 않으려는 의식적인 노력의 단계인 데
　　비해, 이 구절은 도의, 예의와 하나가 되어 자연스럽게 즐기면서
　　사는 단계를 말한다.

其斯之謂與(기사지위여) : 풀어서 이야기하자면 '선생님의 말씀이 바
　　로 이 시의 내용과 같은 것을 말씀하시는 것입니까'라는 의미이
　　다. 이때의 之는 본래 '其謂斯與'에서 謂와 斯가 도치되었음을
　　나타내는 것이고, 與는 歟와 같이 의문을 나타내는 물음표 같은
　　역할을 한다.

16

子曰 "不患人之不己知, 患不知人也."

不己知(불기지) : 나를 알아주지 않다. 부정어인 '不'의 영향으로 '不
　　知己'가 도치된 형태이다.

知人(지인) : 남을 알다, 남을 이해하다.

2. 爲政

1

子曰 "爲政以德, 譬如北辰, 居其所而衆星共之."

譬如…(비여…) : 비유하자면 …와 같다.

北辰(북신) : 북극성.

居其所(거기소) : 그 자리에 있다. 움직이지 않고 제자리를 지키고 있다는 것이다.

衆星共之(중성공지) : 共이란 '두 손을 마주 잡고 무언가를 향한다'는 뜻이다. 따라서 衆星共之란 모든 별들이 북극성을 바라보며 따른다는 것이다.

2

子曰 "詩三百, 一言以蔽之, 曰 '思無邪'."

一言以蔽之(일언이폐지) : 蔽란 '덮는다'는 뜻이다. 따라서 '한마디로 『시경』의 시 삼백 편을 덮는다'는 말은 '한마디로 시 삼백 편을 대변한다'는 의미이다.

3

子曰 "道之以政, 齊之以刑, 民免而無恥. 道之以德, 齊之以禮, 有恥且格."

道(도) : 導와 같은 뜻으로 '인도한다, 이끈다'는 뜻이다.

齋(제) : '가지런히 한다'는 뜻이므로 여기서는 '사회질서가 잘 잡히도록 다스린다'는 것이다.

4

子曰 "吾十有五而志于學, 三十而立, 四十而不惑, 五十而知天命, 六十而耳順, 七十而從心所慾, 不踰矩."

十有五(십유오) : 열에 다섯이 더 있으므로 열다섯이 된다.

耳順(이순) : '귀에 순조롭다'는 것이므로, 말을 들으면 듣는 대로 미세하고 깊은 뜻까지 순조롭게 이해한다는 의미이다.

不踰矩(불유구) : 踰는 '넘어서다'라는 뜻이고 '矩'는 직각을 그리는 데 쓰는 자를 말한다. 따라서 不踰矩란 법도 또는 규범을 벗어나지 않는다는 뜻이다.

5

孟懿子問孝, 子曰 "無違." 樊遲御, 子告之曰 "孟孫, 問孝於我. 我對曰'無違'." 樊遲曰 "何謂也?" 子曰 "生, 事之以禮, 死, 葬之以禮, 祭之以禮."

6

孟武伯問孝, 子曰 "父母, 唯其疾之憂."

7

子游問孝, 子曰 "今之孝者, 是謂能養. 至於犬馬, 皆能有養, 不敬, 何以別乎?"

養(양) : 봉양하다, 먹여 살리다, 기르다.

8

子夏問孝, 子曰 "色難. 有事弟子服其勞, 有酒食先生饌, 曾是以爲孝乎?"

弟子(제자) : 여기서는 선생에 대한 상대 개념으로서의 제자라기보다는, 자식이나 동생을 말한다.

服其勞(복기로) : 그 노고를 대신하다.

酒食(주사) : 술이나 음식. 특별히 맛있거나 의미가 있는 음식을 가리킨다. 여기서 食는 밥을 뜻하는 명사이므로 '사'로 읽는다.

先生(선생) : 스승이 아니라 글자 그대로 먼저 태어난 사람의 의미로 아버지와 형 등의 손윗사람을 의미한다.

9

子曰 "吾與回言終日, 不違如愚. 退而省其私, 亦足以發. 回也不愚."

退而省其私(퇴이성기사) : 이야기를 나누고 난 후에 돌아와서 그가 '사적인 생활[私]' 속에서 어떤 자세로 살아가는가를 잘 살펴본다는 것이다.

足以發(족이발) : 공자에게서 들은 내용을 가지고[以] 충분히[足] 실천에 옮긴다[發].

10

子曰 "視其所以, 觀其所由, 察其所安. 人焉廋哉? 人焉廋哉?"

視(시)·**觀**(관)·**察**(찰) : 視는 눈에 보이는 그대로를 보는 것이고, 觀은 좀 더 자세히 살펴보는 것이고, 察은 더욱더 깊이 헤아리며 살펴보는 것이다.

11

子曰 "溫故而知新, 可以爲師矣."

12

子曰 "君子不器."

13

子貢問君子, 子曰 "先行其言, 而後從之."

先行其言(선행기언) : 그 말보다 먼저 행동하다. 생각을 말로 하기 이
전에 먼저 실천에 옮기는 것을 말한다.

而後從之(이후종지) : 그다음에 그 행동을 따른다. 먼저 행동을 한 후
에 그에 대해 말한다는 것이다.

14

子曰 "君子周而不比, 小人比而不周."

周(주) : 여러 사람들과 어울리며 조화를 이루다.

比(비) : 사사로운 감정이나 이해관계에 따라 어울리며 당파를 형성
하다.

15

子曰 "學而不思則罔, 思而不學則殆."

16

子曰 "攻乎異端, 斯害也已."

攻(공) : 여기서는 '공부한다'는 뜻이다.

斯害也已(사해야이) : 그것은(斯) 해로울(害) 뿐이다(也已).

17

子曰 "由! 誨女知之乎? 知之爲知之, 不知爲不知, 是知也."

誨(회) : 가르쳐서 깨우쳐 알려주다.

女(여) : 여기서는 '汝(여)'와 같이 '너, 당신'이라는 이인칭 대명사이다.

18

子張學干祿, 子曰 "多聞闕疑, 愼言其餘, 則寡尤. 多見闕殆, 愼行其餘, 則寡悔. 言寡尤, 行寡悔, 祿在其中矣."

闕疑(궐의) : 의심스러운 것을 제외하다. 들은 이야기 중에서 의심스러운 것은 빼놓고 함부로 이야기하지 않는다는 뜻이다.

闕殆(궐태) : 위태로운 것을 제외하다.

19

哀公問曰 "何爲則民服?" 孔子對曰 "擧直錯諸枉, 則民服, 擧枉錯諸直, 則民不服."

何爲(하위) : '무엇을 하면' 또는 '어떻게 하면'.

服(복) : '복종한다'는 뜻도 있지만, 공자의 답변을 보면 여기서는 백성들이 '진심으로 따른다'는 의미로 풀이된다.

孔子對曰(공자대왈) : 『논어』에서는 일반적으로 '孔子(공선생님)'를 '子(선생님)'로 칭한다. 그런데 여기서는 임금의 물음에 답하는 것이기 때문에 '孔子'라고 성을 밝혀서 임금에 대한 예를 갖춘 듯하다.

20

季康子問 "使民敬忠以勸, 如之何?" 子曰 "臨之以莊則敬, 孝慈則忠, 擧善而敎不能則勸."

敬忠(경충) : 敬은 '공경함'을 뜻하고, 忠은 '中'과 '心'이 합쳐진 글자로서 '진실된 마음을 다함'을 의미한다.

以(이) : 여기서 以는 '그리고'라는 의미의 접속어다.

勸(권) : 일에 힘쓰다, 노력하다.

臨之以莊(임지이장) : 아랫사람을 대할 때[臨] 예의 법도를 갖추어[莊] 대하다.

21

或謂孔子曰"子奚不爲政?"子曰"書云'孝乎! 惟孝, 友于兄弟, 施於有政.'是亦爲政, 奚其爲爲政?"

奚(해) : 어째서, 왜.

奚其爲爲政(해기위위정) : 어찌[奚] 관직에 나아가 직무를 담당하는 것[其]만을 정치행위[爲政]라고 여기는가[爲].

22

子曰"人而無信, 不知其可也. 大車無輗, 小車無軏, 其何以行之哉?"

大車(대거) : 소가 끄는 짐수레.

輗(예) : 수레의 끌채 끝에 가로로 댄 나무이며, 여기에 소의 멍에를 매어 끌도록 한다.

小車(소거) : 전쟁 등에 쓰는 작은 수레로 네 마리의 말이 끈다.

軏(월) : 수레의 끌채 끝에 위로 굽은 곳이며, 여기에 말의 멍에를 걸어서 끌도록 한다.

23

子張問"十世可知也?"子曰"殷因於夏禮, 所損益可知也, 周因於殷禮, 所損益可知也. 其或繼周者, 雖百世可知也."

世(세) : 한 세대인 30년 정도의 시간으로 풀이하기도 하지만, 공자가
　　　하(夏), 은(殷), 주(周) 등의 왕조를 단위로 설명하고 있으므로 이
　　　를 따른다.

因(인) : 앞 왕조의 '예(禮)'를 근거로 하여 따른다는 것이다.

禮(예) : 이 당시의 禮는 단순한 예절이나 제의의 절차만이 아니라 사
　　　회와 생활 전반의 규범과 질서를 포괄한다.

所損益(소손익) : 앞 왕조의 '예(禮)'를 근거로 하여 빼거나 보태는 변
　　　화를 말한다.

其或(기혹) : '그 누가' 또는 '그 어느 나라가'.

24

子曰 "非其鬼而祭之, 諂也. 見義不爲, 無勇也."

鬼(귀) : 제사를 지내는 대상인 자기 조상의 영혼을 말한다.

諂(첨) : 아첨, 아부.

義(의) : 마땅히 해야 할 바(所宜爲), 의로운 일.

3. 八佾

1

孔子謂季氏 "八佾舞於庭, 是可忍也, 孰不可忍也?"

是可忍(시가인) : 이것을〔是〕참고 봐줄 수 있다〔可忍〕. 이는 忍을 '참다, 참고 봐주다, 참고 용서하다'의 뜻으로 풀이한 것이다. 주희(朱熹)는 忍을 '차마 …하다〔忍爲〕'로 보아서, 계씨가 '차마 이런 짓을 한다면 무슨 짓인들 차마 못하겠느냐?'로 풀이한다.

孰(숙) : '무엇' 또는 '누구'를 나타내는 의문사이다.

2

三家者以雍徹, 子曰 "'相維辟公, 天子穆穆', 奚取於三家之堂?"

徹(철) : 제사를 끝낸 후 제기를 거두는 것이다.

維(유) : '唯(유)'와 통용되는 자로 보아서 '오직'의 의미로 번역하기도 하지만, 여기서는 단지 시의 운율을 고르는 어조사로 보는 것이 좋다.

辟公(벽공) : 여기서는 '제후'를 의미한다.

穆穆(목목) : 덕과 위엄을 갖춘 천자의 모습을 묘사하는 말이다.

奚取(해취) : 어떻게 가져다가 쓰는가. 奚는 '어떻게, 어찌'.

堂(당) : 제사를 지내는 곳이니, 여기서는 대부의 집안에서 조상께 제
사를 지내는 사당을 말한다.

3

子曰 "人而不仁, 如禮何? 人而不仁, 如樂何?"

如禮何(여례하) : '如何禮'에서 도치된 형태이다. '예를 어찌할 것인
가', 의역하면 '예 같은 형식만 따라서 무엇하겠는가'라는 의미
이다.

4

林放問禮之本, 子曰 "大哉問! 禮, 與其奢也, 寧儉; 喪, 與
其易也, 寧戚."

與其…㉮… 寧…㉯…(여기…㉮… 녕…㉯…) : ㉮보다 차라리 ㉯가 낫다.

易(이) : 여기서는 '다스리다', 즉 '형식을 갖추어 잘 치르다'라는 의미
이다. 앞 구절에서는 사치[奢]와 검소[儉]를 대비하고, 다음에는
형식[易]과 내용[戚]을 대비하여 예의 본뜻을 드러낸 것이다.

戚(척) : 슬퍼하다.

5

子曰 "夷狄之有君, 不如諸夏之亡也."

6

季氏旅於泰山, 子謂冉有曰 "女弗能救與?" 對曰 "不能." 子
曰 "嗚呼, 曾謂泰山不如林放乎!"

弗(불) : '不'과 통용된다.

曾謂…乎(증위…호) : 曾은 '일찍이' 또는 '이에'의 뜻으로도 해석할 수
　는 있지만, 여기서는 '…라 하는가(謂…乎)' 앞에서 어조를 강하
　게 만드는 기능을 하는 것으로 보는 것이 무난하다.

7

子曰 "君子無所爭, 必也射乎! 揖讓而升, 下而飮, 其爭也君
子."

必也射乎(필야사호) : 반드시 다투는 것은 활쏘기이다. 또는 어쩔 수
　없이 다투어야만 하는 것이 있다면 그것은 활쏘기이다.

揖讓而升(읍양이승) : 가슴 앞에 두 손을 마주 잡고 고개를 숙이는 인
　사를 하고(揖) 서로 양보하며(讓) 활을 쏘는 자리에 오르다(升).

下而飮(하이음) : 활쏘기를 마친 후 활쏘는 자리에서 내려와 진 사람
　　이 벌로 술을 마시다.

其爭也君子(기쟁야군자) : 그 다투는 것이 군자답다.

8

　子夏問曰 "巧笑倩兮, 美目盼兮, 素以爲絢兮.' 何謂也?" 子
曰 "繪事後素." 曰 "禮後乎?" 子曰 "起予者商也! 始可與言詩
已矣."

盼(반) : 눈의 검은자위와 흰자위가 또렷이 구분되는 모습을 가리킨다.

繪事後素(회사후소) : 그림을 그리는 일은 먼저 흰 바탕이 있은 뒤에
　　한다.

9

　子曰 "夏禮吾能言之, 杞不足徵也　殷禮吾能言之, 宋不足
徵也. 文獻不足故也, 足則吾能徵之矣."

徵(징) : 증명하다, 확증하다, 증거를 대다.

10

　子曰 "禘, 自旣灌而往者, 吾不欲觀之矣."

11

或問禘之說, 子曰 "不知也. 知其說者之於天下也, 其如示諸斯乎!" 指其掌.

禘之說(체지설) : 체 제사에 관한 이론이나 설명.

12

祭如在, 祭神如神在. 子曰 "吾不與祭, 如不祭."

祭如在(제여재) : 조상들에 대한 제사(祭)에서는 생존해 계실 때 모시듯이 한다는 것이다.

祭神(제신) : 조상 이외의 다른 신에 대한 제사.

不與祭(불여제) : 제사(祭)에 참여하지(與) 않다(不).

如不祭(여불제) : 제사를 지내지 않은 것과 같다.

13

王孫賈問曰 "與其媚於奧, 寧媚於竈, 何謂也?" 子曰 "不然. 獲罪於天, 無所禱也."

媚(미) : 아첨하다.

獲罪於天, 無所禱也.(획죄어천. 무소도야.) : 하늘에 죄를 지으면 빌 곳이 없다.

14

子曰 "周監於二代, 郁郁乎文哉! 吾從周."

監於二代(감어이대) : 하나라와 은나라[二代]를 본보기로 삼고 따르다
〔監〕.

郁郁(욱욱) : 매우 빛나다.

文(문) : 문화, 문물, 무늬, 문채.

15

子入太廟, 每事問. 或曰 "孰謂鄹人之子, 知禮乎? 入太廟,
每事問." 子聞之曰 "是禮也."

16

子曰 "射不主皮, 爲力不同科, 古之道也."

主皮(주피) : 과녁의 가죽을 꿰뚫는 데 주력하다, 과녁의 가죽을 꿰뚫
어야 한다고 주장하다. 主는 '주력하다' 또는 '주장하다', 皮는
'과녁에 있는 가죽'.

爲力不同科(위력부동과) : 힘을 쓰는[爲力] 정도, 등급[科]이 같지 않다
〔不同〕.

17

子貢, 欲去告朔之餼羊, 子曰 "賜也! 爾愛其羊, 我愛其禮."

餼羊(희양) : 제사에 쓰는 희생물을 餼라고 한다. 따라서 餼羊이란 제
　　사에서 희생물로 쓰는 양을 말한다.

18

子曰 "事君盡禮, 人以爲諂也."

以爲(이위) : …라고 여기다, …라고 생각하다.

19

定公問 "君使臣, 臣事君, 如之何?" 孔子對曰 "君使臣以禮,
臣事君以忠."

20

子曰 "關雎, 樂而不淫, 哀而不傷."

樂而不淫(낙이불음) : 즐거움이 적당해서 즐거움에 지나치게 빠져들
　　지 않는다. 淫은 '정도가 지나치다'는 뜻.
哀而不傷(애이불상) : 슬퍼하되 상처를 입지 않다. 슬퍼하기는 하지만
　　지나친 슬픔에 빠져 몸이나 감정에 상처를 주기에 이르지는 않

는다는 뜻이다.

21

哀公問社於宰我. 宰我對曰"夏后氏以松, 殷人以柏, 周人
以栗, 曰使民戰栗."子聞之曰"成事不說, 遂事不諫, 旣往不
咎."

22

子曰"管仲之器小哉!"或曰"管仲儉乎?"曰"管氏, 有三歸,
官事不攝, 焉得儉?""然則管仲, 知禮乎?"曰"邦君樹塞門, 管
氏亦樹塞門, 邦君, 爲兩君之好, 有反坫, 管氏亦有反坫. 管氏
而知禮, 孰不知禮?"

邦君(방군) : 나라(邦)의 임금(君).

樹塞門(수색문) : 밖에서 안이 들여다보이지 않도록 막는 가리개(塞
門)를 세웠다(樹)는 것이다.

兩君之好(양군지호) : 두 임금이 친선을 위하여 함께 만나 즐기는 것
을 말한다.

反坫(반점) : 임금과 임금이 만나 술을 주고받을 때, 술을 마시고 난
후 잔을 올려놓는 대이다.

23

子語魯大師樂曰 "樂其可知也. 始作, 翕如也, 從之, 純如
也, 皦如也, 繹如也, 以成."

翕如(흡여) : 翕은 여러 가지 소리가 합쳐짐을 묘사하는 것이고, 如는
 '…한 듯하다'라는 뜻, 즉 '…한 듯한 느낌이 든다'는 의미이다.

從(종) : 소리가 다양하게 전개됨을 말한다.

純(순) : 다양한 소리가 조화를 이룸.

皦(교) : 음이 분명함.

繹(역) : 소리가 끊임없이 이어짐.

24

儀封人請見曰 "君子之至於斯也, 吾未嘗不得見也." 從者
見之, 出曰 "二三子何患於喪乎? 天下之無道也久矣. 天將以
夫子爲木鐸."

封人(봉인) : 봉토의 경계를 관리하는 관직명.

請見(청현) : 뵙기를 요청하다. 여기서 見은 '뵙다'의 의미이므로 '현'
 으로 읽는다.

從者(종자) : 공자를 모시며 뒤따르는 제자들.

見之(견지) : 그(공자)를 뵙도록 했다.

二三子(이삼자) : 글자 그대로 하면 '두세 사람'의 뜻이지만, 여기서는

'그대들' 또는 '여러분'의 의미로 풀이된다.

喪(상) : 벼슬을 잃고 나라를 떠남을 말한다. 공자의 덕이 점차 사라져
　　　간다는 의미로 풀이하기도 한다.

25

子謂韶, "盡美矣, 又盡善也." 謂武, "盡美矣, 未盡善也."

盡美(진미) : 소리 또는 형식의 아름다움을 완전하게 이루었다는 것
　　　이다.

盡善(진선) : 진미(盡美)와 대비하여, 그 내용의 아름다움을 완전하게
　　　이루었다는 뜻이다.

26

子曰 "居上不寬, 爲禮不敬, 臨喪不哀, 吾何以觀之哉?"

居上(거상) : 윗자리에 있다.

臨喪(임상) : 상(喪)을 당하다, 상사(喪事)를 처리하다.

觀之(관지) : 그를 보아주다, 그를 인정해주다, 그를 알아주다.

4. 里仁

1

子曰 "里仁爲美. 擇不處仁, 焉得知?"

擇不處仁(택불처인) : 가려서 인한 곳에서 살지 않는다면.

2

子曰 "不仁者不可以久處約, 不可以長處樂. 仁者安仁, 知者利仁."

處約(처약) : 곤궁함에 처하다, 궁핍하게 살다.
處樂(처락) : 안락함에 처하다, 편안하게 살다.

3

子曰 "唯仁者能好人, 能惡人."

惡人(오인) : 남을 미워하다. 여기서 惡는 '미워한다'는 뜻이고 '오'로 읽는다.

4

子曰 "苟志於仁矣, 無惡也."

苟(구) : 진실로.

無惡(무악) : 악이 없다, 나쁜 짓을 하지 않다.

5

子曰 "富與貴, 是人之所欲也, 不以其道得之, 不處也. 貧與賤, 是人之所惡也, 不以其道得之, 不去也. 君子去仁, 惡乎成名? 君子無終食之間違仁, 造次必於是, 顚沛必於是."

其道(기도) : '(정당한 바로) 그 도리, 방법'이라는 강조의 의미.

不處(불처) : 그 부귀 속에 거처하지 않는다.

惡(오) : 미워하다, 싫어하다.

不去(불거) : 벗어나지 않는다.

惡乎成名(오호성명) : 어떻게(惡乎) 군자라는 이름에 걸맞은 인격을 이루겠는가.

終食之間(종식지간) : 식사를 마칠 때까지의 시간, 즉 밥 한 끼 먹는 시간.

造次(조차) : 급박한 때.

必於是(필어시) : 반드시(必) 이것(是), 즉 인(仁)에(於) 근거하여야 한다. 아무리 다급한 순간이라도 인을 잊어서는 안 된다는 것이다.

顚沛(전패) : 넘어지는 순간, 매우 위태롭고 위급한 순간.

6

子曰 "我未見好仁者, 惡不仁者. 好仁者, 無以尙之, 惡不仁者, 其爲仁矣, 不使不仁者加乎其身. 有能一日用其力於仁矣乎? 我未見力不足者. 蓋有之矣, 我未之見也."

無以尙之(무이상지) : 그것에(之) 더 보탤(尙) 그 무엇이(以) 없다(無).

加乎其身(가호기신) : 그 자신(其身)에게(乎) 가하다, 또는 영향을 미치다.

蓋(개) : 아마도.

7

子曰 "人之過也, 各於其黨. 觀過, 斯知仁矣."

過(과) : 잘못, 허물, 과오.

斯(사) : 곧.

8

子曰 "朝聞道, 夕死可矣."

9

子曰"士志於道, 而恥惡衣惡食者, 未足與議也."

恥惡衣惡食者(치악의악식자) : 나쁜 옷을 입고 나쁜 음식을 먹는 것을
　　부끄럽게 여기는 사람.

未足與議(미족여의) : 함께[與] 논의하기에[議] 부족하다[未足].

10

子曰"君子之於天下也, 無適也, 無莫也, 義之與比."

適(적) : 반드시 그렇게 해야 하다.

莫(막) : 절대로 해서는 안 되다.

與比(여비) : 더불어[與] 따르다[比].

11

子曰"君子懷德, 小人懷土, 君子懷刑, 小人懷惠."

懷(회) : 마음에 (어떤 생각을) 품다.

土(토) : 편안히 살 곳.

刑(형) : 법도.

惠(혜) : 혜택. 사적으로 이익 될 일.

12

子曰 "放於利而行, 多怨."

放(방) : 의존하다, 따르다.

13

子曰 "能以禮讓爲國乎, 何有? 不能以禮讓爲國, 如禮何?"

禮讓(예양) : 예의와 겸양. 禮의 내용을 讓으로 보기도 한다.

爲國(위국) : 나라[國]를 다스리다[爲].

何有(하유) : 무슨 어려움이 있겠는가. '하난지유(何難之有)'의 준말로
　　보면 된다.

如禮何(여례하) : 예를 가지고 어찌하겠는가, 예가 무슨 소용이 있겠
　　는가. '如何禮'가 도치된 형태이다.

14

子曰 "不患無位, 患所以立, 不患莫己知, 求爲可知也."

所以立(소이립) : 설 수 있는 방법, 또는 그러한 그러한 능력.

莫己知(막기지) : 자기를 알아주지 않다. '莫知己'의 도치된 형태.

求爲可知(구위가지) : 알아줄[知] 만하게[可] 되기를[爲] 추구하다[求].

15

子曰 "參乎! 吾道, 一以貫之." 曾子曰 "唯." 子出, 門人問曰 "何謂也?" 曾子曰 "夫子之道, 忠恕而已矣."

唯(유) : 아무런 의문 없이 재빨리 대답하는 말이다.

16

子曰 "君子喩於義, 小人喩於利."

喩(유) : 환하게 알다.

17

子曰 "見賢思齊焉, 見不賢而內自省也."

賢(현) : 어진 사람 또는 현명한 사람.

思齊(사제) : 齊란 '가지런하다'라는 뜻이므로, 그 어진 이와 같은 수준이 되기를 생각한다는 의미이다.

內自省(내자성) : 마음속으로 자신을 반성하여 자신에게 그렇게 어질지 못한 점은 없는지 생각해본다는 것이다.

18

子曰 "事父母幾諫, 見志不從, 又敬不違, 勞而不怨."

幾(기) : 은밀하고 조심스럽게 하다.

19

子曰 "父母在, 不遠遊, 遊必有方."

遊(유) : 유람하듯이 여행을 떠나는 것을 말한다.

20

子曰 "三年無改於父之道, 可謂孝矣."

21

子曰 "父母之年, 不可不知也. 一則以喜, 一則以懼."

以(이) : '以父母之年(이부모지년)'에서 '父母之年'이 생략된 것이다.
부모님의 연세를 확인함으로써 한편으로는 기쁘기도 하고 한편
으로는 염려된다는 것이다.

22

子曰 "古者言之不出, 恥躬之不逮也."

古者(고자) : 옛 사람들.
言之不出(언지불출) : 말을 함부로 내뱉지 않다, 말을 함부로 하지

않다.

躬之不逮(궁지불체) : 몸이 미치지 못하다, 행동이 따르지 못하다.

23

子曰"以約失之者, 鮮矣."

約(약) : 함부로 방탕하지 못하도록 절제하는 것을 말한다.

失(실) : 잃다, 실패하다, 실수하다 등의 의미를 모두 포괄한다.

24

子曰"君子欲訥於言, 而敏於行."

訥(눌) : 말을 더듬거리는 것, 즉 말재주가 없어서 말을 잘하지 못하는 것을 가리킨다.

25

子曰"德不孤, 必有隣."

26

子游曰"事君數, 斯辱矣; 朋友數, 斯疏矣."

數(삭) : 자주 하다, 여러 번 되풀이하다.

斯(사) : 곧.

辱(욕) : 욕을 보다, 모욕 또는 치욕을 당하다.

疏(소) : 소원해지다, 멀어지다.

5. 公冶長

1

子謂公冶長, "可妻也. 雖在縲絏之中, 非其罪也." 以其子妻
之. 子謂南容, "邦有道, 不廢; 邦無道, 免於刑戮." 以其兄之子
妻之.

妻(처) : 시집보내다.

縲絏(누설) : 포승으로 묶다. 縲는 '포승, 검은 줄'이고, 絏은 '매다'라
　　　　는 뜻이다.

其子(기자) : 공자의 자식, 즉 공자의 딸.

邦有道(방유도) : 나라에 도가 있다, 즉 나라에 도가 제대로 행해지다.

廢(폐) : 버림받다, 쫓겨나다.

刑戮(형륙) : 형벌, 처형.

2

子謂子賤, "君子哉, 若人! 魯無君子者, 斯焉取斯?"

若人(약인) : 이와 같은 사람.

斯焉取斯(사언취사) : 이 사람이〔앞의 斯〕 어떻게〔焉〕 이런 덕을〔뒤의 斯〕 취했겠는가〔取〕.

3

子貢問曰"賜也何如?"子曰"女器也."曰"何器也?"曰"瑚璉也."

賜(사) : 자공(子貢)의 이름.

女(여) : '汝(여)'와 통용되는 이인칭 대명사.

4

或曰"雍也, 仁而不佞."子曰"焉用佞? 禦人以口給, 屢憎於人. 不知其仁, 焉用佞?"

佞(녕) : 말재주가 있다, 말을 잘하다.

禦(어) : 응대하다, 대하다.

口給(구급) : 給이 빠르다, 공급하다, 더하다, 넉넉하다 등의 뜻이므로, 口給은 말솜씨가 민첩하고 뛰어나다는 의미이다.

屢憎(루증) : 미움, 증오〔憎〕를 여러 번 되풀이하여 쌓다〔屢〕.

5

子使漆雕開仕, 對曰 "吾斯之未能信." 子說.

仕(사) : 벼슬하다.

斯之未能信(사지미능신) : 이것은(斯) 아직 자신할 수 없다(未能信).

說(열) : '悅(열)'과 통하여, '기뻐하다', '즐거워하다'의 뜻.

6

子曰 "道不行, 乘桴浮于海, 從我者, 其由與." 子路聞之喜,
子曰 "由也, 好勇過我, 無所取材."

桴(부) : 뗏목.

浮于海(부우해) : 바다로(于海) 떠나가다(浮). 도가 행해지는 곳, 또는
　　도를 실현할 수 있는 곳을 찾아 떠난다는 것이다.

由(유) : 공자의 제자인 자로(子路)의 이름.

7

孟武伯問 "子路仁乎?" 子曰 "不知也." 又問, 子曰 "由也, 千
乘之國, 可使治其賦也, 不知其仁也."

"求也, 何如?" 子曰 "求也, 千室之邑, 百乘之家, 可使爲之
宰也, 不知其仁也."

"赤也, 何如?" 子曰 "赤也, 束帶立於朝, 可使與賓客言也,

不知其仁也."

賦(부) : 여기서는 군부(軍賦), 즉 군대의 운영과 관련된 일들을 말한다.

千室之邑(천실지읍) : 천 호의 집이 있는 고을, 즉 경대부(卿大夫)의
고을.

百乘之家(백승지가) : 백 량의 군사용 수레를 갖춘 집안, 즉 경대부의
집안. 제후가 다스리는 지역은 국(國), 경대부가 다스리는 지역
은 가(家)라고 불렀다.

宰(재) : 일을 총괄하는 직책.

束帶立於朝(속대립어조) : 관복에 두르는 띠(帶)를 두르고(束) 조정에
(於朝) 서다(立). 즉 관복을 갖춰 입고 조정에 서다.

與賓客言(여빈객언) : 귀한 손님(賓客)과 함께 이야기하다. 즉 나라의
귀한 손님들을 응대하며 접대하다.

8

子謂子貢曰 "女與回也, 孰愈?" 對曰 "賜也, 何敢望回? 回
也聞一以知十, 賜也聞一以知二." 子曰 "弗如也. 吾與女, 弗
如也."

女(여) : '汝(여)'와 통용되는 이인칭 대명사.

孰愈(숙유) : 누가(孰) 더 나은가(愈). 누가 더 뛰어난가.

何敢望回(하감망회) : 어찌 감히 회를 바라볼(望) 수 있겠는가. 감히

회와 비교되기를 기대할 수도 없다는 말이다.

弗如(불여) : 같지 못하다. 즉, 그보다 못하다.

9

宰予晝寢, 子曰 "朽木不可雕也, 糞土之牆不可杇也. 於予
與何誅?" 子曰 "始吾於人也, 聽其言而信其行; 今吾於人也,
聽其言而觀其行. 於予與, 改是."

朽木(후목) : 썩은(朽) 나무(木).

雕(조) : 새기다, 파다, 조각하다.

糞土之牆(분토지장) : 거름흙(糞土)으로 만든 담장(牆).

杇(오) : 흙손으로 벽을 바르다.

於予與(어여여) : '재여에 대하여' 또는 '재여로 인하여'. 여기서 與는
    어조사.

誅(주) : 꾸짖다, 벌주다.

10

子曰 "吾未見剛者." 或對曰 "申棖." 子曰 "棖也慾, 焉得剛?"

剛(강) : 굳세다, 강직하다. 즉, 어려움이 있더라도 자신의 뜻을 쉽게
    굽히지 않는 것을 말한다.

11

子貢曰"我不欲人之加諸我也, 吾亦欲無加諸人." 子曰"賜
也, 非爾所及也."

加諸我(가저아) : 나에게 가하다. 즉, 나에 대해 어떤 일을 행하다.

非爾所及(비이소급) : 네가 미칠 바가 아니다. 즉, 네가 해낼 수 있는
수준의 일이 아니다.

12

子貢曰"夫子之文章, 可得而聞也, 夫子之言性與天道, 不
可得而聞也."

13

子路, 有聞, 未之能行, 唯恐有聞.

14

子貢問曰"孔文子何以謂之文也?" 子曰"敏而好學, 不恥下
問, 是以謂之文也."

謂之文(위지문) : 그를(之) 문(文)이라고 부르다(謂). 즉 그를 문이라는
시호로 부르다.

敏而好學(민이호학) : 영민, 민첩하면서도 배우기를 좋아하다.

不恥下問(불치하문) : 아랫사람에게 묻기를[下問] 부끄러워하지 않다
　〔不恥〕.

15

子謂子産, "有君子之道四焉. 其行己也恭, 其事上也敬, 其
養民也惠, 其使民也義."

養民(양민) : 백성을 봉양하다, 백성을 먹여 살리다.

16

子曰 "晏平仲, 善與人交, 久而敬之."

善(선) : 잘하다.

17

子曰 "臧文仲, 居蔡, 山節藻梲, 何如其知也?"

山節(산절) : 기둥머리 나무에 산 모양을 조각하다. 節은 기둥머리 나
　　무를 말한다.

藻梲(조절) : 藻는 수초(水草)이고 梲은 '동자기둥'을 가리킨다. 따라
　　서 藻梲이란 '동자기둥에 수초를 그리다'라는 의미가 된다.

山節藻梲(산절조절) : 이런 장식은 천자의 종묘에서 하는 분수에 맞지

않는 것이다.

18

子張問曰 "令尹子文, 三仕爲令尹, 無喜色, 三已之, 無慍
色, 舊令尹之政, 必以告新令尹. 何如?" 子曰 "忠矣." 曰 "仁矣
乎?" 曰 "未知, 焉得仁?"

"崔子弑齊君, 陳文子有馬十乘, 棄而違之. 至於他邦, 則曰
'猶吾大夫崔子也.' 違之. 之一邦, 則又曰 '猶吾大夫崔子也.'
違之. 何如?" 子曰 "淸矣." 曰 "仁矣乎?" 曰 "未知, 焉得仁?"

三仕(삼사) : 세 번 벼슬에 오르다.

三已之(삼이지) : 세 번 그것(令尹)을 그만두다.

馬十乘(마십승) : 乘은 말 네 마리가 끄는 전차이므로, 馬十乘은 말
40마리이다.

棄而違之(기이위지) : (말들을) 버리고[棄] 그곳을[之] 떠나다[違].

猶(유) : …과 같다.

之一邦(지일방) : 한 나라에[一邦] 가다[之].

淸(청) : 깨끗하다, 청렴결백하다.

19

季文子, 三思而後行. 子聞之曰 "再斯可矣."

斯(사) : 어조사로서, 여기서는 '則'과 같이 조건문을 만드는 역할을
한다.

20

子曰 "甯武子, 邦有道則知, 邦無道則愚. 其知可及也, 其愚
不可及也."

21

子在陳, 曰 "歸與, 歸與! 吾黨之小子狂簡, 斐然成章, 不知
所以裁之."

吾黨(오당) : 나의 고장, 나의 고향.

小子(소자) : 젊은이들, 제자들.

斐然(비연) : 무늬, 모습이 아름다운 모양.

所以裁之(소이재지) : 일을 차근차근 따져 보고 계획하는 방법.

22

子曰 "伯夷·叔齊, 不念舊惡, 怨是用希."

舊惡(구악) : 옛날의 악한 일, 옛 원한.

怨是用希(원시용희) : 원한(怨)도 이로 인하여(是用) 드물다(希).

23

子曰 "孰謂微生高直? 或乞醯焉, 乞諸其隣而與之."

直(직) : 정직하다.

醯(혜) : 식초.

24

子曰 "巧言令色足恭, 左丘明恥之, 丘亦恥之. 匿怨而友其
人, 左丘明恥之, 丘亦恥之."

足恭(족공) : 주희에 따르면 足은 '過(과)'의 뜻과 통하므로, 足恭이란
　　　지나치게 공손함을 말한다.

匿怨而友其人(익원이우기인) : 원한을 숨기고[匿怨] 그 사람과[其人]
　　　벗하다[友].

25

顔淵·季路侍, 子曰 "盍各言爾志?" 子路曰 "願車馬衣輕裘,
與朋友共, 敝之而無憾." 顔淵曰 "願無伐善, 無施勞." 子路曰
"願聞子之志." 子曰 "老者安之, 朋友信之, 少者懷之."

侍(시) : 윗사람을 곁에서 모시는 것을 말한다.

盍(합) : 어찌 …하지 않는가?[何不]

爾志(이지) : 너의 뜻, 너의 포부.

與朋友共(여붕우공) : 벗들과 함께 사용하다, 벗들과 공유하다.

敝之而無憾(폐지이무감) : 그것을 못쓰게 만들어도〔敝之〕 아까워하거
나 원망하는 감정이 없다〔無憾〕.

伐善(벌선) : 자신이 잘한 일 또는 자신의 장점〔善〕을 자랑하다〔伐〕.

施勞(시로) : '자신의 공로를 과시하다', 또는 '수고로운 일을 다른 사
람에게 돌리다.'

懷(회) : 감싸고 보살펴서 따르게 하다.

26

子曰 "已矣乎! 吾未見能見其過而內自訟者也."

內自訟(내자송) : 마음속으로〔內〕 스스로〔自〕 잘못을 따지다〔訟〕.

27

子曰 "十室之邑, 必有忠信如丘者焉, 不如丘之好學也."

6. 雍也

1

子曰 "雍也, 可使南面." 仲弓問子桑佰子, 子曰 "可也, 簡." 仲弓曰 "居敬而行簡, 以臨其民, 不亦可乎? 居簡而行簡, 無乃大簡乎?" 子曰 "雍之言, 然."

南面(남면) : 임금 노릇을 하는 것. 임금은 북쪽에서 남쪽을 향하여 앉아서 신하들을 대하며 정사를 돌보기 때문이다.

簡(간) : 번거롭고 까다롭지 않다, 대범하다, 소탈하다.

居敬(거경) : 공경함에 거처한다, 즉 언제나 몸과 마음가짐에서 공경하는 태도를 유지한다.

大(태) : '太(태)'와 통용되어, '지나치게', '너무' 등의 뜻.

無乃…乎(무내…호) : …하지 않은가?

2

哀公問 "弟子孰爲好學?" 孔子對曰 "有顔回者好學, 不遷怒, 不貳過, 不幸短命死矣. 今也則亡, 未聞好學者也."

不貳過(불이과) : 같은 잘못(過)을 두 번 저지르지 않는다.

亡(무) : '無(무)'와 통용되어, '없다'는 뜻.

3

子華使於齊, 冉子爲其母請粟. 子曰 "與之釜." 請益, 曰 "與
之庾." 冉子與之粟五秉, 子曰 "赤之適齊也, 乘肥馬, 衣輕裘.
吾聞之也, '君子周急, 不繼富'." 原思爲之宰, 與之粟九百, 辭.
子曰 "毋. 以與爾隣里鄕黨乎!"

釜(부) : 양을 헤아리는 단위로, 여섯 말 넉 되(六斗四升)에 해당한다.

請益(청익) : 좀 더 줄 것을 청하다.

庾(유) : 양을 헤아리는 단위로, 열여섯 말(十六斗)에 해당한다.

五秉(오병) : 秉은 십육 곡(斛)이므로, 오 병은 팔십 곡이다. 그런데 일
곡은 십 두(斗), 즉 열 말이므로 곡은 지금의 섬에 해당한다. 따
라서 오 병은 팔십 섬 정도이다. 도량형에 대해서는 논란이 많
으나 내용의 이해에 무리가 없는 한에서 주희의 설을 기준으로
하였다.

適齊(적제) : 제나라에(齊) 가다(適).

周急(주급) : 위급하거나 절박한 것(急)을 구제하다(周).

繼富(계부) : 부유함을 이어주다, 즉 부유한 자에게 재물을 보태 주다.

九百(구백) : 구백 말인 듯하나 확실치는 않다. 당시에 흔히 통용되던
단위라서 생략된 듯하다.

辭(사) : 사양하다.

毋(무) : 그러지 말라, 즉 사양하지 말라.

隣里鄕黨(인리향당) 정현(鄭玄)에 따르면 隣은 다섯 집(家), 里는 다섯
隣, 鄕은 일만이천오백 집(家), 黨은 오백 집에 해당한다. 통틀
어서 이웃 마을 사람들을 가리키는 것으로 보면 될 것이다.

4

子謂仲弓曰 "犁牛之子, 騂且角, 雖欲勿用, 山川其舍諸?"

犁(리) : 얼룩소.

騂(성) : 털이 붉은 것. 주나라 사람들은 붉은색을 숭상했기 때문에 붉
은색의 소를 희생으로 썼다고 한다.

角(각) : '뿔'을 가리키지만, 여기서는 제사에 희생으로 올릴 만큼 반
듯한 뿔을 갖추었음을 의미한다.

舍(사) : '사(捨)'와 같은 뜻으로, '버리다'.

諸(저) : '…之乎'의 뜻으로, 의문이나 감탄을 나타낸다.

5

子曰 "回也, 其心三月不違仁, 其餘, 則日月至焉而已矣."

回(회) : 공자가 가장 아꼈던 제자 안회(顔回)의 이름.

日月至(일월지) : 하루나 한 달에 한 번 인(仁)에 이르다.

6

季康子問“仲由, 可使從政也與?”子曰“由也果, 於從政乎何有?”曰“賜也, 可使從政也與?”曰“賜也達, 於從政乎何有?”曰“求也, 可使從政也與?”曰“求也藝, 於從政乎何有?”

從政(종정) : 정치 또는 행정에 종사함.

果(과) : 과단성, 결단력이 있음.

何有(하유) : 무슨 어려움이 있겠는가, 무슨 문제가 있겠는가.

達(달) : 세상사에 두루 통달함.

藝(예) : 재주, 재능이 있음.

7

季氏使閔子騫爲費宰, 閔子騫曰“善爲我辭焉. 如有復我者, 則吾必在汶上矣.”

宰(재) : 비읍(費邑)의 일을 관장하는 직책이므로 읍재(邑宰)에 해당한다.

善(선) : '잘'이란 의미의 부사로 쓰였다.

辭(사) : 사양하다.

復我(부아) : 나를 다시 찾다.

上(상) : 강 이름과 함께 쓰일 때는 '물가'의 의미로 쓰인다.

8

伯牛有疾, 子問之, 自牖執其手曰"亡之, 命矣夫! 斯人也, 而有斯疾也! 斯人也, 而有斯疾也!"

問(문) : 병문안하다.
自牖(자유) : 창문(牖)으로부터(自), 즉 창문 너머로, 창문을 통하여.

9

子曰"賢哉, 回也! 一簞食, 一瓢飮, 在陋巷, 人不堪其憂, 回也不改其樂. 賢哉, 回也!"

簞食(단사) : 대나무 도시락의 밥. 簞은 대나무로 만든 둥근 그릇이고, 食는 '밥'이며 '사'로 읽는다.
瓢飮(표음) : 표주박의 물. 瓢는 표주박, 飮은 마실 것.
陋巷(누항) : 누추한 거리. 陋는 누추하다, 巷은 거리, 골목.
堪(감) : 감당하다, 견뎌내다.
其憂(기우) : 그 근심, 그 어려움.

10

冉求曰"非不說子之道, 力不足也." 子曰"力不足者, 中道而廢, 今女畫."

說(열) : '悅(열)'과 통용되어, '기뻐하다, 좋아하다'라는 뜻.

中道而廢(중도이폐) : 진행하는 도중에 그만두다.

今女畫(금여획) : 지금(今) 네가(女) 선을 긋는구나(畫=劃).

11

子謂子夏曰 "女爲君子儒, 無爲小人儒."

君子儒(군자유) : 군자다운 유학자, 지식인.

12

子游爲武城宰, 子曰 "女得人焉爾乎?" 曰 "有澹臺滅明者,
行不由徑, 非公事, 未嘗至於偃之室也."

得人(득인) : 인재 또는 인물을 얻다.

焉爾乎(언이호) : 어조사.

由徑(유경) : 徑은 지름길. 따라서 由徑은 '지름길을 통하여 지나가
　　　다'라는 뜻이다.

偃(언) : 자유(子游)의 이름.

13

子曰 "孟之反, 不伐. 奔而殿, 將入門, 策其馬曰 '非敢後也,
馬不進也'."

伐(벌) : 자신의 공을 과시하다, 자랑하다.

奔(분) : 달아나다, 도망가다.

殿(전) : 殿은 군대의 후방을 가리킨다. 따라서 여기서는 군대의 후방
   에서 적을 막는 것을 의미한다.

策(책) : 채찍 또는 채찍질하다.

非敢後(비감후) : 감히(敢) 뒤에 처지려(後) 한 것이 아니다(非).

14

子曰"不有祝鮀之佞, 而有宋朝之美, 難乎免於今之世矣."

佞(녕) : 말재주, 말을 잘함.

免(면) : 화나 재앙을 모면하다.

15

子曰"誰能出不由戶? 何莫由斯道也?"

由戶(유호) : 문을 통하여 지나가다.

16

子曰"質勝文則野, 文勝質則史. 文質彬彬, 然後君子."

質勝文(질승문) : 바탕(質)이 외면적인 형식(文)을 이기다, 능가하다.

野(야) : 들에서 자란 짐승처럼 교양과 예의를 모르고 거친 것을 의미
　　한다.

史(사) : 사관(史官)이 문장을 많이 쓰다 보면, 문장은 화려한 수식과
　　형식을 잘 갖추지만 성의는 부족하게 되는 것을 비유한 것이다.

彬彬(빈빈) : 잘 어울려 조화를 이루는 모양.

17

子曰 "人之生也直. 罔之生也, 幸而免."

直(직) : 정직함, 솔직함, 바름, 곧음.

罔(망) : 정직함이 없음.

幸而免(행이면) : 요행히 (재난 또는 화를) 면하다.

18

子曰 "知之者, 不如好之者, 好之者, 不如樂之者."

19

子曰 "中人以上, 可以語上也, 中人以下, 不可以語上也."

上(상) : 높은 수준의 학문이나 도리 등의 것.

20

樊遲問知, 子曰 "務民之義, 敬鬼神而遠之, 可謂知矣." 問
仁, 曰 "仁者, 先難而後獲, 可謂仁矣."

務民之義(무민지의) : 사람들이 지켜야 할 도의에 힘쓰다.

敬鬼神而遠之(경귀신이원지) : 귀신은 공경하되 멀리하다.

先難(선난) : 어려운 일이 있을 때 먼저 나서서 한다는 것이다.

後獲(후획) : 얻는 것(獲), 즉 이득, 소득에 대해서는 남들보다 뒤에 서
는 것을 말한다.

21

子曰 "知者樂水, 仁者樂山, 知者動, 仁者靜, 知者樂, 仁者
壽."

樂水(요수) : 물을 좋아하다. '좋아하다'의 뜻일 때 樂의 음은 '요'.

知者樂(지자락) : 지혜로운 사람은 즐겁게 산다. '즐거워하다'의 뜻일
때 樂의 음은 '락'.

22

子曰 "齊一變, 至於魯, 魯一變, 至於道."

23

子曰 "觚不觚, 觚哉! 觚哉!"

觚(고) : 각이 진 술잔, 모난 술잔.

24

宰我問曰 "仁者, 雖告之曰 '井有仁焉', 其從之也?" 子曰
"何爲其然也? 君子可逝也, 不可陷也; 可欺也, 不可罔也."

井有仁(정유인) : 주희는 仁을 人으로 보아 '우물에 사람이 있다'로
　　풀이한다.

從之(종지) : 그 말대로 우물 속으로 따라 들어가다.

逝(서) : 가다.

陷(함) : 빠지다.

欺(기) : 그럴듯한 말로 속이다.

罔(망) : 사리에도 맞지 않는 말로 속이다.

25

子曰 "君子, 博學於文, 約之以禮, 亦可以弗畔矣夫!"

約(약) : 단속하다, 요약, 집약하다.

弗畔(불반) : 弗은 不, 畔은 '叛(반)'과 통하여, (도리를) 배반하지 않는

다는 뜻이다.

26

子見南子, 子路不說. 夫子矢之曰 "予所否者, 天厭之! 天厭之!"

說(열) : 좋아하다, 기뻐하다.

矢(시) : 맹세하다.

否(부) : 그릇되다, 잘못되다.

厭(염) : 버리다, 미워하다.

27

子曰 "中庸之爲德也, 其至矣乎! 民鮮久矣."

爲德(위덕) : 덕됨, 덕성.

民鮮久(민선구) : 백성들 중에 (이 덕을 지닌 사람이) 드물게 된 지 오래
    되다.

28

子貢曰 "如有博施於民, 而能濟衆, 何如? 可謂仁乎?" 子曰
"何事於仁? 必也聖乎! 堯舜其猶病諸. 夫仁者; 己欲立而立
人, 己欲達而達人. 能近取譬, 可謂仁之方也已."

博施(박시) : 널리 은혜, 은덕을 베풀다.

濟衆(제중) : 많은 사람들을 구제하다.

何事於仁(하사어인) : 어찌 인에 한정되는 일이겠는가.

必也聖乎(필야성호) : 반드시〔必也〕 성인이로다〔聖乎〕.

其猶病諸(기유병저) : 오히려 그렇게 하지 못할까를 근심하다.

立(립) : 서다, 자립하다.

達(달) : 뜻을 이루다, 목표를 이루다.

能近取譬(능근취비) : 가까이〔近〕 자기 자신이 원하는 것을 취하여
〔取〕, 이를 통해 다른 사람들이 원하는 것을 미루어 알〔譬〕 수 있
다〔能〕.

仁之方(인지방) : 인을 실천하는 방법.

7. 述而

1

子曰 "述而不作, 信而好古, 竊比於我老彭."

述(술) : 옛것을 전하다.

作(작) : 창작하다.

信而好古(신이호고) : 옛 기록과 문화를 믿고 좋아하다.

竊(절) : 은근히, 가만히. 겸손하게 자신의 뜻을 드러내는 말이다.

我(아) : '우리…' 친근한 뜻을 드러내기 위해 덧붙이는 말.

2

子曰 "默而識之, 學而不厭, 誨人不倦, 何有於我哉?"

默而識之(묵이지지) : 말없이 기억해두다, 묵묵히 마음속에 새겨두다.

厭(염) : 싫증이 나다, 물리다, 싫어지다.

誨人不倦(회인불권) : 다른 사람을 가르치는 데[誨人] 게을리하지 않
　　　다[不倦].

3

子曰"德之不修, 學之不講, 聞義不能徙, 不善不能改, 是吾憂也."

學(학) : 학문, 배운 것.
講(강) : 익히다, 학습하다, 정리하다.
徙(사) : 옮겨 가다, 고치다, 변하다, 실천하다.

4

子之燕居, 申申如也, 夭夭如也.

燕居(연거) : 집에서 한가로이 지냄.
申申如(신신여) : 주희는 몸가짐이 편안한 모습으로 풀었고. 황간은
　　마음이 온화한 모양으로 풀었다. 如는 然과 같이 상태를 묘사하
　　는 말.
夭夭如(요요여) : 주희는 안색이 유쾌한 모양으로 풀었고. 황간은 몸
　　가짐이 느긋하고 편안한 모양으로 풀었다.

5

子曰"甚矣, 吾衰也! 久矣, 吾不復夢見周公."

衰(쇠) : 노쇠하다, 쇠약하다.

6

子曰 "志於道, 據於德, 依於仁, 游於藝."

7

子曰 "自行束脩以上, 吾未嘗無誨焉."

自…以上(자…이상) : …으로부터 그 이상.

束脩(속수) : 束은 열 개의 한 묶음. 脩는 육포. 따라서 束脩는 육포
   한 묶음.

誨(회) : 가르치다, 깨우쳐주다.

8

子曰 "不憤不啓, 不悱不發, 擧一隅, 不以三隅反, 則不復
也."

憤(분) : 분발하다. 즉 배우려고 열의를 보이다.

啓(계) : 계도하다. 이끌어주다.

悱(비) : 말로 표현하려 애쓰다.

發(발) : 열어주다. 막힌 것을 터 주다.

復(부) : 다시 하다, 반복하다, 즉 반복하여 가르치다.

9

子食於有喪者之側, 未嘗飽也. 子於是日哭, 則不歌.

有喪者(유상자) : 상을 당한 사람.

於是日哭(어시일곡) : '이날에 곡을 하시면', 즉 '곡을 하신 그날에는'.

10

子謂顔淵曰 "用之則行, 舍之則藏, 唯我與爾有是夫." 子路
曰 "子行三軍, 則誰與?" 子曰 "暴虎馮河, 死而無悔者, 吾不與
也. 必也臨事而懼, 好謀而成者也."

用(용) : 쓰다, 즉 관직에 등용하다.

行(행) : 일을 하다.

舍(사) : 버리다, 즉 관직에서 쫓겨나다.

藏(장) : 감추다, 숨어 지내다, 은거하다, 즉 재야에 물러나서 조용히
　　　지내다.

有是夫(유시부) : 그러한 뜻이나 능력을 가지고 있을 것이다. 夫는 감
　　　탄이나 추측을 나타내는 어조사.

行三軍(행삼군) : 삼군을 지휘, 통솔하다.

暴虎(폭호) : 맨손으로 호랑이를 때려잡다.

馮河(빙하) : 맨몸으로 큰 강을 건너다.

與(여) : 함께하다.

臨事而懼(임사이구) : 일을 마주하고 두려워하다, 즉 일을 대할 때 신
중하게 하다.

好謀而成(호모이성) : 계획을 잘 세워서 일을 성공시키다.

11

子曰 "富而可求也, 雖執鞭之士, 吾亦爲之. 如不可求, 從吾
所好."

而(이) : 의미상 '如'의 뜻으로 보아, '만약'으로 풀이한다.

執鞭之士(집편지사) : 채찍(鞭)을 드는(執) 사람.

從吾所好(종오소호) : 내가 좋아하는 바를 따르다, 즉 내가 원하는 일
을 하겠다.

12

子之所愼, 齊戰疾.

愼(신) : 삼가다, 조심하다, 신중히 하다.

13

子在齊聞韶, 三月不知肉味, 曰 "不圖爲樂之至於斯也."

圖(도) : 생각하다.

爲樂(위악) : 음악을 연주하다, 또는 음악을 만들다.

14

冉有曰"夫子爲衛君乎?"子貢曰"諾, 吾將問之."入曰"伯
夷·叔齊, 何人也?"曰"古之賢人也."曰"怨乎?"曰"求仁而
得仁, 又何怨?"出曰"夫子不爲也."

爲衛君(위위군) : 위나라 임금을 위하다, 즉 위나라 임금을 위하여 일
하다.
諾(낙) : 긍정적인 뜻으로 대답하는 말.
將(장) : 장차, 곧.

15

子曰"飯疏食飮水, 曲肱而枕之, 樂亦在其中矣. 不義而富
且貴, 於我如浮雲."

飯疏食(반소사) : 거친(疏) 밥(食)을 먹다(飯).
曲肱(곡굉) : 팔(肱)을 굽히다(曲).
枕之(침지) : 그것(之), 즉 굽힌 팔을 베개로 삼다(枕).
浮雲(부운) : 뜬(浮) 구름(雲).

16

子曰 "加我數年, 五十以學易, 可以無大過矣."

易(역) : 『역경(易經)』 또는 역학(易學)을 말한다.

17

子所雅言, 詩書執禮, 皆雅言也.

雅言(아언) : 雅는 '늘, 항상, 평소에'의 뜻이므로, 雅言이란 평소에 늘
하시는 말씀을 뜻한다.

詩書(시서) : 詩는 『시경(詩經)』, 書는 『서경(書經)』.

執禮(집례) : 예를 따르다, 예를 실천하다.

18

葉公問孔子於子路, 子路不對. 子曰 "女奚不曰 '其爲人也,
發憤忘食, 樂以忘憂, 不知老之將至云爾'."

奚(해) : 어찌, 어째서.

發憤(발분) : 어떤 일에 의욕이 생겨 열중하는 것.

將至(장지) : 곧(將) 이르다(至).

…云爾(운이) : …라는 식으로 이야기하다.

19

子曰 "我非生而知之者, 好古敏以求之者也."

生而知之者(생이지지자) : 태어나면서부터 안 사람, 즉 태어나면서부
터 세상의 도리와 이치를 안 천재.

敏以求之(민이구지) : 부지런함으로써(敏以) 그것을 추구하다(求之),
즉 부지런히 세상의 도리와 이치를 추구하다. 敏은 '부지런히,
민첩하게, 힘써' 등의 의미.

20

子不語怪力亂神.

21

子曰 "三人行, 必有我師焉. 擇其善者而從之, 其不善者而
改之."

從之(종지) : 그것을 따르다, 그들의 좋은 점을 본받다.

改之(개지) : 그것을 고치다. 그들의 잘못된 점을 보고 자신을 반성하
여 자기의 잘못된 점을 바로잡는다는 말이다.

22

子曰 "天生德於予, 桓魋其如予何?"

天生德於予(천생덕어여) : 하늘이 나에게 덕을 낳아주다, 즉 하늘이
　　나에게 덕을 부여해주다.

如予何(여여하) : '如何予'가 도치된 형태로, '나를 어찌하겠는가'라는
　　뜻.

23

子曰 "二三子以我爲隱乎? 吾無隱乎爾. 吾無行而不與二三
子者, 是丘也."

二三子(이삼자) : 제자들을 가리키는 말.

以我爲隱(이아위은) : 나를 숨기는 사람이라고 여기다.

無隱乎爾(무은호이) : 자네들에게〔爾〕에게〔乎〕 숨김이〔隱〕 없다〔無〕. 또는
　　'乎爾'를 강조, 영탄의 의미를 지닌 어조사로 볼 수도 있다.

無行而不與(무행이불여) : (무언가를) 행하고〔行〕 알려주지〔與〕 않음〔不〕
　　이 없다〔無〕. 여기서 '與'는 '알려주다, 가르쳐주다, 보여주다' 등
　　의 의미. 또는 '與'를 '…와 함께하다'의 의미로 보아, '무언가를
　　행하되 (자네들과) 함께하지 않는 일은 없다'로 풀이하기도 한다.

丘(구) : 공자의 이름. 자신을 가리킬 때 자기 이름을 쓰는 경우가 많다.

24

子以四敎, 文行忠信.

文行忠信(문행충신) : 文은 문장, 이론, 학문. 行은 몸가짐, 실천. 忠은

    진실된 마음, 성실. 信은 믿음, 신의.

25

子曰"聖人, 吾不得而見之矣, 得見君子者, 斯可矣." 子曰
"善人, 吾不得而見之矣, 得見有恒者, 斯可矣. 亡而爲有, 虛而
爲盈, 約而爲泰, 難乎有恒矣."

斯可(사가) : 이것이 괜찮다. 즉 이것만으로도 좋다.

有恒者(유항자) : 한결같은 마음을 지니고 있는 사람, 일관되게 올바

    른 이치에 따라 사는 사람.

亡(무) : '無(무)'와 통용되어 '없다'의 뜻.

盈(영) : 가득 차다.

約(약) : 궁핍하다.

泰(태) : 부유하다, 사치스럽다.

26

子釣而不網, 弋不射宿.

釣(조) : 낚시, 낚시질하다.

綱(강) : 그물, 그물질하다.

弋(익) : 주살, 즉 줄이 달린 화살.

射(석) : 쏘아서 맞히다.

宿(숙) : 둥우리에 깃들이다, 잠자다. 여기서는 그러한 새를 가리킨다.

27

子曰“蓋有不知而作之者, 我無是也. 多聞擇其善者而從之, 多見而識之, 知之次也.”

識之(지지) : 그것을 기억하다, 그것을 마음에 새겨두다.

知之次(지지차) : 아는 것의 다음, 제대로 아는 것에 버금가는 것.

28

互鄕難與言, 童子見, 門人惑. 子曰“與其進也, 不與其退也, 唯何甚? 人潔己以進, 與其潔也, 不保其往也.”

難與言(난여언) : 더불어(與) 이야기하기(言) 어렵다(難).

童子(동자) : 아이, 소년.

見(현) : 윗사람을 뵙다.

門人惑(문인혹) : 문인들이 의아하게 생각하다.

與其進(여기진) : 與는 ‘허락하다, 받아들이다’의 뜻이고, 進은 ‘바른 길로 나아감’을 뜻하므로, ‘바른 길로 나아가는 것을 받아들인 다’는 의미이다.

唯何甚(유하심) : 어찌 심하게 하겠는가, 즉 어찌 모질게 대하겠는가.

唯는 어조사.

保其往(보기왕) : 그의 지난 일에 연연하다. 保는 '얽매이다, 집착하다, 연연하다'의 뜻이고, 往은 '지난 일'을 뜻한다.

29

子曰"仁遠乎哉? 我欲仁, 斯仁至矣."

30

陳司敗問"昭公, 知禮乎?"孔子曰"知禮."孔子退, 揖巫馬期而進之曰"吾聞君子不黨, 君子亦黨乎? 君取於吳, 爲同姓, 謂之吳孟子. 君而知禮, 孰不知禮?"巫馬期以告, 子曰"丘也幸. 苟有過, 人必知之."

揖(읍) : 가슴 앞으로 두 손을 마주 잡고 고개를 약간 숙이는 인사법.

進之(진지) : 그를 나아오게 하다, 즉 무마기를 맞아들이다.

黨(당) : 편당을 짓다, 편당적이다.

取(취) : '娶(취)'와 통용되어, '부인을 취하다, 장가들다'의 뜻.

爲同姓(위동성) : 같은 성〔同姓〕이기 때문에〔爲〕.

巫馬期以告(무마기이고) : 무마기가 그러한 사실을 가지고〔以〕 공자께 알려드리다〔告〕.

31

子與人歌而善, 必使反之, 而後和之.

反之(반지) : 그것을 되풀이하다.
和之(화지) : 그것에 화답하다.

32

子曰 "文, 莫吾猶人也, 躬行君子, 則吾未之有得."

躬行君子(궁행군자) : 군자의 도리를 몸소 실천하여 군자답게 살아
　　가다.

33

子曰 "若聖與仁, 則吾豈敢? 抑爲之不厭, 誨人不倦, 則可謂
云爾已矣." 公西華曰 "正唯弟子不能學也."

抑(억) : 하지만, 그렇지만.
可謂云爾已矣(가위운이이의) : 그러하다고(云爾) 말할 수 있을(可謂)
　　뿐이다(已矣).

34

子疾病, 子路請禱. 子曰 "有諸?" 子路對曰 "有之. 誄曰 '禱

爾于上下神祇'." 子曰:"丘之禱久矣."

疾病(질병) : '병'을 뜻하는 글자를 겹쳐 써서, 병환이 위중함을 표현
하고 있다.

有諸(유저) : 諸는 '之乎'의 뜻. 따라서 '그것[之], 즉 그런 선례가 있는
가?'

禱爾(도이) : 너를 기도하다, 즉 너를 위하여 기도하다.

上下神祇(상하신기) : 위와 아래의 신, 즉 하늘의 신[天神]과 땅의 신
[地祇].

35
子曰 "奢則不孫, 儉則固, 與其不孫也, 寧固."

固(고) : 융통성 없이 고지식하다, 고루하다.

36
子曰 "君子坦蕩蕩, 小人長戚戚."

坦(탄) : 평탄하다, 평온하다.

蕩蕩(탕탕) : 넓은 모양, 즉 너그러운 마음을 묘사하는 말.

長(장) : 늘, 오래도록.

戚戚(척척) : 근심과 두려움에 싸여 있는 모양.

37

子溫而厲, 戚而不猛, 恭而安.

溫(온) : 따뜻하다, 온화하다, 원만하다.

厲(여) : 엄하다, 엄숙하다.

猛(맹) : 사납다, 잔혹하다, 성내다.

8. 泰伯

1

子曰 "泰伯, 其可謂至德也已矣. 三以天下讓, 民無得而稱
焉."

至德也已矣(지덕야이의) : '지극한 덕(德)뿐이다'. 다른 재주를 가지고
　　살았던 것이 아니라 오직 지극한 덕을 지니고 살았음을 강조한
　　말이다. '也已矣'는 '…일 뿐이다'는 뜻.

三以(삼이) : 글자 그대로 '세 번'이라고 보기도 하지만, 주희의 의견
　　을 따라 '끝내 사양함'을 강조한 말로 보는 것이 타당할 것이다.

無得而稱(무득이칭) : 칭송할(稱) 방도를 얻지 못하다(無得).

2

子曰 "恭而無禮則勞, 愼而無禮則葸, 勇而無禮則亂, 直而
無禮則絞. 君子篤於親, 則民興於仁, 故舊不遺, 則民不偸."

葸(사) : 두려워하다.

絞(교) : 박절하다, 엄하다, 조급하다.

篤(독) : 돈독하게 대하다.

親(친) : 친족, 친척.

興於仁(흥어인) : 인을 일으키다, 즉 인한 기풍이 일어나다.

故舊(고구) : 옛 친구.

遺(유) : 버려두다.

偸(투) : 각박하다, 인정이 없다.

3

曾子有疾, 召門弟子曰"啓予足! 啓予手! 詩云'戰戰兢兢,
如臨深淵, 如履薄冰.' 而今而後, 吾知免夫, 小子!"

召(소) : 부르다.

啓(계) : 열다, 펴다.

戰戰兢兢(전전긍긍) : 두려워하고 삼가는 모양.

臨(임) : 임하다, 마주하다, 가까이 서 있다.

履(리) : 밟다, 밟고 가다.

4

曾子有疾, 孟敬子問之, 曾子言曰"鳥之將死, 其鳴也哀, 人
之將死, 其言也善. 君子所貴乎道者三, 動容貌, 斯遠暴慢矣,
正顔色, 斯近信矣, 出辭氣, 斯遠鄙倍矣. 籩豆之事, 則有司存."

問(문) : 문병하다, 위문하다. 문병하다.

將(장) : 장차, 곧.

所貴乎道(소귀호도) : 도에서 귀하게 여기는 것, 즉 귀하게 여기는 도.

動容貌(동용모) : 몸을 움직이다, 즉 움직일 때의 몸가짐.

斯(사) : '則'과 같은 기능으로 쓰여서, '곧, 즉'의 뜻.

暴慢(포만) : 暴는 거칠고 사나움, 慢은 거만하고 교만함.

出辭氣(출사기) : 辭氣는 말과 소리를 뜻하므로, '말과 소리를 낸다'는
   뜻이다.

鄙倍(비배) : 鄙는 비루함, 천박함, 倍는 (도리에) 어긋남.

籩豆之事(변두지사) : 籩과 豆는 모두 제사 지낼 때 쓰는 그릇의 이
   름. 따라서 籩豆之事란 제기를 다루는 일과 같이 예에 관한 사
   소한 일들을 가리킨다.

有司(유사) : 담당자, 일을 주관하는 관리.

5

曾子曰 "以能問於不能, 以多問於寡, 有若無, 實若虛, 犯而
不校. 昔者吾友, 嘗從事於斯矣."

犯(범) : 범하다, 덤비다.

校(교) : 잘잘못을 따지다. 포함(包咸)은 '보복하다'의 뜻으로 보기도
   한다.

吾友(오우) : 나의 친구.

從事於斯(종사어사) : 이 일에 종사하다, 즉 위와 같이 실천하며 살다.

6

曾子曰 "可以託六尺之孤, 可以寄百里之命, 臨大節而不可奪也, 君子人與? 君子人也."

六尺之孤(육척지고) : '어린 고아', 여기서는 '어린 임금'을 가리킨다.

百里之命(백리지명) : 사방 백리 정도 되는 나라의 정치에 대한 책임.

大節(대절) : 나라의 운명이나 자신의 목숨이 걸린 중대한 상황.

不可奪(불가탈) : (그의 뜻을) 빼앗을 수 없다.

君子人(군자인) : 군자다운 사람.

7

曾子曰 "士不可以不弘毅, 任重而道遠. 仁以爲己任, 不亦重乎? 死而後已, 不亦遠乎?"

弘(홍) : 뜻이 크다, 도량이 넓다.

毅(의) : 의지가 강인하다, 굳세다.

仁以爲己任(인이위기임) : 인의 실현을 자신의 임무로 삼다.

死而後已(사이후이) : 죽은 다음에야 그만두다, 죽은 후에 멈추다.

8

子曰 "興於詩, 立於禮, 成於樂."

興於詩(흥어시) : 시를 통해서 인간의 순수한 감성을 불러일으키는 것
이다.

立於禮(입어예) : 예의의 실천을 통해서 도리에 맞게 살 수 있도록 자
립하는 것이다.

成於樂(성어악) : 음악을 통해 조화로운 인격을 완성한다는 것이다.

9

子曰 "民可使由之, 不可使知之."

由之(유지) : 그것으로부터 말미암도록 하다. 올바른 도리를 따르게
한다는 것이다.

10

子曰 "好勇疾貧, 亂也, 人而不仁, 疾之已甚, 亂也."

疾貧(질빈) : 가난함을 싫어하다, 미워하다.

亂(란) : 어지럽히다, 난동을 부리다, 혼란하게 하다.

疾之已甚(질지이심) : 미워함이 너무 심하다, 즉 지나치게 미워하다.

11

子曰 "如有周公之才之美, 使驕且吝, 其餘不足觀也已."

周公之才之美(주공지재지미) : 주공의 재능의 훌륭함[美], 즉 주공처
    럼 훌륭한 재능.
使(사) : 가령.
不足觀(부족관) : 보기에 부족하다, 즉 볼만한 가치가 없다.

12

子曰 "三年學, 不至於穀, 不易得也."

不至於穀(불지어곡) : 벼슬에 마음이 이르지 않다, 즉 벼슬하는 데 마
    음을 쓰지 않다. 穀은 벼슬하는 사람이 받는 녹봉을 뜻한다.
不易得(불이득) : 쉽게[易] 할 수[得] 없다[不], 즉 쉬운 일이 아니다.

13

子曰 "篤信好學, 守死善道. 危邦不入, 亂邦不居. 天下有道
則見, 無道則隱. 邦有道, 貧且賤焉, 恥也, 邦無道, 富且貴焉,
恥也."

篤信(독신) : 독실하게 믿다, 두터운 믿음을 가지다.
守死善道(수사선도) : 선한 도를 죽음으로써 지키다.

見(현) : 나타나다, 드러나다.

隱(은) : 숨어 살다, 은거하다.

14

子曰 "不在其位, 不謀其政."

謀(모) : 도모하다, 꾀하다, 논의하다.

其政(기정) : 그 직위에서 담당해야 할 정사(政事).

15

子曰 "師摯之始, 關雎之亂, 洋洋乎盈耳哉!"

亂(란) : 음악의 마지막 장.

洋洋(양양) : 아름다움이 흘러넘치는 모양.

盈(영) : 차다, 채우다.

16

子曰 "狂而不直, 侗而不愿, 悾悾而不信, 吾不知之矣."

狂(광) : 뜻이 크고 진취적임.

侗(통) : 주희는 무지(無知)한 모습이라고 했고, 공안국은 미성숙한 사
람이라고 풀었다.

愿(원) : 부지런함, 근면함, 성실함.

悾悾(공공) : 무능한 모양.

吾不知之(오부지지) : 나는 그런 사람을 알지 못한다. 그런 사람은 내
　　　가 알 바가 아니다.

17

子曰"學如不及, 猶恐失之."

學如不及(학여불급) : 배울 때는 능력이 모자라 가르침을 따라가지 못
　　　할까 안타까워하며 끊임없이 노력해야 한다는 것이다.

猶(유) : 오히려, 그 위에 더.

18

子曰"巍巍乎! 舜·禹之有天下也, 而不與焉."

巍巍(외외) : 깎아지른 듯이 높고 높은 모양.

不與(불여) : 관여하지 않다.

19

子曰"大哉, 堯之爲君也! 巍巍乎! 唯天爲大, 唯堯則之. 蕩
蕩乎! 民無能名焉. 巍巍乎, 其有成功也! 煥乎, 其有文章!"

爲君(위군) : 임금됨. 임금 노릇 하는 것.

則之(칙지) : 그것을 본받다.

蕩蕩(탕탕) : 넓고 아득한 모양.

名(명) : 이름 붙이다. 말로 표현하다. 말로 형용하다.

煥(환) : 빛나다.

文章(문장) : 아름답게 드러난 예악(禮樂)과 법도(法度), 즉 찬란한 문화.

20

舜有臣五人, 而天下治. 武王曰 "予有亂臣十人." 孔子曰
"才難, 不其然乎? 唐虞之際, 於斯爲盛, 有婦人焉, 九人而已.
三分天下有其二, 以服事殷, 周之德, 其可謂至德也已矣."

亂臣(난신) : 어지러운 것을 다스리는〔亂〕 신하〔臣〕, 즉 능력 있는 신하.

才難(재난) : 인재를 구하기가 어렵다.

於斯爲盛(어사위성) : 이때에〔於斯〕 인재가 풍부했다〔爲盛〕, 즉 주나라
　　의 무왕 때 인재가 많았다.

婦人(부인) : 문왕의 부인인 태사(太姒), 또는 무왕의 부인인 읍강(邑姜).

三分天下有其二(삼분천하유기이) : 천하를 셋으로 나누어 그중 둘을
　　가지다, 즉 천하의 삼분의 이를 차지하다.

以服事殷(이복사은) : 그것을 가지고〔以〕 은나라에 복종하며 섬기다.

21

子曰 "禹, 吾無間然矣. 菲飮食, 而致孝乎鬼神, 惡衣服, 而
致孝乎黻冕, 卑宮室而盡力乎溝洫. 禹, 吾無間然矣."

間(간) : 틈을 보다, 흠을 잡다.

菲(비) : 박하게 하다, 형편없이 하다.

致孝(치효) : 정성을 다하여 제물과 예를 갖추다.

黻冕(불면) : 黻은 제사 지낼 때 입는 예복의 하나이고, 冕은 제사 때
　　　쓰는 관이다. 모두 제복(祭服)을 뜻한다.

卑宮室(비궁실) : 卑는 비천하게 하다, 허름하게 하다. 宮室은 우임금
　　　이 머무는 집을 말한다. 즉, 우임금 자신이 사는 집은 허름하게
　　　한다는 것이다.

溝洫(구혁) : 논이나 밭 사이에 물을 끌어오는 도랑.

9. 子罕

1

子罕言利與命與仁.

罕(한) : 드물다.

利(리) : 이익. '의로움(義)'과 상대되는 개념이다.

2

達巷黨人曰"大哉, 孔子! 博學而無所成名."子聞之, 謂門
弟子曰"吾何執? 執御乎? 執射乎? 吾執御矣."

無所成名(무소성명) : 이름을 이룬 바가 없다, 즉 명성을 얻을 만큼 특
　　출하게 잘하는 전문 분야가 없다.

執(집) : 전공으로 삼다, 전문으로 하다.

御(어) : 말을 모는 일, 또는 수레를 모는 일.

射(사) : 활쏘기.

3

子曰 "麻冕, 禮也, 今也純. 儉, 吾從衆. 拜下, 禮也, 今拜乎上. 泰也, 雖違衆, 吾從下."

麻冕(마면) : 삼베실로 짠 검은색의 관.

純(순) : 명주실로 짠 관으로서, 삼베관보다 만들기가 쉽기 때문에 검소하다고 한 것이다.

拜下(배하) : 당(堂) 아래에서 절하다, 즉 임금께서 계신 마루 아래에서 절하다.

泰(태) : 교만함.

違衆(위중) : 여러 사람들이 하는 것에 위배되다.

從下(종하) : 마루 아래에서 절하는 예법을 따르다.

4

子絶四. 毋意, 毋必, 毋固, 毋我.

毋(무) : '無(무)'와 통하여, '없다'는 뜻.

意(의) : 자의(恣意), 임의(任意), 사의(私意), 즉 자신의 사사로운 생각.

毋必, 毋固(무필, 무고) : 기필코 하려는 일도 없고, 고집부리는 일도 없다.

我(아) : 자신을 내세우려 하거나, 자신이 아니면 안 된다고 생각하는 아집.

5

子畏於匡, 曰 "文王旣沒, 文不在玆乎? 天之將喪斯文也, 後
死者, 不得與於斯文也. 天之未喪斯文也, 匡人其如予何?"

畏(외) : 두려운 일을 당하다. 위태로운 일에 처하다.

喪(상) : 없애다. 상실하게 하다.

斯文(사문) : 이 문화. 여기서는 주(周)나라의 전통을 계승한 문화를 가
　　　리킨다.

後死者(후사자) : 뒤에 죽는 사람, 즉 '문왕의 후대에 사는 사람'으로
　　　공자 자신을 가리킨다.

如予何(여여하) : '如何予'가 도치된 형태로, '나를 어찌하겠는가'.

6

大宰問於子貢曰 "夫子聖者與? 何其多能也?" 子貢曰 "固天
縱之將聖, 又多能也." 子聞之曰 "大宰知我乎? 吾少也賤, 故
多能鄙事. 君子多乎哉? 不多也." 牢曰 "子云, '吾不試, 故藝'."

縱(종) : 내버려 두다. 허락하다, 즉 성인의 능력을 이루도록 한계를
　　　두지 않다.

將(장) : 주희는 거의, …에 가깝다(殆)로 풀었고 황간은 크다, 위대하
　　　다(大)는 뜻으로 풀었다.

鄙事(비사) : 비천한 일.

試(시) : 등용되다, 쓰이다.

藝(예) : 기술이나 재주가 많은 것.

7

子曰 "吾有知乎哉? 無知也. 有鄙夫問於我, 空空如也, 我叩
其兩端而竭焉."

鄙夫(비부) : 비천한 사람.

空空如(공공여) : 텅 빈 것 같은 모양, 어리석고 무식한 모양.

叩(구) : 두드리다, 잡아당기다, 끄집어내다.

兩端(양단) : 양쪽 끝, 즉 처음부터 끝까지, 모두.

竭(갈) : 다하다, 즉 다 가르쳐주다.

8

子曰 "鳳鳥不至, 河不出圖, 吾已矣夫!"

河(하) : 황하(黃河).

已(이) : 그치다, 다 되다.

9

子見齊衰者, 冕衣裳者與瞽者, 見之, 雖少, 必作; 過之, 必趨.

齊衰(자최) : 상복(喪服).

冕衣裳(면의상) : 冕은 관(冠), 衣는 저고리, 裳은 하의. 이 셋을 입고
　　있다는 것은 곧 예복을 갖추어 입음을 뜻한다.

瞽(고) : 맹인.

雖少必作(수소필작) : 비록 나이가 어리다 하더라도 반드시 일어서서
　　예를 갖춘다.

過之必趨(과지필추) : 그 앞을 지나갈 때는〔過之〕반드시 종종걸음으
　　로 경건히 하는 모습을 보인다.

10

　顔淵喟然歎曰"仰之彌高, 鑽之彌堅, 瞻之在前, 忽焉在後.
夫子, 循循然善誘人, 博我以文, 約我以禮. 欲罷不能, 旣竭吾
才, 如有所立卓爾. 雖欲從之, 末由也已."

喟然(위연) : 탄식하는 모습.

仰(앙) : 우러러보다, 올려다보다.

彌(미) : 더욱.

鑽(찬) : 뚫다, 파다, 구멍을 내다.

瞻(첨) : 바라보다.

忽焉(홀언) : 어느새, 갑자기, 홀연히.

循循然(순순연) : 차근차근, 질서정연하게.

善誘人(선유인) : 사람을〔人〕잘〔善〕인도하다〔誘〕.

罷(파) : 그만두다.

卓爾(탁이) : 우뚝 서 있는 모양.

末由(말유) : 말미암을 길이 없다, 즉 따라갈 수가 없다.

11

子疾病, 子路使門人爲臣. 病間曰 "久矣哉, 由之行詐也! 無臣而爲有臣, 吾誰欺? 欺天乎? 且予與其死於臣之手也, 無寧死於二三子之手乎? 且予縱不得大葬, 予死於道路乎?"

疾病(질병) : 병(病)이 심해지다(疾).

爲臣(위신) : 가신(家臣)이 되다.

病間(병간) : 병이 뜸해지다, 병이 어려운 고비를 벗어나다.

行詐(행사) : 거짓을 행하다, 속이다.

誰欺(수기) : 누구를 속이는가?

與其…無寧…(여기…무녕…) : …보다는 차라리 …이 낫다.

二三子(이삼자) : 자네들.

縱(종) : 비록, 설령, 가령.

大葬(대장) : 큰 장례, 즉 성대한 장례.

12

子貢曰 "有美玉於斯, 韞匵而藏諸? 求善賈而沽諸?" 子曰 "沽之哉! 沽之哉! 我待賈者也."

韞(온) : 넣어두다, 감추어두다.

匵(독) : 궤, 상자.

藏(장) : 저장하다, 보관하다.

諸(저) : '之乎(지호)'와 통용되어, 의문을 나타낸다.

賈(고) : 장사하는 사람, 상인.

沽(고) : 팔다.

13

子欲居九夷, 或曰"陋, 如之何?"子曰"君子居之, 何陋之
有?"

九夷(구이) : 동쪽 지역에 있는 아홉 종류의 오랑캐. 여기서는 그러한
오랑캐가 사는 땅.

陋(루) : 누추하다.

君子居之, 何陋之有(군자거지, 하루지유) : 군자가 그곳에 살게 되면
(오랑캐들도 교화가 될 것인데) 어찌 누추함이 있겠는가.

14

子曰"吾自衛反魯, 然後樂正, 雅頌各得其所."

15

子曰"出則事公卿, 入則事父兄, 喪事不敢不勉, 不爲酒困,

何有於我哉?"

16

子在川上曰"逝者如斯夫, 不舍晝夜!"

17

子曰"吾未見好德如好色者也."

18

子曰"譬如爲山, 未成一簣, 止, 吾止也. 譬如平地, 雖覆一
簣, 進, 吾往也."

爲山(위산) : 산을 만들다, 산을 쌓아 올리다.

簣(궤) : 삼태기.

平地(평지) : 땅을 평평하게 만들다. 파인 땅을 메워서 평평하게 만드
는 것이다.

覆(복) : 흙을 갖다 부어서 덮다.

19

子曰 "語之而不惰者, 其回也與!"

惰(타) : 게으르다, 게을리하다.

20

子謂顔淵曰 "惜乎! 吾見其進也, 未見其止也."

惜乎(석호) : 애석하도다, 안타깝도다.

21

子曰 "苗而不秀者, 有矣夫! 秀而不實者, 有矣夫!"

苗(묘) : 싹, 싹이 나다.

秀(수) : 주희는 '꽃이 피다'로 풀었고, 공안국은 '자라다'로 풀었다.

22

子曰 "後生可畏, 焉知來者之不如今也? 四十五十而無聞
焉, 斯亦不足畏也已."

後生(후생) : 뒤에 태어난 사람, 즉 후배, 젊은이.

畏(외) : 두려워하다.

來者(내자) : 앞으로의 날들, 장래. 또는 장래에 오는 사람들, 후배들,
　　젊은이들.

不如今(불여금) : 지금만 못하다. 또는 지금의 우리만 못하다.

無聞(무문) : 이름이 알려지지 않다, 명망, 명성이 없다.

23

子曰 "法語之言, 能無從乎? 改之爲貴. 巽與之言, 能無說
乎? 繹之爲貴. 說而不繹, 從而不改, 吾末如之何也已矣."

法語(법어) : 올바른 말.

改之爲貴(개지위귀) : 말로만 따른다는 것보다는 실제로 잘못을 고치
　　는 것이 중요하다.

巽與(손여) : 은근하고 부드럽게 타일러주다.

繹之爲貴(역지위귀) : 그 말을 듣고 기뻐만 할 것이 아니라 말의 참뜻
　　을 찾아 실천하는 것이 중요하다. 繹은 '찾다, 궁구하다'.

末如之何(말여지하) : 끝내 어찌할 수가 없다.

24

子曰"主忠信, 毋友不如己者, 過則勿憚改."

主(주) : …을 위주로 하다, …을 핵심으로 삼다.

勿憚改(물탄개) : 고치기를 꺼리지 말라, 주저 없이 고치라.

25

子曰"三軍可奪帥也, 匹夫不可奪志也."

三軍(삼군) : 큰 나라가 갖추고 있는 대규모의 군사를 일컫는다.

奪(탈) : 빼앗다.

帥(수) : 장수.

匹夫(필부) : 평범한 남자, 별 볼 일 없는 남자.

志(지) : 뜻, 지조.

26

子曰"衣敝縕袍, 與衣狐貉者立而不恥者, 其由也與!"'不忮
不求, 何用不臧?'子路終身誦之, 子曰"是道也, 何足以臧?"

衣(의) : 옷을 입다.

敝縕袍(폐온포) : 敝는 해지다, 낡다. 縕은 솜옷, 袍는 도포 따위의 겉
　　　옷. 결국 천한 사람들이 입는 낡은 옷을 가리킨다.

狐貉(호학) : 狐는 여우, 貉은 담비. 즉, 여우와 담비의 털가죽으로 만

   든 옷으로, 귀한 사람이 입는 값비싼 옷을 가리킨다.

忮(기) : 해치다.

求(구) : 탐내다, 탐하다.

何用(하용) : 用은 '以(이)'와 통용되므로, 何用은 '어찌(何以)'의 뜻.

臧(장) : 착하다, 훌륭하다.

終身(종신) : 평생, 늘, 항상.

27

子曰 "歲寒, 然後知松栢之後彫也."

歲寒(세한) : 한 해가 추워지다, 즉 날씨가 추워지다.

28

子曰 "知者不惑, 仁者不憂, 勇者不懼."

29

子曰 "可與共學, 未可與適道, 可與適道, 未可與立, 可與
立, 未可與權."

適道(적도) : 올바른 도의 길로 나아가다.

立(립) : 확고한 신념이나 입장을 취하다.

權(권) : 상황에 따라 일의 경중을 헤아려 처리하다.

30

'唐棣之華, 偏其反而. 豈不爾思, 室是遠而.' 子曰 "未之思也, 夫何遠之有?"

唐棣(당체) : 산앵두나무.

華(화) : '花(화)'와 통용되어 '꽃'을 뜻한다.

偏(편) : '翩(편)'과 통용되어, '펄럭이며 나부끼는 모습'을 나타낸다.

反(반) : '翻(번)'과 통용되어, '바람에 나부껴 꽃잎이 뒤집히는 모습'을
    나타낸다.

而(이) : 어조사.

10. 鄉黨

1

孔子於鄉黨, 恂恂如也, 似不能言者. 其在宗廟朝廷, 便便
言, 唯謹爾.

2

朝, 與下大夫言, 侃侃如也, 與上大夫言, 誾誾如也, 君在,
踧踖如也, 與與如也.

侃侃如(간간여) : 공안국은 더불어 즐거워하는(和樂) 모양으로 풀었
   고, 주희는 강직(剛直)한 모양으로 풀었다.

誾誾如(은은여) : 공안국은 중정(中正)한 모양으로 풀었고, 주희는 더불
   어 즐기면서도 주장을 분명히 하는(和悅而諍) 모양으로 풀었다.

踧踖如(축적여) : 공경하며 조심하는 모양.

與與如(여여여) : 적절하게 위엄을 갖춘 모양.

3

君召使擯, 色勃如也, 足躩如也. 揖所與立, 左右手, 衣前後, 襜如也. 趨進, 翼如也. 賓退, 必復命曰"賓不顧矣."

擯(빈) : 손님을 접대하는 역할.

色(색) : 안색, 얼굴 표정.

勃如(발여) : 얼굴빛을 바로잡는 모양.

躩如(각여) : 경의를 표하여 옆으로 비껴서 천천히 걷는 모양.

所與立(소여립) : 함께 서 있는 사람.

左右手(좌우수) : 왼쪽 사람에게 인사할 때는 마주 잡은 두 손을 왼쪽으로 돌리고, 오른쪽 사람에게 인사할 때는 마주 잡은 두 손을 오른쪽으로 돌리며 인사하는 것.

衣前後(의전후) : 두 손과 고개를 숙이며 읍을 할 때마다 옷이 앞뒤로 움직이는 것.

襜如(첨여) : 가지런한 모양.

趨進(추진) : 빠른 걸음으로 나아가는 것.

翼如(익여) : 손의 움직임이 단정하여 새가 날개를 편 듯한 모양.

復命(복명) : 결과를 보고하다.

賓不顧(빈불고) : 손님이 돌아보지 않다, 즉 손님이 완전히 떠나다.

4

入公門, 鞠躬如也, 如不容. 立不中門, 行不履閾. 過位, 色

勃如也, 足躩如也, 其言似不足者. 攝齊升堂, 鞠躬如也, 屛氣
似不息者. 出降一等, 逞顏色, 怡怡如也. 沒階, 趨進, 翼如也.
復其位, 踧踖如也.

公門(공문) : 궁궐의 큰 문.

鞠躬如(국궁여) : 몸을 굽이는 듯한 모양. 躬은 몸, 鞠은 굽힘을 뜻한
다.

如不容(여불용) : 용납하지 않을 듯하다. 즉 그 큰 문이 자신의 몸을
받아들이지 못할 것을 염려하듯이 공손하게 몸을 굽혀 움츠렸
다는 것이다.

履閾(이역) : 문지방을 밟다. 履는 밟다. 閾은 문지방.

過位(과위) : 비어 있는 임금의 자리 앞을 지나다.

攝齊(섭자) : (바닥에 옷이 끌리지 않도록) 옷자락(齊)을 잡다(攝).

屛氣(병기) : 호흡을 막다. 즉 숨을 죽이다.

息(식) : 숨쉬다.

出降一等(출강일등) : 나와서 한 계단을 내려가다.

逞顏色(영안색) : 얼굴빛(顏色)의 긴장을 풀다(逞).

怡怡如(이이여) : 온화하고 기쁜 모양.

沒階(몰계) : 계단을 다 내려오다.

復其位(복기위) : 자신의 자리로 돌아오다.

5

執圭, 鞠躬如也, 如不勝. 上如揖, 下如授, 勃如戰色, 足蹜蹜如有循. 享禮, 有容色; 私覿, 愉愉如也.

上如揖(상여읍) : 규를 잡을 때 위로는, 읍을 하면서 두 손을 마주 잡는 위치와 같게 한다.

下如授(하여수) : 규를 잡을 때 아래로는, 남에게 물건을 넘겨줄 때 손을 내리는 위치와 같게 한다.

戰色(전색) : 두려워 떠는 듯이, 공손하고 조심스러운 낯빛.

蹜蹜(축축) : 보폭을 좁게 하여 걷는 모양.

如有循(여유순) : 발뒤꿈치를 끄는 듯이.

享禮(향례) : 사신이 준비해온 예물을 바치는 예법.

有容色(유용색) : 온화한 낯빛을 가지다, 즉 얼굴빛을 부드럽게 하다.

私覿(사적) : 개인적으로 사람들을 만나 예물을 주고받으며 사귀는 것.

愉愉如(유유여) : 온화하고 즐거운 모양.

6

君子不以紺緅飾, 紅紫不以爲褻服. 當暑, 袗絺綌, 必表而出之. 緇衣羔裘, 素衣麑裘, 黃衣狐裘. 褻裘長, 短右袂. 必有寢衣, 長一身有半. 狐貉之厚以居. 去喪, 無所不佩. 非帷裳, 必殺之. 羔裘玄冠, 不以弔. 吉月, 必朝服而朝.

紺緅(감추) : 紺은 짙은 보라색, 緅는 주홍색.

飾(식) : 장식하다, 옷깃을 달다.

紅紫(홍자) : 紅은 붉은색, 紫는 자주색.

褻服(설복) : 평소에 입는 옷, 평상복.

當暑(당서) : 더위를 당하여, 즉 더운 계절에.

袗絺綌(진치격) : 袗은 홑옷, 絺는 고운 갈포, 綌은 굵은 갈포.

緇衣羔裘(치의고구) : 검은 옷〔緇衣〕에는 검은 양의 털가죽으로 만든
      옷〔羔裘〕을 입다.

素衣麑裘(소의예구) : 흰 옷〔素衣〕에는 새끼 사슴의 털가죽으로 만든
      옷〔麑裘〕을 입다. 새끼 사슴의 색깔이 흰색이므로, 역시 옷의 색
      깔을 맞추어 입었다는 것이다.

黃衣狐裘(황의호구) : 누런 옷〔黃衣〕에는 여우의 털가죽으로 만든 옷
      〔狐裘〕를 입다.

短右袂(단우몌) : (행동하기 편하게 하기 위해) 오른쪽 소매를 짧게 하다.
      袂는 소매.

寢衣(침의) : 잠자리에서 입는 옷, 잠옷.

長一身有半(장일신유반) : 길이가 키의 한 배 반이다.

狐貉之厚以居(호학지후이거) : 여우와 담비의 털가죽을 두툼하게 깔
      고 지내다.

佩(패) : 패옥(佩玉), 즉 옥으로 만든 장식물을 차다.

帷裳(유상) : 조정에 나갈 때 입는 조복(朝服)이나 제사 지낼 때 입는
      제복(祭服) 등 공식적인 예를 갖추는 옷.

殺(쇄) : 폭을 줄이다.

羔裘玄冠(고구현관) : 검은 털가죽 옷(羔裘)에 검은 관(玄冠).

吉月(길월) : 매달 초하루.

7

齊必有明衣, 布. 齊必變食, 居必遷坐.

齊(재) : 재계(齋戒)하다.

明衣(명의) : 목욕한 뒤에 입는 밝고 깨끗한 옷.

布(포) : 삼베.

變食(변식) : 음식을 바꾸다. 즉 경건하게 재계를 하기 위해 음식을 평
　　소와 달리하다.

遷坐(천좌) : 자리를 옮기다. 역시 경건하게 재계를 하기 위해 자리를
　　평소와 달리한다는 뜻이다.

8

食不厭精, 膾不厭細. 食饐而餲, 魚餒而肉敗, 不食. 色惡不
食, 臭惡不食. 失飪不食, 不時不食. 割不正不食, 不得其醬不
食. 肉雖多, 不使勝食氣. 唯酒無量, 不及亂. 沽酒市脯不食.
不撤薑食, 不多食. 祭於公, 不宿肉. 祭肉不出三日, 出三日,
不食之矣. 食不語, 寢不言. 雖疏食菜羹, 瓜祭, 必齊如也.

厭(염) : 싫어하다, 미워하다.

精(정) : 곱게 도정한 쌀.

膾(회) : 생고기, 회.

細(세) : 가늘게 썬 것.

饐而餲(의이애) : 饐는 밥이 쉰 것, 餲는 밥맛이 변한 것.

餒(뇌) : 생선이 상한 것.

敗(패) : 고기가 부패한 것.

失飪(실임) : 익히는 데 실패한 것, 즉 잘못 익힌 것. 飪은 익히다.

不時(불시) : 제철의 산물이 아닌 것.

割不正(할부정) : 자른 모양이 반듯하지 않은 것.

不得其醬(부득기장) : 그 재료에 걸맞은 간이 제대로 들지 않은 것.

勝食氣(승식기) : 밥 기운을 이기다, 즉 고기를 너무 많이 먹어서 밥
　　먹을 생각을 잃을 정도가 된다는 뜻이다.

沽酒市脯(고주시포) : 사 온 술[沽酒]과 사 온 육포[市脯].

撤薑食(철강식) : 생강[薑] 먹는 것[食]을 그만두다[撤].

宿肉(숙육) : 고기를 하룻밤 묵히다.

疏食菜羹(소식채갱) : 거친 밥[疏食]과 채소국[菜羹].

瓜祭(과제) : 반드시 고수레를 하다. 瓜는 비슷한 모양의 글자인 '必
　　(필)'을 잘못 쓴 것으로 '반드시'의 뜻이며, 祭는 고수레하는 것을
　　의미한다.

齊如(제여) : 엄숙하고 삼가는 모양.

9

席不正, 不坐.

10

鄕人飮酒, 杖者出, 斯出矣. 鄕人儺, 朝服而立於阼階.

杖者(장자) : 지팡이를 짚을 만큼 나이가 많은 사람.

儺(나) : 역귀(疫鬼)를 쫓는 예식.

阼階(조계) : 동쪽 계단, 동쪽 섬돌.

11

問人於他邦, 再拜而送之. 康子饋藥, 拜而受之曰 "丘未達, 不敢嘗."

問人(문인) : 사람을 보내어 문안드리다. 사람을 보내어 안부를 묻다.

饋(궤) : 음식이나 물건을 보내다.

丘(구) : 공자의 이름.

嘗(상) : 맛보다.

12

廐焚, 子退朝曰 "傷人乎?" 不問馬.

廏(구) : 마구간.

焚(분) : 불타다, 불이 나다.

退朝(퇴조) : 조정에서 물러나오다.

13

君賜食, 必正席先嘗之. 君賜腥, 必熟而薦之. 君賜生, 必畜
之. 侍食於君, 君祭先飯. 疾, 君視之, 東首, 加朝服拖紳. 君命
召, 不俟駕行矣.

腥(성) : 날고기, 생고기.

熟(숙) : 익히다.

薦(천) : 바치다. 여기서는 조상에게 제물로 올리는 것을 뜻한다.

生(생) : 산 짐승.

畜(휵) : 기르다.

侍食(시식) : 모시고 식사하다.

君祭先飯(군제선반) : 임금이 음식에 감사하며 고수레를 올리면〔君祭〕

　　다른 사람은 제를 올리지 않고 먼저 맛을 본다〔先飯〕.

君視之(군시지) : 임금이 그를 보다, 즉 임금이 병문안을 오다.

東首(동수) : 동쪽으로 머리를 두다.

加朝服拖紳(가조복타신) : 조복을 덮고 띠를 펼쳐놓다.

不俟駕行(불사가행) : 수레에 말을 매기를〔駕〕 기다리지 않고〔不俟〕 가

　　다〔行〕.

14

入太廟, 每事問.

15

朋友死, 無所歸, 曰"於我殯." 朋友之饋, 雖車馬, 非祭肉, 不拜.

無所歸(무소귀) : 돌아갈 곳이 없다, 즉 장례를 돌보아줄 사람이 없다.

殯(빈) : 빈소를 차리다.

饋(궤) : 선물이나 예물로 보내준 물건.

16

寢不尸, 居不容. 見齊衰者, 雖狎必變. 見冕者與瞽者, 雖藝, 必以貌. 凶服者式之, 式負版者. 有盛饌, 必變色而作. 迅雷風烈, 必變.

不尸(불시) : 시체처럼 함부로 누워 있지 않는다.

不容(불용) : (엄숙하지는 않으면서도) 몸가짐을 소홀히 하지 않는다.

齊衰(자최) : 상복(喪服).

狎(압) : 친밀하다, 지나칠 정도로 가깝다.

變(변) : 안색을 바꾸다, 낯빛을 바로잡다.

冕者(면자) : 관을 쓴 사람, 즉 예복을 입은 사람.

瞽(고) : 맹인.

褻(설) : 업신여기다, 지나칠 정도로 가깝다.

貌(모) : 예모를 갖추다.

凶服(흉복) : 상복(喪服).

式(식) : 수레 앞에 가로로 댄 나무에 몸을 숙이는 인사.

負版者(부판자) : 나라의 지도나 문서(版)를 짊어진(負) 사람(者).

盛饌(성찬) : 풍성하게 차린 음식. 즉, 손님으로 잘 대접받았을 경우를
   의미한다.

變色而作(변색이작) : 낯빛을 바로잡고 일어나 예를 표하다.

迅雷風烈(신뢰풍렬) : 천둥이 심하게 치고 바람이 거세다. 迅은 '빠르
   다, 심하다'는 뜻.

17

升車, 必正立, 執綏. 車中, 不內顧, 不疾言, 不親指.

綏(수) : 수레의 손잡이 줄.

內顧(내고) : 안을 둘러보다, 두리번거리다.

疾言(질언) : 말을 빨리하다.

親指(친지) : 직접 손가락질을 하다.

18

色斯擧矣, 翔而後集. 曰 "山梁雌雉, 時哉! 時哉!" 子路共之, 三嗅而作.

色斯擧(색사거) : 안색을 살피다가 날아오르다.

翔而後集(상이후집) : 빙빙 날며 살핀(翔) 후에(而後) 내려앉다(集).

梁(량) : 다리.

雌雉(자치) : 까투리, 암꿩.

時哉(시재) : 때를 만났구나, 제철을 만났구나.

共之(공지) : 그것을 잡아서 바치다.

三嗅而作(삼후이작) : 세 번 냄새만 맡고 일어나다.

11. 先進

1

子曰 "先進於禮樂, 野人也, 後進於禮樂, 君子也. 如用之, 則吾從先進."

2

子曰 "從我於陳蔡者, 皆不及門也. 德行, 顏淵·閔子騫·冉伯牛·仲弓, 言語, 宰我·子貢, 政事, 冉有·季路, 文學, 子游·子夏."

德行(덕행) : 인품과 행동에서 모범이 될 만한 것.

言語(언어) : 말을 잘하는 것, 언변에 뛰어난 것.

文學(문학) : 글과 학문에 두각을 나타내는 것.

3

子曰 "回也, 非助我者也. 於吾言, 無所不說."

助我(조아) : 나를 돕다.

無所不說(무소불열) : 기뻐하지 않는 것이 없다.

4

子曰 "孝哉, 閔子騫! 人不間於其父母昆弟之言."

間(간) : 간여하다, 틈을 찾아내다, 트집잡다.

昆弟(곤제) : 형제. 昆은 '兄(형)'과 같은 뜻.

其父母昆弟之言(기부모곤제지언) : 그 부모형제들의 말, 즉 민자건의
    가족들이 그의 효성을 칭찬하는 말.

5

南容三復 '白圭', 孔子以其兄之子妻之.

三復(삼복) : 매일 세 번씩 암송하다.

妻之(처지) : 그에게 처를 삼게 하다, 그에게 시집보내다.

6

季康子問, "弟子孰爲好學?" 孔子對曰 "有顔回者好學, 不
幸短命死矣. 今也則亡."

孰(숙) : 누구.

亡(무) : '無(무)'와 통하여, '없다'는 뜻.

7

顔淵死, 顔路請子之車以爲之槨, 子曰 "才不才, 亦各言其
子也. 鯉也死, 有棺而無槨. 吾不徒行以爲之槨, 以吾從大夫
之後, 不可徒行也."

槨(곽) : 덧널, 덧관, 외관(外棺).

各言其子(각언기자) : 각기 자기의 자식을 말하다. 사람은 누구나 자
기 자식을 위하여 말하기 마련이라는 것이다.

徒行(도행) : 걸어서 가다.

從大夫之後(종대부지후) : 대부들의 뒤를 따라다니다. 자신도 대부의
위치에 있음을 겸손하게 표현한 것이다.

8

顔淵死, 子曰 "噫! 天喪予! 天喪予!"

噫(희) : 아! 감탄사.

喪(상) : 버리다, 망하게 하다.

9

顔淵死, 子哭之慟. 從者曰 "子慟矣."

曰 "有慟乎? 非夫人之爲慟, 而誰爲?"

哭之慟(곡지통) : 곡을 지나치게 하다, 즉 애통하게 곡을 하다.

夫人之爲慟(부인지위통) : 爲夫人之慟이 도치된 형식. '이 사람을 위
하여 애통해하다'의 뜻이다.

10

顔淵死, 門人欲厚葬之, 子曰 "不可." 門人厚葬之, 子曰 "回
也, 視予猶父也, 予不得視猶子也. 非我也, 夫二三子也."

厚葬之(후장지) : 그를 후하게 장사지내다, 성대하게 장사지내다.

視予猶父(시여유부) : 나를 보기를 아버지처럼 하다, 즉 나를 친아버
지처럼 여기다.

二三子(이삼자) : 두세 사람, 몇 사람. 제자들을 가리킨다.

11

季路問事鬼神, 子曰 "未能事人, 焉能事鬼?" "敢問死?" 曰
"未知生, 焉知死?"

季路(계로) : 자로(子路)의 또 다른 자(字).

焉能事鬼(언능사귀) : 어찌(焉) 귀신을(鬼) 섬길 수 있겠는가(能事).

12

閔子侍側, 誾誾如也; 子路, 行行如也; 冉有·子貢, 侃侃如
也. 子樂. "若由也, 不得其死然."

閔子(민자) : 공자의 제자인 민손(閔損), 자가 자건(子騫)인 까닭에 흔
　　히 민자건(閔子騫)이라 불렸다.
侍側(시측) : 곁에서[側] 모시다[侍].
行行如(행행여) : 강하고 용감한 모양.
不得其死(부득기사) : 제 죽음을 얻지 못하다, 즉 제명대로 살지 못
　　하다.

13

魯人爲長府, 閔子騫曰 "仍舊貫, 如之何? 何必改作?" 子曰
"夫人不言, 言必有中."

長府(장부) : 창고의 이름.
仍舊貫(잉구관) : 옛것을 따르다. 仍은 연유하다[因], 貫은 일[事].
言必有中(언필유중) : 말이 반드시 적중함이 있다. 즉 말을 하면 언제
　　나 이치에 딱 들어맞는다.

14

子曰 "由之瑟, 奚爲於丘之門?" 門人不敬子路. 子曰 "由也,

升堂矣, 未入於室也."

瑟(슬) : 큰 거문고의 일종.

奚(해) : 어찌.

升堂(승당) : 당에 오르다. 즉, 마루에 오를 정도의 수준이므로 상당한 경지에 올랐다는 것이다.

入於室(입어실) : 방 안에 들어가다. '승당(升堂)'보다 높은 최고의 경지를 비유한 것이다.

15

子貢問 "師與商也, 孰賢?" 子曰 "師也過, 商也不及." 曰 "然則師愈與?" 子曰 "過猶不及."

師(사) : 성명은 전손사(顓孫師), 자는 자장(子張).

商(상) : 성명은 복상(卜商), 자는 자하(子夏).

愈(유) : 낫다, 우월하다, 뛰어나다.

猶(유) : …와 같다, 마찬가지이다.

16

季氏富於周公, 而求也爲之聚斂而附益之. 子曰 "非吾徒也. 小子, 鳴鼓而攻之, 可也."

季氏(계씨) : 당시 노나라의 세도가였던 계손씨(季孫氏).

求(구) : 공자의 제자인 염구(冉求), 자는 자유(子有).

聚斂(취렴) : 세금을 거두어 모으다.

附益之(부익지) : 그를 더 보태주다.

吾徒(오도) : 나의 무리, 나를 따르는 사람, 나의 학파.

鳴鼓而攻之(명고이공지) : 북을 울리며[鳴鼓] 그를 공격하다[攻之].

17

柴也愚, 參也魯, 師也辟, 由也喭.

魯(로) : 둔하다, 미련하다.

辟(벽) : 편벽되다.

由(유) : 자로(子路)를 가리킨다. 由는 이름, 성은 중(仲).

喭(언) : 거칠다, 조잡하다.

18

子曰 "回也其庶乎, 屢空. 賜不受命, 而貨殖焉, 億則屢中."

庶(서) : 가깝다, 거의 되려 하다.

屢(루) : 자주, 여러 번.

空(공) : 쌀통이 비다, 쌀이 떨어질 정도로 가난하게 살다.

命(명) : 천명, 즉 빈부귀천의 운명(주희, 『集注』). 가르침[教命]이라고 보기도 한다(何晏).

貨殖(화식) : 재화를 번성하게 하다, 재물을 늘리다.

億(억) : 헤아리다, 예측하다.

中(중) : 적중하다.

19

子張問善人之道, 子曰 "不踐迹, 亦不入於室."

踐迹(천적) : 발자취를 밟다, 즉 옛 성현들의 가르침과 행적을 따르다.

入於室(입어실) : 방에 들어가다, 즉 높은 경지에 이르다.

20

子曰 "論篤是與, 君子者乎? 色莊者乎?"

論篤(논독) : 말하는 것이 독실하다. 주장이 믿을 만하다.

是與(시여) : 是는 강조를 의미하고, 與는 찬성, 인정함을 뜻한다.

色莊(색장) : 낯빛이 엄숙하다, 겉모습이 그럴듯하다.

21

子路問 "聞斯行諸?" 子曰 "有父兄在, 如之何其聞斯行之?"
冉有問 "聞斯行諸?" 子曰 "聞斯行之." 公西華曰 "由也問'聞
斯行諸?', 子曰 '有父兄在', 求也問'聞斯行諸?', 子曰 '聞斯行之'. 赤也惑, 敢問." 子曰 "求也退, 故進之, 由也兼人, 故退之."

聞(문) : (좋은 말이나 가르침을) 듣다.

斯(사) : …하면 곧.

諸(저) : '之乎(지호)'와 같은 뜻으로 의문을 나타낸다.

赤(적) : 공서화(公西華)의 이름. 公西가 성, 赤이 이름이며, 자는 자화
　　 (子華).

惑(혹) : 의혹되다, 의문이 생기다.

退(퇴) : 물러나다, 즉 소극적이다, 겸손하다.

進之(진지) : 그를 나아가게 하다, 즉 그를 적극적으로 나서게 하다.

兼人(겸인) : 남의 몫까지 겸하다, 즉 남을 이기다.

22

子畏於匡, 顏淵後, 子曰 "吾以女爲死矣." 曰 "子在, 回何敢
死."

畏於匡(외어광) : 광 땅에서 두려워할 만한 일, 즉 위험한 일을 당하다.

後(후) : 뒤처져 오다.

23

季子然問 "仲由·冉求, 可謂大臣與?" 子曰 "吾以子爲異之
問, 曾由與求之問. 所謂大臣者, 以道事君, 不可則止. 今由與

求也, 可謂具臣矣."曰"然則從之者與?"子曰"弑父與君, 亦
不從也."

異之問(이지문) : 비상한 질문, 범상치 않은 질문.

曾(증) : 곧, 이에, 단지.

不可則止(불가즉지) : 할 수 없으면, 즉 올바른 도의에 따라 임금을 모
　　실 수 없으면 그만둔다.

具臣(구신) : 자릿수나 채우는 신하.

從之者(종지자) : 임금이 시키는 대로 따르기만 하는 사람.

弑(시) : (윗사람을) 죽이다.

24

子路使子羔爲費宰, 子曰"賊夫人之子!"子路曰"有民人
焉, 有社稷焉, 何必讀書然後爲學?"子曰"是故惡夫佞者."

賊夫人之子(적부인지자) : 남의 자식(夫人之子)을 해치다(賊), 즉 자고
　　를 망치다.

何必讀書然後爲學(하필독서연후위학) : 어찌 반드시 글을 읽은 다음
　　이라야 공부한 게 되는가?

惡(오) : 미워하다.

佞(녕) : 말재주, 말을 잘하는 것.

25

子路·曾晳·冉有·公西華侍坐, 子曰 "以吾一日長乎爾, 毋
吾以也. 居則曰 '不吾知也', 如或知爾, 則何以哉?"

子路率爾而對曰 "千乘之國, 攝乎大國之間, 加之以師旅,
因之以饑饉, 由也爲之, 比及三年, 可使有勇, 且知方也." 夫子
哂之.

"求, 爾何如?"

對曰 "方六七十, 如五六十, 求也爲之, 比及三年, 可使足
民. 如其禮樂, 以俟君子."

"赤, 爾何如?"

對曰 "非曰 '能之', 願學焉. 宗廟之事, 如會同, 端章甫, 願
爲小相焉."

"點, 爾何如?" 鼓瑟希, 鏗爾舍瑟而作, 對曰 "異乎三子者之
撰."

子曰 "何傷乎? 亦各言其志也."

曰 "莫春者, 春服旣成, 冠者五六人, 童子六七人, 浴乎沂,
風乎舞雩, 詠而歸." 夫子喟然嘆曰 "吾與點也."

三子者出, 曾晳後. 曾晳曰 "夫三子者之言何如?"

子曰 "亦各言其志也已矣."

曰 "夫子何哂由也?"

曰 "爲國以禮, 其言不讓, 是故哂之."

"唯求則非邦也與?"

"安見方六七十, 如五六十而非邦也者?"

"唯赤則非邦也與?"

"宗廟會同, 非諸侯而何? 赤也爲之小, 孰能爲之大?"

曾晳(증석) : 曾은 성, 晳은 자, 이름은 점(點) 또는 점(蒧). 증삼(曾參)
　　의 아버지로, 역시 공자의 제자이다.

侍坐(시좌) : 모시고 앉아 있다.

一日長乎爾(일일장호이) : 너희보다 조금 나이가 많다. 여기서 一日
　　은 '조금'이란 뜻.

毋吾以(무오이) : 나이가 조금 많다는 것으로써 나를 대하지 말라. 즉,
　　어려워 말고 이야기해보라는 말이다.

居(거) : 평소에.

不吾知(불오지) : '不知吾'가 도치된 형태로, '나를 알아주지 않는다'
　　는 뜻이다.

率爾(솔이) : 경솔하게, 갑자기, 불쑥.

攝(섭) : (사이에) 끼다.

加之以師旅(가지이사려) : 거기에 군대로써〔以師旅〕 침략을 가하다,
　　즉 군대로 침공하다.

因之以饑饉(인지이기근) : 그로 인해 거기에 기근이〔以饑饉〕 이어지
　　다, 즉 기근까지 겹치다.

爲之(위지) : 그것을 다스리다, 즉 그 나라를 다스리다.

比及三年(비급삼년) : 거의 삼 년에 이르면, 즉 거의 삼 년 정도만 되면.

方(방) : 올바르게 살아갈 방향.

哂(신) : 미소 짓다.

方六七十(방륙칠십) : 사방 육칠십 리 정도의 조그마한 나라.

如(여) : '或(혹)'과 같은 뜻으로, '혹은, 또는'.

足民(족민) : 풍족하게 하다.

俟(사) : 기다리다.

宗廟之事(종묘지사) : 종묘에서 나라의 제사를 받드는 일.

會同(회동) : 주(周)나라의 제도에서, 제후가 천자를 알현하는 일.

端章甫(단장보) : 端은 제후가 입는 검은 빛의 예복(玄端服)이고, 章 甫는 예관(禮冠)이므로, 예복을 갖춰 입는다는 뜻이다.

小相(소상) : 조금 돕는 사람. 相은 임금의 예(禮)를 도와주는 사람이 고, 小는 겸손한 표현이다.

鼓瑟希(고슬희) : 슬(瑟 : 거문고의 일종) 타는 소리가 잦아지다.

鏗爾(갱이) : 鏗은 거문고 등의 소리. 爾는 상태나 모습을 묘사하는 말. 따라서 여기서 鏗爾는 '뎅그렁' 하고 슬(瑟)을 밀어놓는 소리.

舍瑟而作(사슬이작) : 슬을 놓고 일어나다. 앉아서 연주를 하다가 공 자의 말에 대답하기 위해 일어나는 것이다.

撰(찬) : 갖추어진 내용이나 방법.

何傷(하상) : 무엇이 해가 되겠는가, 즉 다르다고 해서 무엇이 문제가 되겠는가.

莫(모) : '暮(모)'와 통용되어, 저물다, 늦다.

冠者(관자) : 관을 쓴 사람, 즉 다음에 나오는 어린아이(童子)와 대비되는 성인을 말한다.

風(풍) : 바람을 쏘이다.

詠(영) : 노래를 읊조리다.

喟然(위연) : 크게 한숨 쉬는 모양, 감탄, 탄식하는 모양.

與(여) : 함께하다, 찬성하다, 편들다.

爲之小(위지소) : 그것을 작다고 여기다.

12. 顏淵

1

顏淵問仁, 子曰 "克己復禮 爲仁. 一日克己復禮 , 天下歸仁
焉. 爲仁由己, 而由人乎哉?"顏淵曰 "請問其目."子曰 "非禮
勿視, 非禮勿聽, 非禮勿言, 非禮勿動."顏淵曰 "回雖不敏, 請
事斯語矣."

事斯語(사사어) : 이 말을 일삼는다. 즉, 이 말을 명심하고 실천하며
　　살겠다.

2

仲弓問仁, 子曰 "出門如見大賓, 使民如承大祭, 己所不欲,
勿施於人. 在邦無怨, 在家無怨."仲弓曰 "雍雖不敏, 請事斯
語矣."

仲弓(중궁) : 공자의 제자인 염옹(冉雍)의 자.

3

司馬牛問仁, 子曰 "仁者, 其言也訒." 曰 "其言也訒, 斯謂之
仁已乎?" 子曰 "爲之難, 言之得無訒乎?"

訒(인) : 말을 더듬다. 말을 함부로 하지 않고 조심한다는 뜻이다.
爲之難(위지난) : 그것을 실천하기가 어렵다.

4

司馬牛問君子, 子曰 "君子, 不憂不懼." 曰 "不憂不懼, 斯謂
之君子已乎?" 子曰 "內省不疚, 夫何憂何懼?"

疚(구) : 꺼림칙하게 마음에 걸리다. 마음이 괴롭다.

5

司馬牛憂曰 "人皆有兄弟, 我獨亡." 子夏曰 "商聞之矣, 死
生有命, 富貴在天. 君子敬而無失, 與人恭而有禮, 四海之內,
皆兄弟也. 君子何患乎無兄弟也?"

亡(무) : 없다. '無(무)'와 통용됨.
商(상) : 자하(子夏)의 이름. 성은 복(卜).
無失(무실) : 공경하는 마음을 한순간이라도 잃지 않는다.
四海之內(사해지내) : 온 세상 또는 온 세상 사람들.

6

子張問明, 子曰 "浸潤之譖, 膚受之愬, 不行焉, 可謂明也已矣. 浸潤之譖, 膚受之愬, 不行焉, 可謂遠也已矣."

明(명) : 명석함, 현명함, 총명함.

浸潤之譖(침윤지참) : 물이 젖어들듯이 의식하지 못하는 사이에 믿게 만드는 참소. 譖은 남을 해치는 말이나 행위.

膚受之愬(부수지소) : 피부에 와닿는 절실한 하소연. 愬는 하소연, 호소.

不行(불행) : 작용하지 않다, 통하지 않다.

遠(원) : 멀리까지 내다볼 정도로 밝은 안목을 가짐, 즉 매우 현명함.

7

子貢問政, 子曰 "足食, 足兵, 民信之矣." 子貢曰 "必不得已而去, 於斯三者, 何先?" 曰 "去兵." 子貢曰 "必不得已而去, 於斯二者, 何先?" 曰 "去食. 自古皆有死, 民無信不立."

民信之(민신지) : 백성들이 믿도록 하는 것, 백성들의 믿음. 식량이나 군사력도 모두 백성들의 믿음을 기반으로 하기 때문에, 이를 정치의 가장 중요한 요소로 본 것이다.

去(거) : 제거하다, 포기하다, 버리다.

民無信不立(민무신불립) : 백성들의 믿음이 없으면 나라가 존립하지 못한다.

8

棘子成曰"君子質而已矣, 何以文爲?"子貢曰"惜乎! 夫子
之說君子也, 駟不及舌. 文猶質也, 質猶文也. 虎豹之鞹, 猶犬
羊之鞹."

質而已矣(질이이의) : 바탕뿐이다. 즉, 꾸미지 않은 본연 그대로의 성
　　질만 있으면 된다.

何以文爲(하이문위) : 문채(文)로 무엇을 할 것인가. 즉, 겉모습이나
　　형식을 아름답게 꾸며서 무엇을 할 것인가.

駟不及舌(사불급설) : 네 마리의 말이 끄는 수레(駟)도 혀에 미치지 못
　　한다.

文猶質(문유질) : 무늬는 바탕과 같다. 즉, 무늬도 바탕과 마찬가지로
　　중요하다.

虎豹之鞹(호표지곽) : 호랑이와 표범의 무두질한 가죽. 鞹은 무두질한
　　가죽, 즉 털과 기름을 제거하고 부드럽게 손질한 가죽.

9

哀公問於有若曰"年饑, 用不足, 如之何?"有若對曰"盍徹
乎?"曰"二, 吾猶不足, 如之何其徹也."對曰"百姓足, 君孰與
不足? 百姓不足, 君孰與足?"

饑(기) : 굶주리다, 기근이 들다.

盍(합) : '何不(하불)'과 같은 뜻으로, '어찌 …하지 않는가'.
二(이) : 10분의 2를 과세하는 것.
孰與不足(숙여부족) : 누구와 더불어(孰與) 부족하겠는가, 즉 부족할
    수가 있겠는가.

10

子張問崇德辨惑, 子曰 "主忠信, 徙義, 崇德也. 愛之欲其
生, 惡之欲其死, 旣欲其生, 又欲其死, 是惑也. '誠不以富, 亦
祇以異'."

崇德辨惑(숭덕변혹) : 덕을 숭상하고 미혹됨을 분별하다.
徙義(사의) : 의에게로 옮겨가다, 도의에 따라 살아가다.
誠不以富, 亦祇以異(성불이부, 역지이이) : 진실로 부유하게는 하지
    못하고 또한 다만 기이하게 될 뿐이다. 祇는 '다만'의 뜻.

11

齊景公問政於孔子, 孔子對曰 "君君, 臣臣, 父父, 子子." 公
曰 "善哉! 信如君不君, 臣不臣, 父不父, 子不子, 雖有粟, 吾得
而食諸?"

信(신) : 진실로.
粟(속) : 곡식.

12

子曰 "片言可以折獄者, 其由也與! 子路無宿諾."

片言(편언) : 한 조각의 말, 한 마디의 말. 片은 조각.

折(절) : 판단하다, 판결하다.

獄(옥) : 소송.

13

子曰 "聽訟吾猶人也, 必也使無訟乎."

聽訟(청송) : 소송을 듣고 처리하다.

14

子張問政, 子曰 "居之無倦, 行之以忠."

居之(거지) : 위정자의 지위에 있다.

倦(권) : 게으르다.

行之(행지) : 정사(政事)를 행하다.

15

子曰 "博學於文, 約之以禮, 亦可以弗畔矣夫!"

16

子曰 "君子成人之美, 不成人之惡, 小人反是."

反是(반시) : 이와 반대로 하다.

17

季康子問政於孔子, 孔子對曰 "政者正也. 子帥以正, 孰敢
不正?"

帥(수) : 통솔하다, 이끌다.

18

季康子患盜, 問於孔子, 孔子對曰 "苟子之不欲, 雖賞之, 不
竊."

患盜(환도) : 도적이 많은 것을 걱정하다.
苟(구) : 진실로.
竊(절) : 훔치다, 도둑질하다.

19

季康子問政於孔子曰 "如殺無道, 以就有道, 何如?" 孔子對
曰 "子爲政, 焉用殺? 子欲善, 而民善矣. 君子之德風, 小人之

德草. 草上之風, 必偃."

無道(무도) : 도의가 없는 사람, 법도를 무시하는 사람.

以就有道(이취유도) : 그렇게 함으로써(以) 도리가 있는 쪽(有道)으로
　　나아가게 하다(就).

焉用殺(언용살) : 어찌 살인하는 방법을 씁니까.

草上之風, 必偃(초상지풍, 필언) : 풀 위에 바람이 불면 풀은 반드시
　　눕는다. 偃은 '눕다, 넘어지다'.

20

　　子張問 "士何如斯可謂之達矣?" 子曰 "何哉, 爾所謂達者?"
子張對曰 "在邦必聞, 在家必聞." 子曰 "是聞也, 非達也. 夫達
也者, 質直而好義, 察言而觀色, 慮以下人, 在邦必達, 在家必
達. 夫聞也者, 色取仁而行違, 居之不疑, 在邦必聞, 在家必聞."

達(달) : 두루 통하다.

聞(문) : 명성이 들리다.

質直(질직) : 바탕이 곧다, 본 바탕이 정직, 강직하다.

察言(찰언) : 말을 살피다, 즉 남의 말을 잘 헤아리다.

觀色(관색) : 안색을 보다, 즉 남의 모습을 잘 살펴보다.

慮以下人(여이하인) : 남보다 낮추어서 생각하다, 즉 겸손한 자세로
　　처신하다.

色取仁(색취인) : 겉모습으로는 인을 취하다.

行違(행위) : 행동은 인에 어긋나다.

居之不疑(거지불의) : 의심이 없이 살아가다, 즉 거짓된 행위를 자연
　　　스럽게 여겨서, 자신의 행위에 대하여 의혹이나 거리낌이 없다.

21

樊遲從遊於舞雩之下, 曰 "敢問崇德, 修慝, 辨惑." 子曰 "善
哉問! 先事後得, 非崇德與? 攻其惡, 無攻人之惡, 非修慝與?
一朝之忿, 忘其身, 以及其親, 非惑與?"

修慝(수특) : 慝은 간특함, 악함, 악을 마음에 숨긴 것이다. 따라서 修
　　　慝이란 이러한 악한 마음을 닦아서 없애는 것이다.

辨惑(변혹) : 미혹됨을 가려내다, 미혹됨을 구별하다.

先事後得(선사후득) : 일을 먼저 하고 이득은 뒤로 미루다.

一朝之忿(일조지분) : 하루 아침의 분노, 즉 잠깐 동안의 성냄.

22

樊遲問仁, 子曰 "愛人." 問知, 子曰 "知人." 樊遲未達, 子曰
"擧直錯諸枉, 能使枉者直." 樊遲退, 見子夏曰 "鄕也, 吾見於
夫子而問知, 子曰 '擧直錯諸枉, 能使枉者直', 何謂也?" 子夏
曰 "富哉, 言乎! 舜有天下, 選於衆, 擧皐陶, 不仁者遠矣. 湯有
天下, 選於衆, 擧伊尹, 不仁者遠矣."

未達(미달) : 공자가 이야기한 뜻에 도달하지 못하다, 완전히 이해하지 못하다.

舉直錯諸枉(거직조저왕) : 곧은 사람(直)을 들어서(舉) 굽은 사람(枉)의 위에(諸) 놓다(錯). 바른 사람을 등용하여 그릇된 사람의 위에 두어 그릇됨을 바로잡는다는 것이다.

鄕(향) : 아까, 조금 전, 이전에.

富(부) : 풍성하다, 넉넉하다. 말에 담긴 뜻이 풍성하다는 것이다.

選於衆(선어중) : 여러 사람들 중에서 선발하다.

遠(원) : 멀어지다, 멀리 사라지다.

23

子貢問友, 子曰 "忠告而善道之, 不可則止, 無自辱焉."

道(도) : '導(도)'와 통용되어 '인도하다'의 뜻.

無自辱(무자욕) : 스스로 욕을 보지 말라.

24

曾子曰 "君子, 以文會友, 以友輔仁."

會友(회우) : 벗을 모으다, 벗과 사귀다.

輔仁(보인) : 인을 돕다, 즉 인의 덕을 증진시키는 데 도움이 되다.

13. 子路

1

子路問政, 子曰 "先之勞之." 請益, 曰 "無倦."

請益(청익) : 더 설명해줄 것을 요청하다.

2

仲弓爲季氏宰, 問政, 子曰 "先有司, 赦小過, 擧賢才." 曰 "焉知賢才而擧之?" 曰 "擧爾所知. 爾所不知, 人其舍諸?"

赦小過(사소과) : 작은 잘못(小過)을 용서하다.

人其舍諸(인기사제) : 사람들이(人) 그를(其) 내버려 두겠는가(舍諸).

3

子路曰 "衛君待子而爲政, 子將奚先?" 子曰 "必也正名乎!" 子路曰 "有是哉? 子之迂也! 奚其正?" 子曰 "野哉, 由也! 君子於其所不知, 蓋闕如也. 名不正則言不順, 言不順則事不成,

事不成則禮樂不興, 禮樂不興則刑罰不中, 刑罰不中則民無
所措手足. 故君子名之必可言也, 言之必可行也. 君子於其言,
無所苟而已矣."

待(대) : 기다리다, 모시다, 의지하다.

奚先(해선) : 무엇을 먼저 하겠는가.

有是哉(유시재) : 그런 것도 있는가.

迂(우) : 길이 멀다, 멀리 돌아가다, 세상물정에 어둡다. 즉, 비현실적
　　인 이상론이라는 것이다.

野(야) : 거칠다, 조잡하다, 세련되지 못하다, 어리숙하다.

闕如(궐여) : 빠뜨리거나 내버려 둔 모양, 즉 관여하지 않고 가만히 있
　　는 모양.

言不順(언불순) : 말이 사리에 맞게 순조롭지 않다, 즉 억지를 부리는
　　주장이 난무한다.

民無所措手足(민무소조수족) : 백성들이 손발을 둘 곳이 없다, 즉 백
　　성들이 살아갈 방도가 없다.

苟(구) : 구차하다, 구차하게 하다.

4

樊遲請學稼, 子曰 "吾不如老農." 請學爲圃, 曰 "吾不如老
圃." 樊遲出, 子曰 "小人哉, 樊須也! 上好禮, 則民莫敢不敬,
上好義, 則民莫敢不服, 上好信, 則民莫敢不用情. 夫如是, 則

四方之民, 襁負其子而至矣, 焉用稼?"

稼(가) : 곡식을 심고 기르는 것.

爲圃(위포) : 채소를 심고 기르는 것.

用情(용정) : 情은 실정, 사실, 진실됨, 성실함. 따라서 用情이란 진실
하게 행동한다는 것이다.

襁負(강부) : (어린아이를) 포대기에 싸서 업다. 襁은 어린아이를 업을
때 두르는 포대기, 負는 업는 것.

5

子曰 "誦詩三百, 授之以政, 不達, 使於四方, 不能專對, 雖
多, 亦奚以爲?"

誦詩三百(송시삼백) : 시 삼백 편을 암송하다.

授之以政(수지이정) : 그에게 정치를 맡기다. 授는 '주다, 맡기다'.

達(달) : 통달하다, 잘 해내다.

使(사) : 사신으로 가다.

專對(전대) : 독자적으로 대응하다.

奚以爲(해이위) : '以多爲奚'가 생략, 도치된 것이다. '많이 외우기만
하는 것으로 무엇을 하겠는가'라는 뜻이다.

6

子曰 "其身正, 不令而行, 其身不正, 雖令不從."

其身正(기신정) : 그 자신이 바르다.

不令而行(불령이행) : 명령하지 않아도 행해진다. 명령을 내리지 않
아도, 자신의 모범을 백성들이 본받아서 자발적으로 한다는 말
이다.

7

子曰 "魯衛之政, 兄弟也."

魯衛之政(노위지정) : 노나라와 위나라의 정치.

8

子謂衛公子荊, "善居室. 始有, 曰'苟合矣', 少有, 曰'苟完
矣', 富有, 曰'苟美矣'."

善居室(선거실) : 집안 살림(居室)을 잘하다(善), 집안을 잘 다스리다.

苟(구) : 대략, 그런대로, 어느 정도, 조금.

合(합) : 모이다.

完(완) : 갖추다.

美(미) : 아름답다, 화려하다.

9

子適衛, 冉有僕. 子曰 "庶矣哉!" 冉有曰 "旣庶矣, 又何加
焉?" 曰 "富之." 曰 "旣富矣, 又何加焉?" 曰 "教之."

適(적) : 가다.

僕(복) : 수레를 몰다.

庶(서) : 사람의 수가 많다.

10

子曰 "苟有用我者, 朞月而已可也, 三年有成."

朞月(기월) : 朞는 돌, 만 하루나 만 일 개월 또는 일 년. 여기서 朞月
은 같은 달이 돌아오는 기간, 즉 일 년을 말한다.

可(가) : 괜찮다, 즉 어느 정도 기강을 잡을 수 있다.

11

子曰 "善人爲邦百年, 亦可以勝殘去殺矣. 誠哉, 是言也!"

爲邦(위방) : 나라(邦)를 다스리다(爲).

勝殘(승잔) : 잔악한 자들을 이기다. 잔악한 자들을 교화한다는 것이다.

去殺(거살) : 사형을 없애다. 사람들이 교화되어 사형할 일이 없게 된
다는 것이다.

12

子曰 "如有王者, 必世而後仁."

王者(왕자) : 덕(德)을 가지고 왕도(王道) 정치를 하는 사람.

世(세) : 삼십 년 정도의 한 세대를 말한다.

仁(인) : 사람들이 교화되어 인(仁)하게 되다. 또는 인정(仁政)을 실현
하다.

13

子曰 "苟正其身矣, 於從政乎, 何有? 不能正其身, 如正人
何?"

從政(종정) : 정치에 종사하다, 즉 정치를 하다. '政'은 본래 '正'과 통
한다. 즉, 잘못된 것을 바르게 하는 것이 바로 정치인 것이다.

如正人何(여정인하) : '如何正人'이 도치된 형태.

14

冉子退朝, 子曰 "何晏也?" 對曰 "有政." 子曰 "其事也. 如有
政, 雖不吾以, 吾其與聞之."

退朝(퇴조) : 조정에서 물러 나오다. 여기서는 계씨(季氏)의 집에서 퇴
근한 것을 말한다.

晏(안) : 늦다.

政(정) : 나라의 정사(政事).

其事(기사) : 그 집안, 즉 계씨 집안의 일.

不吾以(불오이) : '吾不以'가 도치된 형태이며, 以는 '用(용)'과 통용된
　　　　　다. 내가 쓰이지 않다, 즉 내가 관직에 임용되지 않다.

與聞(여문) : 관여하여 듣다, 함께 듣다.

15

定公問"一言而可以興邦, 有諸?"孔子對曰"言不可以若是
其幾也. 人之言曰'爲君難, 爲臣不易'. 如知爲君之難也, 不幾
乎一言而興邦乎?"

曰"一言而喪邦, 有諸?"孔子對曰"言不可以若是其幾也.
人之言曰'予無樂乎爲君, 唯其言而莫予違也'. 如其善而莫之
違也, 不亦善乎? 如不善而莫之違也, 不幾乎一言而喪邦乎?"

興邦(흥방) : 나라를 흥하게 하다.

幾(기) : 왕숙과 황간은 가깝다, 즉 거의 그 정도에 이르다로 풀었고
　　　　주희는 기약하다, 기대하다로 풀었다.

喪邦(상방) : 나라를 잃다.

莫予違(막여위) : '莫違予'가 도치된 형태이다. 나를 어기지 않다, 즉
　　　　　나의 말을 거스르지 않는다는 것이다.

16

葉公問政, 子曰 "近者說, 遠者來."

葉公(섭공) : 초(楚)나라의 대부로서, 葉은 그가 관할하는 고을이었으
므로, 葉公이라고 참칭하고 있었다.

遠者來(원자래) : 가까이 있는 사람들이 은덕을 입고 기뻐하면, 멀리
있는 사람들은 그 소문을 듣고 찾아온다는 것이다.

17

子夏爲莒父宰, 問政, 子曰 "無欲速, 無見小利. 欲速則不
達, 見小利則大事不成."

無欲速(무욕속) : 빨리 성과를 이루려 하지 말라.

無見小利(무견소리) : 작은 이익을 추구하지 말라. 작은 이익을 추구
하다 보면 정작 큰 것을 놓치기 쉽기 때문이다.

18

葉公語孔子曰 "吾黨有直躬者, 其父攘羊, 而子證之." 孔子
曰 "吾黨之直者, 異於是. 父爲子隱, 子爲父隱, 直在其中矣."

黨(당) : 마을, 향리(鄕里).

直躬者(직궁자) : 몸가짐을 곧게 하는 사람, 즉 정직한 사람.

攘(양) : (어떤 이유가 있어서) 도둑질을 하다.

證(증) : 증언하다.

隱(은) : 숨기다.

19

樊遲問仁, 子曰 "居處恭, 執事敬, 與人忠, 雖之夷狄, 不可
棄也."

居處(거처) : 평소에 지낼 때.

執事(집사) : 일을 집행하다, 일을 맡아 처리하다.

與人(여인) : 사람들과 함께하다, 사람들과 어울리다.

之夷狄(지이적) : 오랑캐에게 가다, 즉 예법이 없는 야만인의 나라에
　　　가다.

20

子貢問曰 "何如斯可謂之士矣?" 子曰 "行己有恥, 使於四
方, 不辱君命, 可謂士矣." 曰 "敢問其次." 曰 "宗族稱孝焉, 鄕
黨稱弟焉." 曰 "敢問其次." 曰 "言必信, 行必果, 硜硜然小人
哉, 抑亦可以爲次矣." 曰 "今之從政者何如?" 子曰 "噫, 斗筲
之人, 何足算也?"

行己(행기) : 자기 몸을 움직임, 즉 자신이 행동하는 것.

使(사) : 사신으로 가다.

其次(기차) : 그다음 수준.

宗族(종족) : 가족과 친척.

稱(칭) : 칭찬하다.

鄕黨(향당) : 마을, 또는 마을 사람들.

弟(제) : '悌(제)'와 통하여, 손윗사람에게 공손한 것을 말한다.

果(과) : 성과가 있다. 자기가 한 행위에 대해서는 반드시 책임지고 성
    과가 있도록 한다는 것이다.

硜硜然(갱갱연) : 융통성이 없이 꼬장꼬장한 모양.

抑(억) : 그러나, 그런데도.

噫(희) : 감탄사.

斗筲之人(두소지인) : 그릇이 작은 사람. 斗는 한 말, 筲는 한 말 두
    되 용량의 대나무 그릇.

算(산) : 계산하다, 헤아리다, 따져보다.

21

子曰 "不得中行而與之, 必也狂狷乎! 狂者進取, 狷者有所
不爲也."

與之(여지) : 그와 함께하다.

狂狷(광견) : 꿈이 큰 사람과 고집스러운 사람. 狂者는 뜻은 높지만
    실천이 그 뜻을 감당하지 못하는 사람, 狷者는 지혜는 미치지

못하지만 지조를 지키는 사람.

有所不爲(유소불위) : 하지 않는 바가 있다.

22

子曰"南人有言曰'人而無恒, 不可以作巫醫.' 善夫! '不恒 其德, 或承之羞'." 子曰"不占而已矣."

南人(남인) : 남쪽 나라의 사람.

恒(항) : 일정함, 일관성.

不恒其德(불항기덕) : 그 덕을 일정하게 하지 않다.

或承之羞(혹승지수) : 혹시 수치를 당한다.

不占(부점) : 점을 치지 않다.

23

子曰"君子和而不同, 小人同而不和."

和(화) : 다른 사람들과 조화롭게 어울리다.

同(동) : 기호나 취향이 다른 사람들과 동화되다.

24

子貢問曰"鄕人皆好之, 何如?" 子曰"未可也." "鄕人皆惡之, 何如?" 子曰"未可也. 不如鄕人之善者好之, 其不善者惡之."

鄕人(향인) : 고을 사람들, 마을 사람들.

惡(오) : 미워하다.

25

子曰 "君子, 易事而難說也. 說之不以道, 不說也. 及其使人也, 器之. 小人, 難事而易說也. 說之雖不以道, 說也. 及其使人也, 求備焉."

易事(이사) : 섬기기 쉽다.

難說(난열) : 기쁘게 하기 어렵다.

器之(기지) : 그 사람의 그릇, 즉 역량에 맞게 사용하다. 그 사람의 능
　　력에 따라 알맞은 일을 맡긴다는 것이다.

求備(구비) : 능력을 모두 갖추고 있기를 요구하다.

26

子曰 "君子泰而不驕, 小人驕而不泰."

泰(태) : 편안하다, 태연하다, 느긋하다.

驕(교) : 교만하다.

27

子曰 "剛毅木訥, 近仁."

剛(강) : 굳셈, 강직함.

毅(의) : 의지가 강함, 의연함.

木(목) : 질박함.

訥(눌) : 어눌함, 말을 잘 못함.

28

子路問曰 "何如斯可謂之士矣?" 子曰 "切切偲偲, 怡怡如也, 可謂士矣. 朋友切切偲偲, 兄弟怡怡."

切切偲偲(절절시시) : 마융과 황간은 서로 심하게 질책하고 격려하는 모양이라고 풀었다. 주희는 '절절'은 간절하게 대하는 것, '시시'는 전심전력으로 노력하는 것이라고 풀었다.

怡怡(이이) : 마융과 황간은 화합하며 뜻이 잘 통하는 모양으로 풀었고 주희는 화합하고 즐거운 모양이라고 풀었다.

29

子曰 "善人敎民七年, 亦可以卽戎矣."

卽戎(즉융) : 전쟁(戎)에 나가다(卽).

30

子曰 "以不敎民戰, 是謂棄之."

14. 憲問

1

憲問恥, 子曰"邦有道穀, 邦無道穀, 恥也."

穀(곡) : 녹봉(祿俸), 즉 벼슬을 하는 것.
恥(치) : 수치이다, 수치스러운 일이다.

2

"克伐怨欲, 不行焉, 可以爲仁矣?"子曰"可以爲難矣, 仁則
吾不知也."

克(극) : 남을 이기기 좋아하다, 이기고 싶어 하다.
伐(벌) : 자신을 과시하다, 자기의 공을 자랑하다.

3

子曰"士而懷居, 不足以爲士矣."

懷居(회거) : 안락하게 살려는 생각을 마음에 품다.

4

子曰“邦有道, 危言危行, 邦無道, 危行言孫.”

孫(손) : 공손하다, 겸손하다.

5

子曰“有德者必有言, 有言者不必有德. 仁者必有勇, 勇者
不必有仁.”

6

南宮适問於孔子曰“羿善射, 奡盪舟, 俱不得其死. 然禹稷
躬稼, 而有天下.”夫子不答. 南宮适出, 子曰“君子哉, 若人!
尙德哉, 若人!”

盪舟(탕주) : 배를 움직이다. 여기서는 육지에서 배를 움직인다는 뜻
으로, 힘이 대단히 셈을 비유한 것이다.

俱(구) : 함께, 모두.

不得其死(부득기사) : 자기의 죽음을 얻지 못하다. 즉 제명에 죽지 못
하다.

躬稼(궁가) : 몸소 농사를 짓다.

7

子曰 "君子而不仁者有矣夫, 未有小人而仁者也."

8

子曰 "愛之, 能勿勞乎? 忠焉, 能勿誨乎?"

誨(회) : 가르치다, 깨우치다.

9

子曰 "爲命, 裨諶草創之, 世叔討論之, 行人子羽修飾之, 東
里子産潤色之."

爲命(위명) : 외교 문서를 만들다. 命은 사신이 지니고 갈 외교 문서.

草創(초창) : 대략 만들다, 즉 초안을 작성하다.

討論(토론) : 내용을 자세히 검토하고 논의하다.

修飾(수식) : 문장을 가감하며 다듬다.

潤色(윤색) : 문장을 매끄럽게 손질하다.

10

或問子産, 子曰 "惠人也." 問子西, 曰 "彼哉, 彼哉." 問管仲,
曰 "人也. 奪伯氏駢邑三百, 飯疏食沒齒, 無怨言."

惠人(혜인) : 다른 사람들에게 은혜를 끼친 사람.

彼哉(피재) : 그 사람.

飯疏食(반소식) : 거친 음식〔疏食〕을 먹다〔飯〕.

沒齒(몰치) : 죽을 때까지, 평생 동안. 齒는 나이, 수명.

11

子曰 "貧而無怨難, 富而無驕易."

12

子曰 "孟公綽, 爲趙魏老則優, 不可以爲滕薛大夫."

優(우) : 우수하다, 능력이 충분하다, 잘 해내다.

13

子路問成人, 子曰 "若臧武仲之知, 公綽之不欲, 卞莊子之
勇, 冉求之藝, 文之以禮樂, 亦可以爲成人矣." 曰 "今之成人
者, 何必然? 見利思義, 見危授命, 久要不忘平生之言, 亦可以
爲成人矣."

成人(성인) : 완전한 사람, 완성된 사람.

公綽(공작) : 앞 장에 나온 맹공작(孟公綽)을 가리킨다.

文之(문지) : 그것을 아름답게 꾸미다, 그것을 세련되게 하다.

授命(수명) : 목숨을 내놓다, 목숨을 바치다.

久要(구요) : 오래된 약속.

平生(평생) : 평소, 일상.

14

子問公叔文子於公明賈曰 "信乎? 夫子, 不言不笑不取乎?"
公明賈對曰 "以告者過也. 夫子時然後言, 人不厭其言; 樂然
後笑, 人不厭其笑; 義然後取, 人不厭其取." 子曰 "其然, 豈其
然乎?"

15

子曰 "臧武仲以防求爲後於魯, 雖曰不要君, 吾不信也."

求爲後(구위후) : 후사를 세워줄 것[爲後]을 요구하다.

要(요) : 강요하다.

16

子曰 "晉文公譎而不正, 齊桓公正而不譎."

譎(휼) : 속임수, 권모술수를 쓰다.

17

　子路曰"桓公殺公子糾, 召忽死之, 管仲不死. 曰未仁乎?"
子曰"桓公九合諸侯, 不以兵車, 管仲之力也. 如其仁! 如其
仁!"

　如其仁(여기인) : 그의 '인(仁)'함과 같이 하라.

18

　子貢曰"管仲非仁者與! 桓公殺公子糾, 不能死, 又相之."
子曰"管仲相桓公霸諸侯, 一匡天下, 民到于今受其賜. 微管
仲, 吾其被髮左衽矣. 豈若匹夫匹婦之爲諒也, 自經於溝瀆而
莫之知也?"

　霸諸侯(패제후) : 제후들 사이에서 패권을 잡다.

　一匡(일광) : 한 번 바로잡다.

　受其賜(수기사) : 은덕, 혜택을 받다.

　微(미) : '無(무)'와 통하여, '없다'. 즉, '…이 없었더라면'.

　被髮左衽(피발좌임) : 머리를 풀어헤치고[被髮] 옷깃을 왼쪽으로 여미
　　다[左衽]. 오랑캐의 풍속을 따른다는 뜻이다.

　匹夫匹婦(필부필부) : 평범한 남자와 평범한 여자.

　諒(량) : 사소한 신의.

　經(경) : 목을 매다.

溝瀆(구독) : 도랑, 하수도.

19

公叔文子之臣大夫僎, 與文子同升諸公. 子聞之曰"可以爲文矣."

公叔文子(공숙문자) : 위나라의 대부인 공손발(公孫拔). 앞의 14장에
도 그의 인품을 논하는 이야기가 나왔다.

臣大夫僎(신대부선) : (공숙문자의) 가신(家臣)이자 대부인 선(僎).

同升諸公(동승저공) : 함께 공조(公朝)에 나아가다, 즉 함께 조정의 신
하가 되다. 諸(저)는 '之於(지어)', 즉 '…에'의 뜻. 公은 '公朝', 즉
나라의 조정.

可以爲文(가이위문) : '文'이 될 만하다, 즉 '文'이라는 시호를 붙일 만
하다.

20

子言衛靈公之無道也, 康子曰"夫如是, 奚而不喪?"孔子
曰"仲叔圉治賓客, 祝鮀治宗廟, 王孫賈治軍旅. 夫如是, 奚其
喪?"

康子(강자) : 노나라의 대부인 계강자(季康子)를 가리킨다.

奚而(해이) : 어째서.

喪(상) : 망하다.

治賓客(치빈객) : 나라의 손님 접대하는 일을 담당하다.

治宗廟(치종묘) : 종묘의 제사를 담당하다.

21

子曰 "其言之不怍, 則爲之也難."

怍(작) : 부끄러워하다.

22

陳成子弑簡公, 孔子沐浴而朝, 告於哀公曰 "陳恒弑其君, 請討之." 公曰 "告夫三子." 孔子曰 "以吾從大夫之後, 不敢不告也, 君曰'告夫三子者'." 之三子告, 不可. 孔子曰 "以吾從大夫之後, 不敢不告也."

沐浴(목욕) : 목욕하다. 입조(入朝)하여 임금을 뵈려 하므로 먼저 목욕
　　재계를 한 것이다.

哀公(애공) : 당시 노나라의 임금.

不敢不告(불감불고) : 감히 고하지 않을 수 없다.

之(지) : 가다.

23

子路問事君, 子曰 "勿欺也, 而犯之."

犯(범) : 면전에서 바른말을 하다.

24

子曰 "君子上達, 小人下達."

25

子曰 "古之學者爲己, 今之學者爲人."

爲己(위기) : 자신의 수양을 위해 공부하다.

爲人(위인) : 다른 사람들의 인정을 받아 출세하기 위해 공부하다.

26

蘧伯玉使人於孔子, 孔子與之坐而問焉曰 "夫子何爲?" 對
曰 "夫子欲寡其過, 而未能也." 使者出, 子曰 "使乎! 使乎!"

使乎(사호) : 사자답도다, 훌륭한 사자로다.

27

子曰 "不在其位, 不謀其政"

不謀其政(불모기정) : 그 직위에서 해야 할 정무(政務)에 대해 관여하
지 말아야 한다는 것이다.

28

曾子曰 "君子思不出其位."

29

子曰 "君子恥其言而過其行."

30

子曰 "君子道者三, 我無能焉. 仁者不憂, 知者不惑, 勇者不
懼." 子貢曰 "夫子自道也."

自道(자도) : 스스로를 말하다, 자기 자신에 대해 말하다. 道는 '말하다'.

31

子貢方人, 子曰 "賜也, 賢乎哉? 夫我則不暇."

方人(방인) : 사람들을 비교하다.
賜(사) : 단목사(端木賜), 즉 자공(子貢)을 가리킨다.
不暇(불가) : 여가가 없다. 자기 수양하기에도 벅차서 남들의 장단점
을 논할 겨를이 없다는 뜻이다.

32

子曰 "不患人之不己知, 患其不能也."

33

子曰 "不逆詐, 不億不信, 抑亦先覺者, 是賢乎!"

逆(역) : 미리 헤아려 준비하다.

詐(사) : 속이다, 거짓말하다.

億(억) : 미리 생각하다, 억측하다.

抑(억) : 그런데, 그러고도.

先覺(선각) : 먼저 깨닫다, 미리 알다.

34

微生畝謂孔子曰 "丘何爲是栖栖者與? 無乃爲佞乎?" 孔子
曰 "非敢爲佞也, 疾固也."

栖栖(서서) : 황간은 몹시 서두르는 모양(遑遑)이라고 했고 주희는 마
  음이 조마조마한 모양이라고 했다(依依).

無乃(무내) : …가 아닌가.

爲佞(위녕) : 말재주로 세상에 영합하다.

疾固(질고) : 세상이 고루함을 근심하다.

35

子曰 "驥不稱其力, 稱其德也."

驥(기) : 좋은 말, 천리마.
德(덕) : 잘 조련된 것.

36

或曰 "以德報怨, 何如?" 子曰 "何以報德? 以直報怨, 以德
報德."

直(직) : 굽은 것을 곧게 만드는 것, 그릇된 것을 바로잡는 마음.

37

子曰 "莫我知也夫!" 子貢曰 "何爲其莫知子也?" 子曰 "不怨
天, 不尤人. 下學而上達, 知我者, 其天乎!"

尤(우) : 탓하다, 허물하다.
下學而上達(하학이상달) : 세상의 일상적인 일들을 공부하여 최상의
　　심오한 이치와 도리에까지 도달하다.

38

公伯寮愬子路於季孫, 子服景伯以告曰 "夫子固有惑志於

公伯寮, 吾力猶能肆諸市朝." 子曰 "道之將行也與, 命也, 道
之將廢也與, 命也. 公伯寮其如命何?"

愬(소) : 참소하다, 모함하다.

肆(사) : 사형당한 사람의 시체를 내걸다.

諸(저) : '之於(지어)'를 축약한 뜻.

市朝(시조) : 시장과 조정.

命(명) : 하늘의 뜻, 천명(天命), 운명.

39

子曰 "賢者辟世, 其次辟地, 其次辟色, 其次辟言."

辟(피) : 피하다.

世(세) : 여기서는 도가 행해지지 않는 세상을 뜻한다.

地(지) : 여기서는 어지러운 지역이나 나라를 뜻한다.

色(색) : 여기서는 무례한 사람을 뜻한다.

言(언) : 여기서는 도리에 어긋난 말을 뜻한다.

40

子曰 "作者七人矣."

作者(작자) : 그렇게 한 사람, 세상을 떠나서 숨어버린 사람.

41

子路宿於石門, 晨門曰"奚自?"子路曰"自孔氏." 曰"是知
其不可而爲之者與?"

晨門(신문) : 성문의 문지기. 새벽에 문을 여는 사람이란 뜻에서 붙여
    진 이름.
奚自(해자) : 어디에서 왔는가.
孔氏(공씨) : 공자의 문하.

42

子擊磬於衛, 有荷蕢而過孔氏之門者, 曰"有心哉, 擊磬乎!"
既而曰"鄙哉, 硜硜乎! 莫己知也, 斯已而已矣. 深則厲, 淺則
揭." 子曰"果哉, 末之難矣."

擊磬(격경) : 경쇠를 두드리며 연주하다.
荷蕢(하궤) : 삼태기(蕢)를 메다(荷).
既而(기이) : 이윽고, 조금 있다가.
硜硜(갱갱) : 땡땡거리며 경쇠를 두드리는 소리.
斯已(사이) : 그것으로 그치다, 곧 그만두다.
厲(려) : 하의를 벗고 건너다.
揭(게) : 옷을 걷어 올리고 건너다.
果(과) : 과감하게 세상을 버렸다는 뜻이다.

末之難(말지난) : '末難之'가 도치된 형태로, '그것을 어렵게 여길 것
이 없다'. 여기서 末은 부정을 나타내는 말.

43

子張曰 "『書』云 '高宗諒陰三年不言', 何謂也?" 子曰 "何必
高宗? 古之人皆然. 君薨, 百官總己, 以聽於冢宰三年."

諒陰(양음) : '亮陰(양음)' 또는 '梁闇(양암)'으로도 쓰이는데, 상을 당했
을 때 무덤 곁의 묘막(墓幕)에서 지내는 것을 말한다.

薨(훙) : 임금이 죽는 것을 일컫는 말이다.

百官(백관) : 모든 관리.

總己(총기) : 자기의 직무를 다하다. 임금이 상중이므로, 말을 할 필요
가 없도록 자신의 일을 잘 알아서 한다는 것이다.

冢宰(총재) : 재상이나 국무총리에 해당하는 관직.

44

子曰 "上好禮, 則民易使也."

45

子路問君子, 子曰 "修己以敬." 曰 "如斯而已乎?" 曰 "修己
以安人." 曰 "如斯而已乎?" 曰 "修己以安百姓. 修己以安百姓,
堯·舜其猶病諸."

以(이) : 여기서는 '…로써'와 '그리하여(而)'의 의미가 중첩되어 있다. 따라서 '…을 통하여'로 해석한다.

如斯而已乎(여사이이호) : 이와 같이 하면(如斯) 그뿐인가(而已乎), 그렇게만 하면 되는가.

病(병) : 병으로 여기다, 어려워하다.

46

原壤夷俟, 子曰"幼而不孫弟, 長而無述焉, 老而不死, 是爲賊."以杖叩其脛.

夷(이) : 무릎을 세우고 다리를 벌린 채로 앉아 있는 것.

俟(사) : 기다리다.

孫(손) : '遜(손)'과 통하여, 공손하다, 겸손하다.

弟(제) : '悌(제)'와 통하여, 손윗사람에게 예의 바르게 대하다.

述(술) : 일컬어지다, 칭송되다.

賊(적) : 남을 해치는 사람.

杖(장) : 지팡이.

叩(고) : 두드리다, 내려치다.

脛(경) : 정강이.

47

闕黨童子將命, 或問之曰"益者與?"子曰"吾見其居於位也, 見其與先生幷行也. 非求益者也, 欲速成者也."

將命(장명) : 어른들의 명을 받아 왔다 갔다 하며 심부름을 하는 것.

益者(익자) : 배워서 스스로의 공부를 쌓아 나가는 사람.

居於位(거어위) : 어른 자리에 앉다.

先生(선생) : 먼저 난 사람, 즉 자기보다 나이가 많은 사람.

求益者(구익자) : 공부에 보탬이 되기를 구하는 사람.

欲速成者(욕속성자) : 빠른 성취를 바라는 사람.

15. 衛靈公

1

衛靈公問陳於孔子, 孔子對曰 "俎豆之事, 則嘗聞之矣, 軍
旅之事, 未之學也." 明日遂行. 在陳絶糧, 從者病, 莫能興. 子
路慍見曰 "君子亦有窮乎?" 子曰 "君子固窮, 小人窮斯濫矣."

陳(진) : 전쟁할 때 군사를 배열하여 싸우는 방법, 즉 진법(陳法).

俎豆之事(조두지사) : 제사에 관한 일. 俎와 豆는 모두 제사 때 쓰는
    그릇.

軍旅之事(군려지사) : 군대에 관한 일. 정현(鄭玄)에 의하면 軍은 일만
    이천오백 명의 군대이고, 旅는 오백 명의 군대라고 한다.

遂(수) : 마침내, 드디어.

絶糧(절량) : 식량이 떨어지다.

慍見(온현) : 성이 나서 찾아뵙다.

固窮(고궁) : 정자(程子)는 '곤궁함을 참고 견디다'로 풀었고, 주희는
    '진실로 곤궁할 때가 있다'라고 보았다.

濫(람) : 넘치다, 함부로 하다.

2

子曰 "賜也, 女以予爲多學而識之者與?" 對曰 "然. 非與?"
曰 "非也. 予一以貫之."

賜(사) : 자공(子貢), 즉 단목사(端木賜)의 이름.

女(여) : '汝(여)'와 통하여, 대등하거나 손아래인 사람을 가리키는 이
　　　인칭 대명사.

識(지) : 기억하다.

一以貫之(일이관지) : 하나로 꿰뚫는다(貫), 즉 결국은 하나의 이치로
　　　통한다는 의미이다.

3

子曰 "由, 知德者鮮矣."

由(유) : 자로(子路), 즉 중유(仲由)의 이름.

鮮(선) : 드물다.

4

子曰 "無爲而治者, 其舜也與! 夫何爲哉? 恭己正南面而已
矣."

無爲而治(무위이치) : 아무 일도 하지 않으면서 다스리다. 즉, 인위적

인 조작을 하지 않고 우주의 이치를 따라감으로써 자연히 다스
려지게 하는 것이다.

恭己(공기) : 자신의 몸가짐을 공손하게 하다.

南面(남면) : 얼굴을 남쪽으로 향하다. 임금은 남쪽을 향하여 앉으므
로 南面이란 임금 노릇 하는 것을 뜻한다.

5

子張問行, 子曰 "言忠信, 行篤敬, 雖蠻貊之邦行矣. 言不忠
信, 行不篤敬, 雖州里行乎哉? 立則見其參於前也, 在輿則見
其倚於衡也, 夫然後行." 子張書諸紳.

行(행) : 세상에 자기의 뜻이 받아들여지는 것을 뜻한다.

蠻貊(만맥) : 蠻은 남쪽 오랑캐(南蠻), 貊은 북쪽 오랑캐(北狄).

州里(주리) : 큰 고을이나 작은 마을. 형병(邢昺)에 의하면 州는 대개
이천오백 가구로 된 고을이고, 里는 이십오 가구로 된 마을이라
고 한다.

參(참) : 나란하다. 나란히 늘어서다.

輿(여) : 수레.

倚於衡(의어형) : 멍에(衡)에 기대다(倚).

紳(신) : 예복에 갖추어 매는 큰 띠.

6

子曰 "直哉, 史魚! 邦有道如矢, 邦無道如矢. 君子哉, 蘧伯
玉! 邦有道則仕, 邦無道則可卷而懷之."

如矢(여시) : 화살과 같다. 화살처럼 성품이 곧은 것을 말한다.

蘧伯玉(거백옥) : 위나라의 대부, 성은 거(蘧), 이름은 원(瑗).「헌문」
　　26장에도 그에 관련된 이야기가 나온다.

卷(권) : 거두어들이다.

懷(회) : 숨기다, 숨다.

7

子曰 "可與言而不與之言, 失人, 不可與言而與之言, 失言.
知者不失人, 亦不失言."

失言(실언) : 말을 잃다. 적절치 않은 말을 하여, 그 말을 헛되이 한다
　　는 뜻이다.

8

子曰 "志士 · 仁人, 無求生以害仁, 有殺身以成仁."

志士(지사) : 뜻 있는 선비. 옳다고 생각하는 어떤 일을 추구하는 지식
　　인을 가리킨다.

仁人(인인) : 인한 사람. 공자가 생각하는 이상적인 인격의 완성자를
　　　가리킨다.

9

子貢問爲仁, 子曰 "工欲善其事, 必先利其器. 居是邦也, 事
其大夫之賢者, 友其士之仁者."

工(공) : 기술자.

利其器(리기기) : 그 연장을 예리하게 하다. 즉, 그의 공구를 잘 손질
　　　하다.

居是邦(거시방) : 그 나라에 있을 때.

10

顔淵問爲邦, 子曰 "行夏之時, 乘殷之輅, 服周之冕, 樂則韶
舞, 放鄭聲, 遠佞人. 鄭聲淫, 佞人殆."

韶舞(소무) : 순임금의 음악과 춤.

放鄭聲(방정성) : 정나라의 음악을 몰아내다. 정나라의 음악은 음란한
　　　것으로 유명했다.

遠佞人(원녕인) : 교묘하게 말 잘하는 사람을 멀리하다.

11

子曰"人無遠慮, 必有近憂."

遠慮(원려) : 먼 일을 내다보고 깊이 있게 생각하는 것을 말한다.

12

子曰"已矣乎! 吾未見好德, 如好色者也."

已矣乎(이의호) : 다 되었구나, 다 끝났구나.

13

子曰"臧文仲, 其竊位者與. 知柳下惠之賢, 而不與立也."

竊位(절위) : 지위를 도둑질하다. 자기의 직분을 다하지 못하면서 그
    자리를 차지하고 있다는 것을 뜻한다.
與立(여립) : 함께 조정에 서다. 그를 추천하여 함께 벼슬을 하는 것을
    말한다.

14

子曰"躬自厚, 而薄責於人, 則遠怨矣."

躬自厚(궁자후) : 자신(躬)에 대해서 스스로(自) 엄중하게 책임을 묻다

〔厚責〕. '躬自厚責'에서 '責(책)'이 생략된 것으로 본다.

薄責(박책) : 가볍게 책임을 묻다.

15

子曰 "不曰'如之何, 如之何'者, 吾末如之何也已矣."

如之何(여지하) : 어찌하면 좋을까. 올바른 일을 하기 위해 고민하는
　　　것을 말한다.

末(말) : 부정을 나타내는 말.

16

子曰 "群居終日, 言不及義, 好行小慧, 難矣哉!"

群居(군거) : 여럿이 모여 있다.

小慧(소혜) : 작은 지혜, 사사로운 이익을 추구하는 지혜.

17

子曰 "君子, 義以爲質, 禮以行之, 孫以出之, 信以成之. 君
子哉!"

孫(손) : '遜(손)'과 통하여, '겸손하다, 공손하다'.

出(출) : 정현은 '말로 표현하다'로 풀었고 주희는 '겉모습으로 드러내

다'로 풀었다.

18

子曰 "君子, 病無能焉, 不病人之不己知也."

病(병) : 괴로워하다, 근심하다, 고민하다.

19

子曰 "君子, 疾沒世而名不稱焉."

疾(질) : 미워하다, 원망하다, 근심하다, 고민하다.

沒世(몰세) : 세상을 마치다, 죽다.

名不稱(명불칭) : 이름이 일컬어지지 않다, 이름이 나지 않다.

20

子曰 "君子求諸己, 小人求諸人."

21

子曰 "君子矜而不爭, 群而不黨."

矜(긍) : 자긍심을 가지다.

群(군) : 무리를 이루다, 여럿이 어울리다.

黨(당) : 편당을 이루다, 파벌을 이루다.

22

子曰 "君子, 不以言擧人, 不以人廢言."

以言擧人(이언거인) : 말로써 사람을 등용하다. 그 사람됨은 제대로
  살피지 않은 채 그의 말만 듣고 등용한다는 것이다.
以人廢言(이인폐언) : 사람으로써 말을 폐기하다. 말의 내용을 제대로
  살피지도 않은 채, 사람의 외모나 학벌, 집안 등으로 판단하여
  그 사람의 의견을 묵살한다는 것이다.

23

子貢問曰 "有一言而可以終身行之者乎?" 子曰 "其恕乎!
己所不欲, 勿施於人."

24

子曰 "吾之於人也, 誰毀誰譽? 如有所譽者, 其有所試矣. 斯
民也, 三代之所以直道而行也."

毀(훼) : 헐뜯다, 비방하다, 비난하다.
譽(예) : 칭찬하다, 칭송하다.
試(시) : 시험하다.

三代(삼대) : 하(夏)·은(殷)·주(周)의 세 왕조.

直道而行(직도이행) : 바른 도가 행하여지다, 즉 바른 도로 다스리다.

25

子曰 "吾猶及史之闕文也, 有馬者借人乘之, 今亡矣夫!"

猶及(유급) : 그래도 …에 이르다. 그래도 …을 직접 볼 수 있었다는
   것이다.

史之闕文(사지궐문) : 사관이 글을 빼놓는 것.

借人乘之(차인승지) : 다른 사람에게 빌려주어서 타게 하다.

亡(무) : '無(무)'와 통하여, '없다, 없어졌다'는 의미.

26

子曰 "巧言亂德, 小不忍則亂大謀."

亂大謀(난대모) : 큰 계획을 어지럽히다, 큰일을 망치다.

27

子曰 "衆惡之, 必察焉, 衆好之, 必察焉."

28

子曰 "人能弘道, 非道弘人."

29

子曰 "過而不改, 是謂過矣."

30

子曰 "吾嘗終日不食, 終夜不寢以思, 無益, 不如學也."

不如學(불여학) : 공부하는 것만 못하다.

31

子曰 "君子謀道, 不謀食. 耕也, 餒在其中矣, 學也, 祿在其中矣. 君子憂道, 不憂貧."

謀(모) : 도모하다. 어떤 일을 이루기 위해 계획하고 추진하다.

耕(경) : 밭 갈다. 농사짓는 일을 뜻한다.

餒在其中(뇌재기중) : 餒는 굶주림.

祿在其中(녹재기중) : 녹봉(祿俸)이 그 안에 있다.

32

子曰 "知及之, 仁不能守之, 雖得之, 必失之. 知及之, 仁能守之, 不莊以涖之, 則民不敬. 知及之, 仁能守之, 莊以涖之, 動之不以禮, 未善也"

莊以涖之(장이리지) : 장중함으로 그에게 임하다. 엄숙한 자세로 백성들을 대한다는 것이다. 莊은 '엄숙함, 정중함, 장중함', 涖는 '임하다, 대하다(臨)'.

動之(동지) : 그것을 움직이다, 백성들을 동원하다.

33

子曰 "君子不可小知, 而可大受也. 小人不可大受, 而可小知也."

小知(소지) : 知를 '맡아서 관장하다'라는 뜻으로 보아, 작은 일을 맡아서 관장한다는 의미로 풀이해야 다음의 대수(大受)와 맥락이 맞는다. 단순히 '작은 일을 알다'로 풀이할 수도 있다. 왕숙과 주희는 '작은 일을 가지고 그의 능력을 안다'는 의미로 풀이하기도 하지만 무리가 있다.

大受(대수) : 큰일을 맡다.

34

子曰 "民之於仁也, 甚於水火. 水火, 吾見蹈而死者矣, 未見蹈仁而死者也."

蹈而死(도이사) : 밟고 죽다, 즉 그 속에 빠져 죽다. 蹈는 '밟다'.

35

子曰 "當仁, 不讓於師."

當仁(당인) : 仁을 행해야 할 일을 당해서는, 인과 관련된 상황에서는.

36

子曰 "君子貞而不諒."

貞(정) : 곧다, 바르다.
諒(량) : 믿다. 여기서는 옳고 그름을 따지지 않고 무조건 신뢰하는 것
　　　을 말한다.

37

子曰 "事君, 敬其事, 而後其食."

後其食(후기식) : 그 녹봉(祿俸)은 뒤로한다, 그 녹봉은 나중에 받는
　　　다. 자신이 받을 녹봉의 문제는 뒤에 생각한다는 것이다.

38

子曰 "有教無類."

無類(무류) : 종류의 구별이 없다. 교육에는 신분이나 능력 등의 차별

을 두지 않는다는 것이다.

39

子曰 "道不同, 不相爲謀."

40

子曰 "辭達而已矣."

辭達(사달) : 뜻을 표현하는 수준에 이르다. 말은 뜻을 정확히 전달할
수 있으면 되지 화려한 수사는 필요없다는 것이다.

41

師冕見, 及階, 子曰 "階也.", 及席, 子曰 "席也.", 皆坐, 子告
之曰 "某在斯, 某在斯." 師冕出, 子張問曰 "與師言之道與?"
子曰 "然. 固相師之道也."

師(사) : 악사(樂師). 옛날의 악사는 대부분 맹인이 담당했다.

見(현) : 뵙다, 찾아뵙다.

及階(급계) : 섬돌에 이르다.

相(상) : 돕다, 도와주다.

16. 季氏

1

季氏將伐顓臾, 冉有·季路見於孔子曰 "季氏將有事於顓臾." 孔子曰 "求! 無乃爾是過與? 夫顓臾, 昔者先王以爲東蒙主, 且在邦域之中矣. 是社稷之臣也, 何以伐爲?"

冉有曰 "夫子欲之, 吾二臣者, 皆不欲也." 孔子曰 "求! 周任有言曰 '陳力就列, 不能者止.' 危而不持, 顚而不扶, 則將焉用彼相矣? 且爾言過矣. 虎兕出於柙, 龜玉毁於櫝中, 是誰之過與?"

冉有曰 "今夫顓臾固而近於費, 今不取, 後世必爲子孫憂." 孔子曰 "求! 君子疾夫舍曰欲之, 而必爲之辭. 丘也聞, 有國有家者, 不患寡而患不均, 不患貧而患不安. 蓋均無貧, 和無寡, 安無傾. 夫如是故, 遠人不服, 則修文德以來之, 旣來之, 則安之. 今由與求也, 相夫子, 遠人不服, 而不能來也, 邦分崩離析, 而不能守也, 而謀動干戈於邦內. 吾恐季孫之憂, 不在顓臾, 而在蕭牆之內也."

季氏(계씨) : 노나라의 세도가인 계손씨(季孫氏).

伐(벌) : 정벌하다.

冉有(염유) : 공자의 제자인 염구(冉求)를 가리킨다. 자가 자유(子有)이
　　므로 冉有라고 하는 것이다.

季路(계로) : 자로(子路)의 또 다른 자이고, 이름은 중유(仲由)다.

有事(유사) : 무슨 일이 있다. 즉, 전쟁을 일으킨다는 뜻이다.

無乃(무내) : …이 아닌가.

邦域之中(방역지중) : 나라의 영역 안.

社稷之臣(사직지신) : 社稷이란 국가를 상징하므로, 社稷之臣은 나
　　라의 신하란 뜻이다.

夫子(부자) : 계손씨(季孫氏)를 가리키는 말이다.

陳力就列(진력취열) : 역량을 발휘해서 버슬자리로 나아가다, 힘을 다
　　해서 벼슬자리에 나아가다.

不能者止(불능자지) : 능력이 없는 사람은 그만두어야 한다.

危而不持(위이부지) : 위태로워도〔危〕도와주지 못하다〔不持〕.

顚而不扶(전이불부) : 넘어져도〔顚〕잡아주지 못하다〔不扶〕.

相(상) : 도와주는 사람, 보조자. 여기서는 나라를 도와주는 사람, 즉
　　신하를 말한다.

兕(시) : 외뿔소.

柙(합) : 짐승의 우리.

龜玉(귀옥) : 龜는 '거북'이며 점을 칠 때 쓰는 것이고, 玉은 '옥'이며
　　귀한 물건이다.

櫝(독) : 궤, 함.

固(고) : 성곽이 견고함.

疾(질) : 미워하다.

舍曰欲之(사왈욕지) : 그것을 하고 싶다[欲之]고 말하지[曰] 않는다[舍]. 즉, 자기가 그것을 원한다고 솔직하게 말하지 않는다는 것이다.

爲之辭(위지사) : 그것을 위해서 말을 하다. 즉, 말을 꾸며대다.

有國有家者(유국유가자) : 國을 소유한 사람이나 家를 소유한 사람, 國을 다스리는 사람이나, 家를 다스리는 사람.

寡(과) : 백성이나 토지, 물자 등이 적다는 뜻이다.

傾(경) : 나라가 기울다. 나라가 쇠약해지거나 망하게 되다.

來(래) : 오게 하다.

相夫子(상부자) : 계손씨를 돕다.

分崩離析(분붕이석) : 나라가 조각조각 분열되다.

謀動干戈(모동간과) : 군사력[干戈]을 동원할 것[動]을 꾀하다[謀].

蕭牆之内(소장지내) : 蕭牆은 문 앞의 담장을 뜻하므로, 그 안이란 '집안'을 가리킨다.

2

孔子曰 "天下有道, 則禮樂征伐自天子出, 天下無道, 則禮樂征伐自諸侯出. 自諸侯出, 蓋十世希不失矣; 自大夫出, 五世希不失矣; 陪臣執國命, 三世希不失矣. 天下有道, 則政不在大夫. 天下有道, 則庶人不議."

希不失(희불실) : 나라를 잃지 않는 일이 드물다. 希는 '稀(희)'와 통용
　되어, '드물다'는 뜻.
陪臣(배신) : 陪는 '중첩하다'의 뜻이므로, 陪臣은 '신하의 신하', 즉
　가신(家臣)을 말한다.
執國命(집국명) : 나라의 명령권을 잡다, 즉 정권을 잡다.
不議(불의) : 나라의 정치에 대하여 논의하지 않다.

3

孔子曰 "祿之去公室五世矣, 政逮於大夫四世矣. 故夫三桓
之子孫微矣."

祿(녹) : 녹봉(祿俸). 여기서는 관리를 임명할 권한을 뜻한다.
公室(공실) : 노나라의 왕실, 노나라의 조정.
逮(체) : 이르다, 미치다. 대부의 손에 들어갔다는 말이다.
微(미) : 세력이 쇠약해지다.

4

孔子曰 "益者三友, 損者三友. 友直, 友諒, 友多聞, 益矣. 友
便辟, 友善柔, 友便佞, 損矣."

益(익) : 수양과 공부에 보탬이 되다, 즉 유익하다.

損(손) : 자신의 수양과 공부를 덜어내다, 즉 해가 되다.

諒(량) : 미더운 사람, 신의가 있는 사람.

善柔(선유) : 잘 굽히는 사람, 즉 아첨하며 남의 비위를 맞추는 사람.

便佞(편녕) : 실제로 아는 것은 없으면서 말만 잘하는 사람.

5

孔子曰 "益者三樂, 損者三樂. 樂節禮樂, 樂道人之善, 樂多
賢友, 益矣. 樂驕樂, 樂佚遊, 樂宴樂, 損矣."

樂(요) : 좋아하다.

節禮樂(절예악) : 예의와 음악의 절도를 따르다.

道人之善(도인지선) : 남의 좋은 점을 말하다. 道는 '말하다'의 뜻.

多賢友(다현우) : 현명한 벗을 많이 사귀다.

驕樂(교락) : 절도를 모르고 교만하게 즐기다.

佚遊(일유) : 방탕하게 놀기에 빠져서 절제를 모르다.

宴樂(연락) : 술과 여자에 빠져 음란하게 즐기다.

6

孔子曰 "侍於君子有三愆. 言未及之而言, 謂之躁. 言及之
而不言, 謂之隱. 未見顔色而言, 謂之瞽."

愆(건) : 허물, 죄, 잘못.

躁(조) : 조급하다, 성급하다, 경솔하다.

隱(은) : 숨기다, 감추다.

瞽(고) : 맹인, 눈치가 없다, 분별이 없다.

7

孔子曰"君子有三戒. 少之時, 血氣未定, 戒之在色. 及其壯
也, 血氣方剛, 戒之在鬪. 及其老也, 血氣旣衰, 戒之在得."

戒之在色(계지재색) : 경계해야 할 것이 여색에 있다, 즉 여색을 경계
　　　해야 한다. 色은 여색(女色), 정욕(情慾), 성욕.

方剛(방강) : 막 강성하다, 바야흐로 왕성하다.

得(득) : 소유욕, 탐욕.

8

孔子曰"君子有三畏. 畏天命, 畏大人, 畏聖人之言. 小人不
知天命而不畏也, 狎大人, 侮聖人之言."

畏(외) : 두려워하다.

天命(천명) : 하늘의 뜻, 하늘이 내려준 올바른 이치.

大人(대인) : 성인(聖人), 하안과 형병은 천지와 그 덕이 합치되는 사
　　　람이라고 풀었다.

聖人之言(성인지언) : 오경(五經) 등의 경전과 같은 성인(聖人)들이 남
    긴 글.
狎(압) : 친압하다, 함부로 가깝게 대하다.
侮(모) : 업신여기다, 얕보다.

9

孔子曰 "生而知之者, 上也. 學而知之者, 次也, 困而學之,
又其次也, 困而不學, 民斯爲下矣."

生而知之者(생이지지자) : 태어나면서부터 아는 사람, 타고난 천재.
困(곤) : 통하지 않는 경우를 당하다, 곤란한 경우를 당하다.
民斯爲下(민사위하) : 백성에서도 하급이 되다. 즉, 백성 중에서도 최
    하의 수준이다.

10

孔子曰 "君子有九思. 視思明, 聽思聰, 色思溫, 貌思恭, 言
思忠, 事思敬, 疑思問, 忿思難, 見得思義."

聰(총) : 빠뜨리지 않고 똑똑히 듣는 것.
色(색) : 얼굴빛, 안색, 얼굴 표정.
溫(온) : 온화하게 하는 것.
貌(모) : 몸가짐, 거동.

忠(충) : 진실되게 하는 것.

忿(분) : 성이 나다, 분노하다.

見得(견득) : 이득될 것을 보다.

11

孔子曰 "見善如不及, 見不善如探湯. 吾見其人矣, 吾聞其語矣. 隱居以求其志, 行義以達其道. 吾聞其語矣, 未見其人也."

如不及(여불급) : 미치지 못하는 듯이 하다. 거기에 미치지 못할까 애태우듯이 열심히 노력한다는 것이다.

如探湯(여탐탕) : 끓는 물에 손을 넣은 듯이 하다. 끓는 물에 손을 넣었을 때 재빨리 손을 빼듯이 피한다는 것이다.

求其志(구기지) : 자신의 뜻을 추구하다.

達其道(달기도) : 자신이 추구하는 도를 달성하다.

12

齊景公有馬千駟, 死之日, 民無德而稱焉. 伯夷·叔齊餓于首陽之下, 民到于今稱之. 其斯之謂與?

千駟(천사) : 駟는 수레를 끄는 말 네 필을 뜻하므로, 千駟란 말 사천 필이다. 제후로서 대단히 많은 재산을 가졌다는 것이다.

餓(아) : 굶주리다, 굶어 죽다.

13

陳亢問於伯魚曰"子亦有異聞乎?"對曰"未也. 嘗獨立, 鯉趨而過庭, 曰'學詩乎?' 對曰'未也.' '不學詩, 無以言.' 鯉退而學詩. 他日, 又獨立, 鯉趨而過庭, 曰'學禮乎?' 對曰'未也.' '不學禮, 無以立.' 鯉退而學禮. 聞斯二者. 陳亢退而喜曰"問一得三. 聞詩, 聞禮, 又聞君子之遠其子也."

異聞(이문) : 특별한 가르침을 들은 것.

獨立(독립) : 혼자 서 있다.

鯉(리) : 백어(伯魚)의 이름.

趨而過庭(추이과정) : 종종걸음으로 빠르게 걸어서 안뜰을 지나가다.

遠其子(원기자) : 자기 자식을 멀리하다, 자기 자식에게 거리를 두다.

14

邦君之妻, 君稱之曰夫人, 夫人自稱曰小童, 邦人稱之曰君夫人, 稱諸異邦曰寡小君, 異邦人稱之亦曰君夫人.

邦君(방군) : 나라의 임금.

稱諸異邦(칭저이방) : 다른 나라 사람들에게 자기 나라 임금의 아내를 이야기할 때.

17. 陽貨

1

陽貨欲見孔子, 孔子不見, 歸孔子豚. 孔子時其亡也, 而往
拜之, 遇諸塗. 謂孔子曰"來! 予與爾言."曰"懷其寶, 而迷其
邦, 可謂仁乎?"曰"不可.""好從事, 而亟失時, 可謂知乎?"曰
"不可.""日月逝矣, 歲不我與."孔子曰"諾. 吾將仕矣."

歸孔子豚(귀공자돈) : 공자에게 삶은 돼지고기를 선물로 보내다.

時其亡(시기무) : 그가 집에 없을 때를 노리다. 時는 '때를 기다리다,
　　기회를 엿보다'.

往拜之(왕배지) : 가서 절하다, 가서 인사하다.

遇諸塗(우저도) : 그를 길에서〔諸塗〕맞추치다〔遇〕.

懷其寶(회기보) : 자기의 귀한 재능을 품고 있다.

迷其邦(미기방) : 그 나라가 미혹되도록 하다, 그 나라가 어지럽도록
　　놓아두다.

好從事(호종사) : 정치에 종사하기를 좋아하다.

亟(기) : 자주, 여러 번.

日月逝(일월서) : 날과 달이 가다, 시간이 흘러가다.

不我與(불아여) : 나와 함께하지 않다. '不與我'가 도치된 형태이다

仕(사) : 벼슬하다.

2

子曰"性相近也, 習相遠也."

習相遠(습상원) : 익히는 것이 서로를 멀어지게 하다.

3

子曰"唯上知與下愚不移."

移(이) : 옮기다, 바뀌다.

4

子之武城, 聞弦歌之聲. 夫子莞爾而笑曰"割鷄, 焉用牛刀?"子游對曰"昔者, 偃也聞諸夫子曰'君子學道則愛人, 小人學道則易使也'."子曰"二三子, 偃之言是也. 前言戲之耳."

之(지) : 가다.

弦歌(현가) : 현악기를 연주하며 부르는 노래.

莞爾(완이) : 빙그레 미소 짓는 모양.

割鷄(할계) : 닭의 배를 가르다, 즉 닭을 잡다.

偃(언) : 자유(子游)의 이름. 성은 언(言).

易使(이사) : 부리기 쉽다.

戲(희) : 장난, 놀이, 농담.

5

公山弗擾以費畔, 召, 子欲往. 子路不說曰 "末之也已, 何必
公山氏之之也?" 子曰 "夫召我者, 而豈徒哉? 如有用我者, 吾
其爲東周乎!"

召(소) : 부르다, 초청하다, 초빙하다.

末之(말지) : 갈 데가 없다. 末은 '無'의 뜻.

何必公山氏之之(하필공산씨지지) : 어찌 반드시 공산씨에게로 가셔야
　　합니까. '何必之公山氏'가 도치되며 '之'가 덧붙여진 것이다.

豈徒哉(개도재) : 어찌 공연히 부르겠느냐. 즉, 반드시 나를 등용하리
　　라는 것이다. 徒는 '공연히'.

爲東周(위동주) : 東周를 만들다.

6

子張問仁於孔子, 孔子曰 "能行五者於天下, 爲仁矣." "請問
之." 曰 "恭 · 寬 · 信 · 敏 · 惠. 恭則不侮, 寬則得衆, 信則人任
焉, 敏則有功, 惠則足以使人."

不侮(불모) : 업신여기지 않다, 즉 남들이 나를 업신여기지 않는다.

得衆(득중) : 많은 사람들을 얻다, 여러 사람들이 따르다.

人任(인임) : 남들이 신임하다, 남들이 믿고 일을 맡기다.

7

佛肹召, 子欲往. 子路曰 "昔者, 由也聞諸夫子曰 '親於其身
爲不善者, 君子不入也.' 佛肹以中牟畔, 子之往也, 如之何?"
子曰 "然, 有是言也. 不曰堅乎, 磨而不磷. 不曰白乎, 涅而不
緇. 吾豈匏瓜也哉? 焉能繫而不食?"

親於其身(친어기신) : 몸소, 친히.

畔(반) : '叛(반)'과 통용되어, '반란을 일으키다, 배반하다'.

磨而不磷(마이불린) : 갈아도 얇아지지 않다. 磷은 '얇은 돌, 돌이 닳
　　아서 얇아지다'.

涅而不緇(열이불치) : 검은 물을 들여도 검어지지 않다. 涅은 '검은 물
　　을 들이다'. 緇는 '검게 물들다'.

匏瓜(포과) : 박, 바가지.

繫而不食(계이불식) : 매달려 있으나 먹지 않는다.

8

子曰 "由也, 女聞六言六蔽矣乎?" 對曰 "未也." "居. 吾語女.
好仁不好學, 其蔽也愚. 好知不好學, 其蔽也蕩. 好信不好學,

其蔽也賊. 好直不好學, 其蔽也絞. 好勇不好學, 其蔽也亂. 好
剛不好學, 其蔽也狂."

六言(육언) : 여섯 가지 말. 여기서는 仁(인)·知(지)·信(신)·直(직)·勇
(용)·剛(강)의 여섯 가지를 가리킨다.

六蔽(육폐) : 여섯 가지 가로막는 것, 즉 여섯 가지 폐단.

居(거) : 앉아라. 자세하게 일러주기 위해서 앉으라고 한 것이다.

蕩(탕) : 공안국은 '일정한 방향성이 없다'라고 풀었고, 주희는 '분수를
모르고 거창한 것만 추구하다'라고 풀었다.

賊(적) : 해치다. 고지식하게 조그마한 신의를 지키려다 남에게 해를
입히는 것을 말한다.

絞(교) : 엄하다, 여유가 없다, 박절하다.

狂(광) : 공안국과 황간은 '다른 사람과 충돌하게 되다'라고 풀었고,
주희는 '조급하고 경망스럽다, 경솔하다'는 뜻으로 풀었다.

9

子曰 "小子, 何莫學夫詩? 詩可以興, 可以觀, 可以群, 可以
怨. 邇之事父, 遠之事君, 多識於鳥獸草木之名."

小子(소자) : '제자' 또는 '문인' 등을 부르는 호칭.

夫(부) : '그', '저' 등의 뜻이며, 어조사.

興(흥) : 감정이나 생각을 불러 일으키다.

觀(관) : 정현은 '풍속의 성쇠를 살펴보다'는 뜻으로 풀었고, 주희는
　　　'일의 득실을 살펴보다'는 뜻으로 풀었다.

群(군) : 공안국은 '사람들과 잘 어울리며 서로 배우다'는 뜻으로 풀었
　　　고, 주희는 '부화뇌동하지 않는다'는 뜻으로 풀었다.

怨(원) : 원망하다, 힐책하다, 비난하다. 원망해야 할 때 원망하되 성
　　　내지 않는다는 것이다.

邇(이) : 가깝다.

10

子謂伯魚曰 "女爲「周南」·「召南」矣乎? 人而不爲「周南」·
「召南」, 其猶正牆面而立也與!"

爲(위) : 여기서는 '공부하다'는 뜻.

正牆面而立(정장면이립) : 정면으로 담을 마주 대하고 서 있다.

11

子曰 "禮云禮云, 玉帛云乎哉? 樂云樂云, 鐘鼓云乎哉?"

玉帛(옥백) : 옥과 비단. 예법에 따라 주고받던 대표적인 예물들이다.

鐘鼓(종고) : 종과 북.

12

子曰 "色厲而內荏, 譬諸小人, 其猶穿窬之盜也與!"

色厲(색려) : 얼굴빛이 위엄을 갖추다.

荏(임) : 유약하다, 나약하다, 간사하다.

譬(비) : 비유하다.

穿窬(천유) : 담벽을 뚫고 담장을 넘다. 穿은 벽을 뚫는 것, 窬는 담을
　　넘는 것.

13

子曰 "鄕原德之賊也."

鄕原(향원) : 마을에서 성실한 척하는 사람. '향원(鄕愿)'이라고도 한
　　다. 한 고을에서 시세에 영합하면서도 점잖고 성실한 듯이 행동
　　하여 순박한 마을 사람들에게 인정받는 사람을 가리킨다.

14

子曰 "道聽而塗說, 德之棄也."

道聽而塗說(도청이도설) : 길에서 듣고 길에서 말하다.

15

子曰 "鄙夫可與事君也與哉? 其未得之也, 患得之, 旣得之, 患失之. 苟患失之, 無所不至矣."

鄙夫(비부) : 비루한 사내. 도량이 좁고 이익을 탐하는 사람.

與事君(여사군) : 함께 임금을 섬기다.

無所不至(무소부지) : 이르지 않는 데가 없다.

16

子曰 "古者民有三疾, 今也或是之亡也. 古之狂也肆, 今之狂也蕩. 古之矜也廉, 今之矜也忿戾. 古之愚也直, 今之愚也詐而已矣."

三疾(삼질) : 세 가지 병폐. 세 가지 결점.

亡(무) : 없다.

狂(광) : 뜻이 지나치게 크고 높은 사람.

肆(사) : 작은 일에 얽매이지 않고 자신의 주견대로 하다.

蕩(탕) : 주견 없이 함부로 하다.

矜(긍) : 자긍심이 있는 사람. 자부심이 강한 사람.

廉(렴) : 태도가 엄격하여 모가 나다.

忿戾(분려) : 성내고 싸우다.

愚(우) : 어리석은 사람.

詐(사) : 속이다, 거짓말하다.

17

子曰 "巧言令色, 鮮矣仁."

18

子曰 "惡紫之奪朱也, 惡鄭聲之亂雅樂也, 惡利口之覆邦家者."

惡(오) : 미워하다, 싫어하다.

紫(자) : 자주색.

鄭聲(정성) : 정나라의 음악. 정나라의 음악은 음란했던 것으로 알려
　　져 있다.

利口(이구) : 기민한 말재주, 날카로운 말재주.

覆(복) : 뒤엎다, 전도시키다, 무너뜨리다.

邦家(방가) : 나라, 국가.

19

子曰 "予欲無言." 子貢曰 "子如不言, 則小子何述焉?" 子曰
"天何言哉? 四時行焉, 百物生焉, 天何言哉?"

述(술) : 뜻을 잇다, 선인(先人)의 뒤를 따르다.

20

孺悲欲見孔子, 孔子辭以疾. 將命者出戶, 取瑟而歌, 使之
聞之.

辭以疾(사이질) : 병을 핑계로 사양하다.

將命者(장명자) : 명령을 전하는 사람, 즉 사자(使者). 將은 '전하다, 전
　　해주다'.

使之聞之(사지문지) : 사자가 그것을 듣도록 하다.

21

宰我問 "三年之喪, 期已久矣. 君子三年不爲禮, 禮必壞, 三
年不爲樂, 樂必崩. 舊穀旣沒, 新穀旣升, 鑽燧改火, 期可已
矣."

子曰 "食夫稻, 衣夫錦, 於女安乎?" 曰 "安." "女安則爲之.
夫君子之居喪, 食旨不甘, 聞樂不樂, 居處不安, 故不爲也. 今
女安則爲之."

宰我出, 子曰 "予之不仁也! 子生三年, 然後免於父母之懷.
夫三年之喪, 天下之通喪也. 予也有三年之愛於其父母乎!"

期已久(기이구) : 기간이 너무 길다. 주희는 期를 '일 년'으로 보아,
　　'삼년상을 지내기는 하지만 일년상도 너무 길다'로 풀이하였다.

舊穀旣沒(구곡기몰) : 옛 곡식은 이미 없어지다.

升(승) : 등장하다.

鑽燧改火(찬수개화) : 鑽燧는 나무를 마찰시켜서 불을 얻는 것, 改火
는 계절마다 마찰시키는 나무를 바꾸어서 불을 얻는 것. 즉, 마
찰시켜서 불을 얻는 나무도 1년이면 한 번씩 거쳐서 다시 처음
의 나무로 돌아온다는 것이다.

食夫稻(식부도) : 쌀밥을 먹다.

旨(지) : 맛있는 음식.

予(여) : 재아(宰我)의 이름.

懷(회) : 품, 가슴.

通喪(통상) : 통용되는 상례(喪禮).

22

子曰 "飽食終日, 無所用心, 難矣哉! 不有博奕者乎? 爲之
猶賢乎已."

無所用心(무소용심) : 마음을 쓰는 바가 없다. 아무 일이나 생각도 하
지 않는다는 것이다.

博(박) : 장기나 주사위 놀이의 일종.

奕(혁) : 바둑.

賢乎已(현호이) : 그만두는 것[已]보다[乎] 현명하다[賢]. 안 하는 것보
다는 낫다는 것이다.

23

子路曰 "君子尙勇乎?" 子曰 "君子義以爲上. 君子有勇而無義, 爲亂, 小人有勇而無義, 爲盜."

義以爲上(의이위상) : 의를 상으로 여기다, 즉 의로움을 최상으로 여기다.

24

子貢曰 "君子亦有惡乎?" 子曰 "有惡. 惡稱人之惡者, 惡居下流而訕上者, 惡勇而無禮者, 惡果敢而窒者." 曰 "賜也, 亦有惡乎?" "惡徼以爲知者, 惡不孫以爲勇者, 惡訐以爲直者."

惡(오) : 미워하다.

稱(칭) : 이야기하다, 떠들어대다.

惡(악) : 나쁜 점, 잘못.

居下流(거하류) : 낮은 지위에 있다.

訕上(산상) : 윗사람을 비방하다, 윗사람을 헐뜯다.

窒(질) : 막히다.

徼(교) : 훔치다, 엿보다, 베끼다.

不孫(불손) : 공손하지 않다. 孫은 '遜(손)'과 통하여 '공손하다, 겸손하다'.

訐(알) : 들추어내다, 폭로하다, 남의 단점을 지적하다.

25

子曰 "唯女子與小人, 爲難養也. 近之則不孫, 遠之則怨."

養(양) : 기르다, 가르치다, 다스리다. 이러한 뜻을 모두 포함하여 '다
　루다'로 풀이하는 것이 무난하다.

26

子曰 "年四十而見惡焉, 其終也已."

見惡(견오) : 미움을 받다. 見은 피동을 나타낸다.
終(종) : 끝이다, 마지막이다. 즉, 더 이상 기대할 것이 없다는 것이다.

18. 微子

1

微子去之, 箕子爲之奴, 比干諫而死. 孔子曰"殷有三仁焉."

2

柳下惠爲士師, 三黜. 人曰"子未可以去乎?"曰"直道而事
人, 焉往而不三黜. 枉道而事人, 何必去父母之邦?"

黜(출) : 쫓겨나다, 물러나다.

直道(직도) : 도를 곧게 하다, 즉 올바른 도리를 따르다.

焉往(언왕) : 어디에 간다고 해도, 어디에 간들.

枉道(왕도) : 도를 굽히다, 즉 올바른 도리를 왜곡하다.

3

齊景公待孔子曰"若季氏則吾不能, 以季 · 孟之間待之."曰
"吾老矣, 不能用也."孔子行.

待(대) : 대우하다.

若季氏(약계씨) : 계씨와 같이 한다면, 즉 계씨를 대우하는 수준으로 공자를 대우한다면.

季孟之間(계맹지간) : 계씨와 맹씨의 사이.

4

齊人歸女樂, 季桓子受之, 三日不朝, 孔子行.

歸(귀) : 보내다, 선물 등을 보내 주다.

女樂(여악) : 여자로 구성된 가무단.

朝(조) : 조회를 열다. 조정에서 정사를 관장하는 것을 말한다.

5

楚狂接輿歌而過孔子曰 "鳳兮! 鳳兮! 何德之衰? 往者不可諫, 來者猶可追. 已而, 已而! 今之從政者殆而!" 孔子下, 欲與之言, 趨而辟之, 不得與之言.

楚狂接輿(초광접여) : 초나라의 미치광이 접여.

鳳兮(봉혜) : 봉황이여!

何德之衰(하덕지쇠) : 어찌 덕이 쇠미해졌는가.

諫(간) : 잘잘못을 논하여 바로잡다.

追(추) : 구(求)하다, 추구하다.

已而(이이) : 그만두어라, 아서라.

下(하) : 수레 또는 마루에서 내려서다.

趨而辟之(추이피지) : 빠른 걸음으로 걸어서 그를 피하다. 辟는 '避
　　(피)'와 통하여, '피하다, 회피하다, 숨다'.

6

　長沮 · 桀溺耦而耕, 孔子過之, 使子路問津焉. 長沮曰 "夫
執輿者爲誰?" 子路曰 "爲孔丘." 曰 "是魯孔丘與?" 曰 "是也."
曰 "是知津矣." 問於桀溺, 桀溺曰 "子爲誰?" 曰 "爲仲由." 曰
"是魯孔丘之徒與?" 對曰 "然." 曰 "滔滔者, 天下皆是也, 而誰
以易之? 且而與其從辟人之士也, 豈若從辟世之士哉?" 耰而
不輟. 子路行以告, 夫子憮然曰 "鳥獸, 不可與同群. 吾非斯人
之徒與, 而誰與? 天下有道, 丘不與易也."

耦而耕(우이경) : 나란히 밭을 갈다. 耦는 '짝', 耕은 '밭 갈다'.

津(진) : 나루, 나루터.

執輿者(집여자) : 수레에서 고삐를 쥐고 있는 사람.

徒(도) : 문도(門徒), 제자.

滔滔(도도) : 큰 물이 넘실거리며 흘러가는 모습.

易之(역지) : 그것을 바꾸다, 즉 물의 흐름을 바꾸다. 세상의 형세를
　　바꾼다는 것이다.

而(이) : 너, 당신. 이인칭 대명사.

辟(피) : '避(피)'와 통하여, '피하다'.

與其… 豈若…(…여기…기약) : …하는 것이 어찌 …만 하겠는가, …하는 것이 어찌 …하는 것과 같겠는가.

耰而不輟(우이불철) : 씨를 흙으로 덮으며 하던 일을 멈추지 않았다. 耰는 '씨를 뿌리며 흙으로 덮다', 輟은 '하던 일을 멈추다'.

憮然(무연) : 멍한 모양, 실망하는 모양.

與同群(여동군) : 더불어 하나의 무리를 이루다, 함께 어울려 살다.

非斯人之徒與(비사인지도여) : 이 세상 사람들의 무리와 함께 어울리지 않다. '非與斯人之徒'가 도치된 형식.

與易(여역) : 관여하여 바꾸다. 세상을 바꾸는 데 함께하다.

7

子路從而後, 遇丈人以杖荷蓧. 子路問曰 "子見夫子乎?"

丈人曰 "四體不勤, 五穀不分, 孰爲夫子?" 植其杖而芸. 子路拱而立, 止子路宿, 殺鷄爲黍而食之, 見其二子焉.

明日子路行以告, 子曰 "隱者也." 使子路反見之, 至則行矣. 子路曰 "不仕無義. 長幼之節, 不可廢也, 君臣之義, 如之何其廢之? 欲潔其身, 而亂大倫. 君子之仕也, 行其義也. 道之不行, 已知之矣."

從而後(종이후) : 따라가다가 뒤처지다.

丈人(장인) : 포함은 노인이라고 했고, 주희는 은자라고 했다.

以杖荷蓧(이장하조) : 지팡이를 가지고(以杖) 삼태기(蓧)를 걸어 메다(荷).

四體(사체) : 사지(四肢), 두 팔과 두 다리.

勤(근) : 부지런하다, 부지런히 일하다.

植(치) : 꽂다, 꽂아 세우다.

芸(운) : 김매다.

拱(공) : 두 손을 맞잡다.

止子路宿(지자로숙) : 자로를 붙잡아서(止) 머물게 하다(宿).

爲黍(위서) : 기장(黍)으로 밥을 짓다.

食(사) : 먹게 하다, 먹이다.

反(반) : 되돌아가다.

至則行(지즉행) : (그 집에) 도착하니 떠나버렸다.

潔(결) : 깨끗하다, 깨끗이 하다.

8

逸民, 伯夷·叔齊·虞仲·夷逸·朱張·柳下惠·少連. 子曰 "不降其志, 不辱其身, 伯夷·叔齊與. 謂柳下惠·少連, 降志辱身矣, 言中倫, 行中慮, 其斯而已矣. 謂虞仲·夷逸, 隱居放言, 身中淸, 廢中權. 我則異於是, 無可無不可."

逸民(일민) : 세상을 피하여 숨어 사는 현명한 사람.

降其志(강기지) : 자신의 뜻을 낮추다, 자신의 의지를 굽히다.

言中倫(언중륜) : 말이 윤리, 도리에 들어맞다.

行中慮(행중려) : 행동이 생각에 들어맞다, 행동과 생각이 일치하다.

其斯而已矣(기사이이의) : 그들은 이러했을 뿐이다.

放言(방언) : 말을 마음대로 하다.

身中淸(신중청) : 처신함이 깨끗함에 들어맞다, 즉 깨끗하게 처신하다.

廢中權(폐중권) : 세상을 버린 것이 권도(權道)에 들어맞다, 즉 세상을
　　버린 것이 시의적절하다.

無可無不可(무가무불가) : 반드시 그래야만 하는 것도 없고 반드시 그
　　래서는 안 된다는 것도 없다.

9

大師摯適齊, 亞飯干適楚, 三飯繚適蔡, 四飯缺適秦, 鼓方
叔入於河, 播鼗武入於漢, 小師陽 · 擊磬襄入於海.

鼓方叔(고방숙) : 鼓는 북을 치는 사람, 方叔은 이름.

播鼗武(파도무) : 播鼗는 '작은 북(鼗)을 흔들다(播)', 武는 이름.

擊磬襄(격경양) : 擊磬은 '경쇠를 치는 사람', 襄은 이름.

10

周公謂魯公曰 "君子不施其親, 不使大臣怨乎不以, 故舊無
大故則不棄也, 無求備於一人."

施(이) : '弛(이)'와 통용되어, '버리다, 소홀히 하다, 내버리고 돌보지

않다'.

以(이) : '用(용)'과 통용되어, '쓰다, 등용하다'.

故舊(고구) : 옛 친구, 오래도록 함께 지내온 사람.

大故(대고) : (반역과 같은) 큰 잘못.

不求備於一人(불구비어일인) : 한 사람에게 모든 능력이 갖추어져 있
기를 바라지 않다.

11

周有八士, 伯達·伯适·仲突·仲忽·叔夜·叔夏·季隨·季騧.

19. 子張

1

子張曰 "士見危致命, 見得思義, 祭思敬, 喪思哀, 其可已矣."

致命(치명) : 목숨을 바치다.

見得(견득) : 이득이 될 일을 보다.

其可已矣(기가이의) : 그 사람은 선비로서의 자격이 있을 뿐이다. 위
    의 네 가지를 실천할 수 있다면 선비로서의 기본적인 자격을 갖
    추었다는 것이다.

2

子張曰 "執德不弘, 信道不篤, 焉能爲有, 焉能爲亡?"

執德(집덕) : 덕을 지키다, 덕을 지니다.

焉能爲有, 焉能爲亡(언능위유, 언능위무) : 어찌 있다고 할 수 있겠으
    며, 어찌 없다고 할 수 있겠는가.

3

子夏之門人, 問交於子張. 子張曰 "子夏云何?" 對曰 "子夏曰 '可者與之, 其不可者拒之'." 子張曰 "異乎吾所聞. 君子尊賢而容衆, 嘉善而矜不能. 我之大賢與, 於人何所不容? 我之不賢與, 人將拒我,如之何其拒人也?"

可者(가자) : 괜찮은 사람, 좋은 사람, 사귀어도 좋을 만한 사람.

與之(여지) : 그와 함께 사귀다.

拒之(거지) : 그를 거부, 거절하다, 그를 멀리하다.

容衆(용중) : 일반 사람을 받아들이다, 대중을 포용하다.

嘉善(가선) : 선한 사람을 칭찬하다, 선한 사람을 좋아하다.

矜不能(긍불능) : 능력이 없는 사람을 불쌍히 여기다.

4

子夏曰 "雖小道, 必有可觀者焉, 致遠恐泥, 是以君子不爲也."

小道(소도) : 주희는 '여러 종류의 작은 기술'이라고 했고 하안과 황간은 제자백가류의 이단(異端)이라고 했다.

致遠(치원) : 멀리 가다. 진리(道) 탐구의 먼 길을 간다는 것이다.

恐泥(공니) : 장애가 될까 두려워하다. 잘못된 길이나 사소한 재주에 빠져서 진리 탐구의 먼 길을 가는 데 장애가 될까 두려워한다는 것이다. 泥는 본래 '진흙'이란 뜻이나, 여기서는 '통하지 않다, 막히다, 장애가 되다'라는 뜻으로 쓰였다.

5

子夏曰 "日知其所亡, 月無忘其所能, 可謂好學也已矣."

其所亡(기소무) : 자기에게 없던 것, 자신이 알지 못하던 것.

6

子夏曰 "博學而篤志, 切問而近思, 仁在其中矣."

篤志(독지) : 정자(程子)는 '뜻을 돈독히 하다'라고 했고, 공안국은 '배운 것을 잘 기억하다'라고 했다.

切問(절문) : 절실한 것을 묻다.

近思(근사) : 가깝고 가능한 일부터 생각해나가다.

7

子夏曰 "百工居肆, 以成其事, 君子學以致其道."

肆(사) : 관청에서 관할하는 작업장.

8

子夏曰 "小人之過也, 必文."

文(문) : 꾸미다.

9

子夏曰 "君子有三變. 望之儼然, 卽之也溫, 聽其言也厲."

望(망) : 멀리서 바라보다.

儼然(엄연) : 위엄이 있는 모습.

卽(즉) : 가까이서 대하다.

厲(려) : 정현은 '엄정(嚴正)하다'라고 했고, 주희는 '명확하다'라고
했다.

10

子夏曰 "君子信而後勞其民, 未信則以爲厲己也. 信而後諫,
未信則以爲謗己也."

勞(로) : 수고롭게 하다.

厲己(여기) : 자기를 괴롭히다. 백성들 자신을 못살게 군다는 것이다.

諫(간) : 간언하다. 윗사람의 잘못을 지적하여 바로잡다.

謗己(방기) : 자기를 비방하다. 윗사람 자신을 헐뜯는다는 것이다.

11

子夏曰 "大德不踰閑, 小德出入可也."

大德(대덕) : 큰 덕, 큰 도리.

踰閑(유한) : 경계, 한계를 넘다. 閑은 본래 '문지방'을 뜻하므로 여기
　　서는 '한계, 경계'의 의미로 푼다.

出入(출입) : 나가고 들어감. 경계를 넘나드는 융통성을 말한다.

12

子游曰 "子夏之門人小子, 當灑掃 · 應對 · 進退則可矣, 抑
末也. 本之則無, 如之何?" 子夏聞之曰 "噫! 言游過矣! 君子
之道, 孰先傳焉, 孰後倦焉? 譬諸草木, 區以別矣. 君子之道,
焉可誣也? 有始有卒者, 其惟聖人乎!"

灑掃(쇄소) : 물 뿌리고 비로 쓰는 일.

應對(응대) : 손님을 접대하는 일.

進退(진퇴) : 예의 바른 몸가짐으로 나아가고 물러나는 일.

抑末(억말) : 그러나 그것은 말단의 일이다.

本之(본지) : 근본을 추구하다, 근본적인 것을 따져 보다.

先傳(선전) : 먼저 전해주다.

後倦(후권) : 뒤로 미루어두고 게을리하다.

譬諸草木(비저초목) : 그것을 풀과 나무에 비유한다면. 諸는 '之乎'와

같다.

區以別(구이별) : 종류에 따라서 나누다. 區는 종류.

誣(무) : 소홀히 하다, 함부로 하다.

有始有卒(유시유졸) : 처음도 있고 끝도 있다. 처음부터 끝까지 일관
되게 한다는 것이다.

13

子夏曰 "仕而優則學, 學而優則仕."

仕(사): 벼슬하다.

優(우): 넉넉하다, 여유가 있다.

14

子游曰 "喪致乎哀而止."

致乎哀(치호애): 슬픔을 다하다.

止(지): 멈추다, 그만두다.

15

子游曰 "吾友張也, 爲難能也, 然而未仁."

張(장): 자장(子張)을 가리킨다.

16

曾子曰"堂堂乎, 張也! 難與並爲仁矣."

堂堂(당당): 겉모습이 훤칠한 모양.

17

曾子曰"吾聞諸夫子, '人未有自致者也, 必也親喪乎!'"

自致(자치): 스스로 성심성의를 다하다.
親喪(친상): 부모의 상사(喪事)

18

曾子曰"吾聞諸夫子, '孟莊子之孝也, 其他可能也, 其不改
父之臣與父之政, 是難能也.'"

19

孟氏使陽膚爲士師, 問於曾子. 曾子曰"上失其道, 民散久
矣. 如得其情, 則哀矜而勿喜."

士師(사사): 소송을 관장하던 벼슬 이름.
民散(민산): 민심이 흩어지다, 백성들의 마음이 흩어지다.
得其情(득기정): 사건의 진상을 파악하다, 범죄의 실정을 알아내다.

哀矜(애긍): 슬퍼하고 동정하다.

喜(희): 기뻐하다, 좋아하다, 즐거워하다.

20

子貢曰"紂之不善, 不如是之甚也. 是以君子惡居下流, 天下之惡皆歸焉."

惡(오): 미워하다, 싫어하다.

居下流(거하류): 낮은 곳에 거처하다. 수준 낮게, 저급하게 행동하며 산다는 것이다.

21

子貢曰"君子之過也, 如日月之食焉. 過也, 人皆見之; 更也, 人皆仰之."

日月之食(일월지식): 일식과 월식. 여기서 食은 '蝕(식)'과 통함. 일식과 월식처럼 온 세상 사람들이 바라본다는 것이다.

更(경): (잘못을) 고치다.

22

衛公孫朝問於子貢曰"仲尼焉學?"子貢曰"文武之道, 未墜於地, 在人. 賢者識其大者, 不賢者識其小者, 莫不有文武之道焉. 夫子焉不學? 而亦何常師之有?"

焉(언): 어디에서.

未墜於地(미추어지): 아직 땅에 떨어지지 않다. 완전히 없어지지는
　　않았다는 것이다.

識(지): 기억하다.

常師(상사): 일정한 스승. 정해진 스승.

23

叔孫武叔語大夫於朝曰 "子貢賢於仲尼." 子服景伯以告子
貢, 子貢曰 "譬之宮牆, 賜之牆也及肩, 窺見室家之好; 夫子之
牆數仞, 不得其門而入, 不見宗廟之美, 百官之富. 得其門者,
或寡矣. 夫子之云, 不亦宜乎?"

宮牆(궁장): 궁궐의 담.

賜(사): 자공(子貢)의 이름. 성은 단목(端木).

及肩(급견): 어깨에 미치다. 어깨 높이에 이르다.

窺見(규견): 엿보다. 척

仞(인): 길. 정확한 치수는 알 수 없으나, 대체로 7자[尺] 정도에 해당
　　하는 길이로 본다.

得其門而入(득기문이입): 그 문을 찾아내서 들어가다.

夫子(부자): 숙손무숙을 가리킨다.

24

叔孫武叔毀仲尼, 子貢曰 "無以爲也. 仲尼不可毀也. 他人之賢者, 丘陵也, 猶可踰也; 仲尼, 日月也, 無得而踰焉. 人雖欲自絶, 其何傷於日月乎? 多見其不知量也."

毀(훼): 헐뜯다, 비방하다.

無以爲(무이위): 以는 '用(용)'과 통하여, '그렇게 해도 소용없다'.

丘陵(구릉): 언덕.

踰(유): 넘다, 건너다, 이기다.

自絶(자절): 스스로 단절하다. 공자를 헐뜯으며 스스로 관계를 끊는
　　　다는 것이다.

多(다): '祇(지)', '適(적)'과 통하여, '다만'의 뜻.

見(현): '現(현)'과 통하여, '드러내다'의 뜻.

不知量(부지량): 분수를 모르다. 量은 '분수, 역량'.

25

陳子禽謂子貢曰 "子爲恭也, 仲尼豈賢於子乎?" 子貢曰 "君子一言以爲知, 一言以爲不知, 言不可不愼也. 夫子之不可及也, 猶天之不可階而升也. 夫子之得邦家者, 所謂立之斯立, 道之斯行, 綏之斯來, 動之斯和. 其生也榮, 其死也哀, 如之何其可及也?"

階而升(계이승): 사닥다리를 놓고 올라가다, 계단을 밟고 올라가다.

得邦家(득방가): 나라를 맡아 다스리다.

立之斯立(입지사립): 백성들을 세워주면 곧 선다.

道(도): '導(도)'와 통하여, '인도하다, 이끌어주다.'

綏(수): 편안하게 하다, 안정되게 하다.

動(동): 움직이게 하다, 고무시키다, 진작시키다.

20. 堯曰

1

堯曰 "咨, 爾舜! 天之曆數, 在爾躬, 允執其中. 四海困窮, 天祿永終."

舜亦以命禹.

曰 "予小子履, 敢用玄牡, 敢昭告于皇皇后帝. 有罪不敢赦, 帝臣不蔽, 簡在帝心. 朕躬有罪, 無以萬方, 萬方有罪, 罪在朕躬."

周有大賚, 善人是富.

"雖有周親, 不如仁人." "百姓有過, 在予一人."

謹權量, 審法度, 修廢官, 四方之政行焉. 興滅國, 繼絶世, 擧逸民, 天下之民歸心焉.

所重民食·喪·祭.

寬則得衆, 信則民任焉. 敏則有功, 公則說.

堯曰(요왈) : 요임금께서 말씀하셨다. 요임금이 순에게 왕위를 물려주면서 한 말이다.

咨(자) : 아아. 탄식하는 소리를 나타내는 감탄사.

天之曆數(천지역수) : 하늘이 정해준 왕위 계승의 차례. 왕위 계승이 하늘의 뜻에 따라 정해짐을 뜻한다.

爾躬(이궁) : 너의 몸, 너 자신.

允執其中(윤집기중) : 진실로[允] 그 중용(中庸)의 도[其中]를 지켜라[執].

四海(사해) : 사방이 바다로 둘러싸인 곳, 즉 '온 세상'을 뜻한다.

天祿永終(천록영종) : 하늘이 내려준 녹봉이 영원히 끝나다. 즉, 왕의 자리에서 쫓겨난다는 말이다.

曰(왈) : 은나라를 세운 탕임금이 말하는 것이다.

玄牡(현무) : 검은 황소.

昭告(소고) : 밝게 아뢰다, 진실 그대로를 보고하다.

皇皇(황황) : 성대하고 아름다운 모양.

后帝(후제) : 천제(天帝), 하늘.

有罪(유죄) : 죄 있는 사람.

赦(사) : 용서하다, 사면하다.

帝臣(제신) : 하늘의 신하.

蔽(폐) : 덮다, 숨기다, 막다.

簡在帝心(간재제심) : 살펴보는 것이 하늘의 뜻에 달려 있다.

朕躬(짐궁) : 저 자신, 제 자신.

無以萬方(무이만방) : 세상 사람들 때문이 아니다, 세상의 백성들은 관계가 없다.

周有大賚(주유대뢰) : 주나라에 크게 은혜를 베풀어줌이 있었다. 賚는 '주다, 하사하다, 하사품'.

雖有周親, 不如仁人(수유주친, 불여인인) : 비록 지극히 가까운 친척이 있다 하더라도, 인(仁)한 사람들만은 못하다. 周는 '지극하다(至)'의 뜻으로 쓰임.

謹權量(근권량) : 도량형을 신중하게 바로잡다. 權은 저울, 量은 말〔斗斛〕.

修廢官(수폐관) : 폐지했던 관직을 정비하다.

興滅國(흥멸국) : 멸망한 나라를 부흥시키다. 옛 성현들의 후예가 봉해졌던 나라들을 다시 일으켜준다는 것이다.

繼絶世(계절세) : 대가 끊어진 집안의 대를 이어주다. 옛 성현들의 집안을 다시 일으켜 세워준다는 것이다.

擧逸民(거일민) : 은거해서 살고 있는 인물을 등용하다.

歸心(귀심) : 마음을 돌려 오다. 온 백성들이 진심으로 따르게 된다는 것이다.

所重民食喪祭(소중민식상제) : 중요하게 여기는 것은 백성들의 양식과 상사(喪事)와 제사였다. 백성들의 생활에 기본이 되는 양식·상사·제사를 중요하게 여겼다는 것이다.

寬(관) : 관대하게 대하다.

任(임) : 신임하다, 믿고 따르다.

敏(민) : 민첩하다, 총명하다, 애써 일하다.

說(열) : 기뻐하다, 즐거워하다.

2

子張問於孔子曰 "何如斯可以從政矣?" 子曰 "尊五美, 屛四惡, 斯可以從政矣."

子張曰 "何謂五美?" 子曰 "君子惠而不費, 勞而不怨, 欲而不貪, 泰而不驕, 威而不猛."

子張曰 "何謂惠而不費?" 子曰 "因民之所利而利之, 斯不亦惠而不費乎? 擇可勞而勞之, 又誰怨? 欲仁而得仁, 又焉貪? 君子無衆寡, 無小大, 無敢慢, 斯不亦泰而不驕乎? 君子正其衣冠, 尊其瞻視, 儼然人望而畏之, 斯不亦威而不猛乎?"

子張曰 "何謂四惡?" 子曰 "不敎而殺謂之虐, 不戒視成謂之暴, 慢令致期謂之賊, 猶之與人也, 出納之吝, 謂之有司."

屛(병) : 가리어 막다, 내쫓다, 물리치다.

費(비) : 소비하다, 낭비하다.

泰(태) : 넉넉하다, 편안하고 자유롭다.

驕(교) : 교만하다, 무례하다.

敢慢(감만) : 감히 소홀히 하다, 감히 함부로 하다.

瞻視(첨시) : 시선, 바라봄, 또는 그 눈매.

儼然(엄연) : 의젓한 모양, 엄숙한 모양, 위엄스러운 모양.

不敎而殺(불교이살) : 가르치지도 않고 죽이다. 옳고 그른 것을 가르쳐주지도 않고서 죄를 범하면 죽인다는 것이다.

不戒視成(불계시성) : 미리 주의시키지도 않고 성과를 보려 하다. 미

리 주의할 것을 알려주지도 않고서 결과만 보고 판단하는 것을
말한다.

慢令致期(만령치기) : 명령을 내리는 것은 태만히 하면서 기한을 재촉
하다.

猶之與人(유지여인) : 사람들에게 고르게 나누어주다. 猶는 '고르게
하다, 균등하게 하다(均)'.

出納之吝(출납지린) : 출납을 인색하게 하다.

有司(유사) : 벼슬아치, 관리. 여기서는 나라를 다스리는 바른 도리를
모르고 백성들의 것을 빼앗아 나라를 부강하게 하려는 옹졸한
벼슬아치를 가리킨다.

3

子曰 "不知命, 無以爲君子也, 不知禮, 無以立也, 不知言,
無以知人也."

命(명) : 천명(天命), 자연과 사회의 이치·도리.

立(입) : 자립(自立)하다, 당당한 인간으로서 세상에 나서다.

言(언) : 말하는 법. 말을 통해 상대방의 진심을 이끌어 내고 읽어내는
것이다.

찾아보기

ㄱ

가노(家老) 184

가재(家宰) 90, 147, 166, 171

간공(簡公) 188

거백옥(蘧伯玉) 190, 201

걸익(桀溺) 195, 233, 234

검소(儉素) 35, 52, 62, 112,
　　120, 122

겸양(謙讓) 35, 70

경공(景公) 160, 217, 232

경쇠〔磬〕 195, 196, 237

계강자(季康子) 48, 91, 137,
　　143, 162, 188

계로(季路) 47, 86, 142, 145

계문자(季文子) 83, 214

계손씨(季孫氏) 20, 48, 53, 91,
　　189, 194, 211-213

계수(季隨) 237

계와(季騧) 237

『고론(古論)』 15

고요(皐陶) 119, 165

고종(高宗) 196

곡부(曲阜) 20

곡삭제(告朔祭) 59, 60

공명가(公明賈) 185

공문자(孔文子) 81, 188

공백료(公伯寮) 194

공산불요(公山費擾) 222

공서화(公西華) 111, 149,
　　151-153

공손(恭遜) 35, 37, 81, 85,
　　112, 113, 132, 134, 156,
　　174, 180, 197, 200, 204,
　　217, 223

공손조(公孫朝) 244

공숙문자(公叔文子) 185, 188

공야장(公冶長) 21, 75

공자 규(公子 糾) 186, 187

과소군(寡小君) 219

「관저(關雎)」 61, 118

관중(管仲) 62, 63, 183, 186, 187

광(匡) 땅 123, 149

구(求) 54, 78, 89, 149-151, 153, 171, 211-213

군부인(君夫人) 219

권근(權近) 17

궐당(闕黨) 198

귀신(鬼神) 50, 96, 106, 120, 145

극자성(棘子成) 158

기관씨(丌官氏) 21

기(杞)나라 56

기자(箕子) 231

ㄴ

나례(儺禮) 137

낙양(洛陽) 19

남궁괄(南宮适) 181

남용(南容) 75, 143, 181

남자(南子) 98

노(牟) 124

노(魯)나라 15, 17, 19, 20, 22, 41, 42, 48, 51-53, 59-61, 63, 76, 79, 82, 83, 85, 88, 90, 91, 94, 97, 109, 110, 114, 118, 123, 127, 146, 149, 169, 172, 184, 185, 189, 190, 194, 195, 197, 203, 211, 214, 220-222, 228, 232, 234, 237, 243, 245

노공(魯公) 237

노팽(老彭) 100

『노론(魯論)』 15

『논어(論語)』 12-17, 20, 21, 23

『논어고금주(論語古今注)』 17

『논어의소(論語義疏)』 16

『논어주소(論語注疏)』 17

『논어집석(論語集釋)』 17

『논어집주(論語集注)』 16

『논어집해(論語集解)』 16

ㄷ

담대멸명(澹臺滅明) 93

당(堂) 134, 137

당(唐)나라 120

대부 선(僎) 188

덕(德) 26, 39, 40, 70, 74, 76,
98, 101, 107, 113, 120, 128,
159, 162, 164, 176, 180,
181, 193, 200, 203, 206,
217, 218, 226, 233, 238,
241

도(道) 21, 30, 69, 75, 77, 81,
84, 93, 95, 97, 101, 114,
117, 130, 131, 147, 150,
175, 179, 180, 191, 194,
201, 206-208, 210, 213,
222, 232, 241, 241-245

도의(道義) 36-38, 93, 94,
96, 104, 159, 165, 168,190,
235, 236

동리(東里) 182

동몽주(東蒙主) 211

등(滕)나라 184

ㄹ

리(履) 248

리(鯉) 21, 143, 218

ㅁ

맹경자(孟敬子) 114

맹공작(孟公綽) 184

맹무백(孟武伯) 42, 77

맹손씨(孟孫氏) 20, 41, 51,
189

맹의자(孟懿子) 41, 42

맹장자(孟莊子) 243

맹지반(孟之反) 94

무(武) 64, 104, 237

무마기(巫馬期) 110

무성(武城) 93, 221

무왕(武王) 18, 19, 58, 64, 65,
85, 101, 104, 113, 119, 120,
181, 245, 249

무우(舞雩) 152, 163

문공(文公) 186

문수(汶水) 91

문왕(文王) 101, 113, 119,

120, 123, 124, 181, 245

미생고(微生高) 85

미생무(微生畝) 192

미자(微子) 231

민자건(閔子騫) 91, 142, 145,
146

부인(夫人) 219

비(費) 땅 91, 150, 222

비간(比干) 231

비심(裨諶) 182

ㅅ

사(師) 47, 146, 147

사(社) 61

사(賜) 34, 38, 61, 80, 91, 148,
192, 199, 230

사공(司空) 22

사구(司寇) 22

『사기(史記)』 20, 79

사마우(司馬牛) 155, 156

사반 결(四飯 缺) 236

사사(士師) 231, 244

사어(史魚) 201

사패(司敗) 109

삼(參) 71, 147

삼군(三軍) 103

삼반 료(三飯 繚) 236

삼태기 128, 195, 234

삼환(三桓) 214

상(商) 33, 55, 146

ㅂ

방(防) 185

방숙(方叔) 237

백괄(伯适) 237

백규(白圭) 143

백달(伯達) 237

백씨(伯氏) 183

백어(伯魚) 143, 218, 225

백우(佰牛) 92, 142

백이(佰夷) 85, 104, 195, 218,
235, 236

백익(伯益) 119

번수(樊須) 168

번지(樊遲) 24, 41, 96, 163,
164, 168, 174

변읍(騈邑) 183, 184

봉황(鳳凰) 124, 233

상대부(上大夫)　132, 133

상례(喪禮)　52, 228, 229

서(恕)　25, 71, 80, 99, 155,
　　200, 205

『서경(書經)』　49, 105, 196,
　　248, 249

석문(石門)　195

선량(善良)　35

설(薛)나라　184

섭공(葉公())　105, 106, 173

세숙(世叔)　182

소(韶)　64, 104

소동(小童)　219

소련(少連)　236

소사 양(小師 陽)　237

송(宋)나라　16, 56, 94, 107

송(頌)　127

송조(宋朝)　94

숙량흘(叔梁紇)　20, 59

숙손무숙(叔孫武叔)　245,
　　246

숙손씨(叔孫氏)　20, 51

숙야(叔夜)　237

숙제(叔齊)　85, 104, 195, 218,
　　235, 236

숙하(叔夏)　237

순(舜)　18, 24, 56, 64, 65, 99,
　　104, 118-120, 124, 165,
　　181, 197, 200, 202, 248

시(柴)　147

『시(詩)』　22

『시경(詩經)』　38, 39, 51, 55,
　　61, 105, 114, 118, 127, 130,
　　131, 143, 159, 168, 169,
　　225

시황제(始皇帝)　18

신의(信義)　31, 32, 34, 36, 37,
　　49, 107, 114, 118, 129, 159,
　　168, 175, 187, 204, 214,
　　224, 250

신정(申棖)　79

『십삼경주소(十三經注疏)』　17

ㅇ

아(雅)　127

아반 간(亞飯 干)　236

아악(雅樂)　227

『악(樂)』　22

악사(樂師)　118, 210

안로(顏路)　143

안연(顔淵)　24, 86, 103, 115, 125, 128, 142-144, 147, 149, 154, 155, 202

안징재(顔徵在)　20

안평중(晏平仲)　81

안회(顔回)　43, 44, 78, 88, 90, 91, 128, 142, 143

앎(知)　164

애공(哀公)　48, 61, 88, 127, 158, 189, 214

양(襄)　237

양(梁)나라　16

양부(陽膚)　244

양호(陽虎)　20, 21, 220, 222

양화(陽貨)　220

『역(易)』　22

염구(冉求)　78, 93, 147, 149, 171, 184

염옹(冉雍)　76, 88, 92

염유(冉有)　53, 54, 104, 142, 145, 149, 151, 153, 170, 211-213

염자(冉子)　89, 171

영공(靈公)　98, 188, 199

영무자(甯武子)　84

영윤(令尹)　82

예(禮)　20, 22-26, 34, 36, 37, 40, 41, 46, 52, 54-57, 59, 60, 63, 65, 70, 80, 97, 98, 105, 109, 110, 113, 116, 125, 138-141, 153-155, 161, 168, 184, 197, 204, 208, 218, 219, 225, 228, 230, 251

『예(禮)』　22

『예기(禮記)』　14

예의(禮儀)　139, 156, 230

오(吳)나라　19, 110

오맹자(吳孟子)　110

옥그릇　76

온화(溫和)　35, 101, 112, 134, 217, 240

옹(雍)　51, 88

왕손가(王孫賈)　58, 188

요(堯)　18, 24, 65, 99, 118-120, 181, 197, 248

우(禹)임금　18, 56, 117, 118, 120, 181, 248

우(虞)나라　120

우중(虞仲)　195, 235, 236

원사(原思)　90, 179

원양(原壤)　197

원헌(原憲)　179

월(越)나라　19

위(衛)나라　19, 58, 64, 81, 84,
　　94, 98, 104, 105, 127, 158,
　　167, 169, 170, 185, 188,
　　190, 195, 199, 201, 208,
　　244

위(魏)나라　16, 18

유(由)　47, 77, 224

유비(孺悲)　228

유약(有若)　30, 158, 159

유자(有子)　30, 36

유하혜(柳下惠)　195, 203, 231,
　　232, 236

육경(六經)　23

은(殷)나라　18, 50, 56, 58, 61,
　　85, 100, 113, 120, 165, 196,
　　202, 231, 244, 249

음악(音樂)　26, 52, 63-65,
　　104, 116, 118, 127, 141,
　　152, 160, 168, 184, 202,
　　213, 225-229, 236

의(儀) 땅　64

의로움　70, 163, 204, 217,
　　229, 230

이단(異端)　46

이윤(伊尹)　165

이이(李珥)　17

이익(李瀷)　17

이일(夷逸)　195, 235, 236

이황(李滉)　17

인(仁)　22-26, 30, 31, 46, 52,
　　66-69, 76-78, 82, 83, 90,
　　96, 97, 99, 102, 109, 113,
　　115, 116, 121, 131, 154,
　　155, 163-165, 171, 174,
　　178-180, 182, 186, 187,
　　191, 201, 202, 208, 209,
　　220, 223, 224, 227, 229,
　　231, 242, 243, 251

임방(林放)　52, 54

ㅈ

자고(子羔)　147, 150, 151

자공(子貢)　34, 35, 37, 38, 45,
　　59, 60, 76, 78-81, 98, 104,
　　105, 123, 126, 142, 145,
　　146, 148, 157, 158, 165,
　　174, 176, 187, 192, 193,
　　202, 205, 218, 227, 230,

244-246

자금(子禽)　34, 218

자로(子路)　24, 47, 77, 80, 86,
　91, 98, 103, 105, 111, 112,
　125, 130, 140, 145-151,
　160, 166, 167, 178, 184,
　186, 189, 194, 195, 197,
　199, 200, 211, 213, 222,
　224, 229, 233-235

자문(子文)　82

자복경백(子服景伯)　194, 245

자산(子産)　81, 182, 183

자상백자(子桑佰子)　88

자서(子西)　183

자우(子羽)　183

자유(子有)　54, 74, 89, 93, 142

자유(子游)　42, 221, 222, 241,
　242

자장(子張)　47, 50, 82, 146-
　148, 157, 159, 161, 163,
　196, 200, 201, 210, 223,
　238, 239, 242, 243, 250,
　251

자천(子賤)　75, 76

자하(子夏)　33, 43, 55, 93,
　142, 146, 156, 164, 165,

173, 239-242

자화(子華)　78, 89

장무중(臧武仲)　184-186

장문중(臧文仲)　8, 203

장저(長沮)　195, 233

재아(宰我)　61, 97, 142, 228,
　229

재여(宰予)　79

적(赤)　78, 89, 152, 153

전유(顓臾)　211-213

점(點)　152

접여(接輿)　195, 233

정(政)　18

정(鄭)나라　19, 81, 182, 183,
　202, 227

정공(定公)　60, 172, 214

정명론(正名論)　25, 167

정수덕(程樹德)　17

정약용(丁若鏞)　17

정현(鄭玄)　15, 142, 176

제(齊)나라　19, 81, 83, 89, 91,
　97, 104, 160, 183, 186, 188,
　189, 217, 232, 236

제기(祭器)　51, 52, 114

『제론(齊論)』　15

제복(祭服)　135

제사(祭祀) 34, 41, 50-54, 56-58, 60, 61, 76, 97, 104, 120, 136, 140, 150, 152, 188, 199, 211, 238, 248

조(曹)나라 19

조복(朝服) 135, 136, 138

조씨(趙氏) 184

좌구명(左丘明) 85

주(周)나라 18-21, 50, 56, 58, 61, 62, 64, 97, 101, 113, 120, 123, 167, 186, 202, 222, 237, 249

주공(周公) 19, 20, 59, 101, 116, 147, 169, 237

주왕(紂王) 231, 244, 249

주임(周任) 212

주장(朱張) 236

주희(朱熹) 16, 25, 35, 36, 55, 71, 77, 78, 82, 88, 111, 115, 116, 121, 132, 141, 145, 148, 154, 160, 161, 166, 175, 176, 179, 180, 183, 187, 191, 192, 195, 201, 202, 214, 238, 249

중궁(仲弓) 76, 88, 90, 142, 155, 166

중니(仲尼) 244-246

중돌(仲突) 237

중숙어(仲叔圉) 188

중용(中庸) 98, 175, 248

중유(仲由) 91, 149, 234

중홀(仲忽) 237

증석(曾晳) 151, 152

증자(曾子) 25, 31, 34, 71, 80, 114, 115, 147, 165, 191, 200, 243, 244

지(摯) 118

직(稷) 119, 181

진(晉)나라 18, 19, 184, 186, 223

진(秦)나라 18, 19, 236

진(陳)나라 18, 19, 84, 109, 141, 199

진강(陳亢) 218, 219

진법(陳法) 199

진성자(陳成子) 188

진자금(陳子禽) 246

ㅊ

채(蔡)나라 19, 141, 236

천명(天命) 121, 216, 251

체(禘) 제사 56, 57

초(楚)나라 19, 82, 105, 183, 233, 236

최자(崔子) 83

추(鄒) 땅 59

추읍(陬邑) 20

축타(祝鮀) 94, 188

『춘추(春秋)』 17, 22

충(忠) 25, 31, 61, 71, 205

ㅌ

탈상(脫喪) 135

탕(湯)임금 18, 56, 165, 248

태백(泰伯) 113, 235

태사(大師) 63, 236

태사 지(大師 摯) 236

태산(泰山) 53, 54

태재(大宰) 123

ㅍ

패자(覇者) 19, 186

필힐(佛肹) 223

ㅎ

하(夏)나라 18, 50, 56, 58, 61, 62, 202, 248

하대부(下大夫) 132

하도(河圖) 124

하안(何晏) 16, 111, 148, 161, 202, 249

한수(漢水) 237

행인(行人) 182

형(荊) 170

형병(邢昺) 16, 191, 249

호향(互鄉) 109

화합(和合) 36, 176, 178, 212

환공(桓公) 62, 186, 187, 214

환퇴(桓魋) 21, 107

황간(皇侃) 16, 82, 176, 179, 180, 187, 191, 202, 238

황제(黃帝) 18

황하(黃河) 103, 124, 237

회(回) 43, 78, 144, 147

효(孝) 25, 30, 41-43, 49